林双林 ◎ 著

Fiscal Reform
in China

大　　国
财税改革

构建普惠式增长的基石

北京大学出版社
PEKING UNIVERSITY PRESS

图书在版编目（CIP）数据

大国财税改革：构建普惠式增长的基石 / 林双林著. —北京：北京大学出版社，2020.11
ISBN 978-7-301-31649-8

Ⅰ.①大… Ⅱ.①林… Ⅲ.①财税—财政改革—研究—中国 Ⅳ.①F812.2

中国版本图书馆CIP数据核字(2020)第182979号

书　　　　名	大国财税改革：构建普惠式增长的基石 DAGUO CAISHUI GAIGE: GOUJIAN PUHUISHI ZENGZHANG DE JISHI
著作责任者	林双林　著
责任编辑	张　燕
标准书号	ISBN 978-7-301-31649-8
出版发行	北京大学出版社
地　　址	北京市海淀区成府路205号　100871
网　　址	http://www.pup.cn
微信公众号	北京大学经管书苑（pupembook）
电子信箱	em@pup.cn
新浪微博	@北京大学出版社　@北京大学出版社经管图书
电　　话	邮购部010-62752015　发行部010-62750672　编辑部010-62752926
印 刷 者	涿州市星河印刷有限公司
经 销 者	新华书店
	730毫米×1020毫米　16开本　17.75印张　292千字 2020年11月第1版　2020年11月第1次印刷
定　　价	65.00元

未经许可，不得以任何方式复制或抄袭本书之部分或全部内容。
版权所有，侵权必究
举报电话：010-62752024　电子信箱：fd@pup.pku.edu.cn
图书如有印装质量问题，请与出版部联系，电话：010-62756370

前 言
PREFACE

在中国这样一个幅员辽阔、人口众多的国度里，公共财政扮演着极其重要的角色。公共财政涉及政府的收入和支出、税收政策的制定，以及种种政府干预措施。随着经济的发展，政府对经济的干预范围在不断扩展，财政的功能也在不断增加。政府需要建立有效的税收体系，维持其正常运作；需要提供公共品，例如国防、道路、桥梁、路灯等；需要通过税收体系调节收入分配；需要应对市场失灵，对无偿帮助他人的行为给予补贴，同时对"损人利己"的行为课税；需要采取反经济周期的财政政策，在经济衰退时减税、增加政府开支，在经济过热时增税、减少政府开支，以保持经济平稳增长。此外，政府还需要利用财政政策调动个人劳动和企业投资的积极性，以保持经济持续增长。简单来说，政府需要利用财政手段提高经济效益，保持经济平稳增长，调节收入分配，缩小贫富差距。1992年邓小平南方谈话时说，"社会主义的本质，是解放生产力，发展生产力，消灭剥削，消除两极分化，最终达到共同富裕"[①]。消灭剥削，就是各种生产要素各得其所，不能多拿多占。消除两极分化，就是将贫富差距控制在一定范围内。公共财政是实现上述目标的最佳手段，政府可以通过制定财政税收政策大力发展生产，也可以利用税收和政府支出缩小贫富差距。

四十多年的经济改革和对外开放，使中国经济发生了翻天覆地的变化，中国已经从一个贫穷的国家发展为一个中等偏上收入国家。然而，在新的历史阶段，中国又面临着新的挑战。第一，贫富差距有所扩大。中国的基尼系数已经从1978年的0.3左右上升到2016年的0.47左右；农村居民收入与城

---

① 邓小平. 邓小平文选：第3卷［M］. 北京：人民出版社，1993：373.

市居民收入的比率,从1983年的55%下降到2016年的37%;代际差别也在加大。第二,养老保障体系不健全。城市职工养老保障账户入不敷出;农村老年人养老金太少;农村年轻人个人账户缴费标准太低,将来养老问题严重。第三,医疗保障体系不够完善,仍存在一定的"看病难"和"看病贵"的问题。第四,中央和地方的财权与事权不匹配。地方政府收入少、支出大,严重依赖中央财政转移支付。第五,地方政府预算外债务问题较为严重。部分地方政府官员追求政绩,基础设施"贪大求洋",只管借钱不管还钱,留下大量债务。第六,环境污染较为严重。空气污染、水污染、土壤污染等问题较为突出,危害人民健康。第七,企业税负沉重,企业所得税占总税收的比重过高。第八,政府经济建设支出比重相对较大,社会福利支出比重相对较小。第九,教育支出不足,支出结构仍需优化。高等教育支出多,初等教育支出少,尚未实行十二年义务教育。第十,政府对生产领域干预过多,财政优惠政策过于零碎。上述种种挑战表明,财政改革刻不容缓。

本书收录了作者多年来关于财政改革的思考和政策建议。其中,部分文章已经公开发表在报纸杂志上,部分发表在内部刊物上,部分尚未发表。这些建议都经过深思熟虑,建立在对财政理论的深入研究、对发达国家财政改革经验的认真总结,以及对中国财政实际调查和分析的基础上,尽管个别文章的写作时间较早,因此未能反映财税改革实践的最新进展,但其基本观点对当前和未来财政改革仍具有重要参考价值。书中各篇文章的内容力求深入浅出,用最简单的语言讲述最深奥的道理,为学者、政策制定者、青年学子和对财政问题感兴趣的普通读者提供了解中国财政及其改革方向的有效途径。根据内容,本书分为以下七个部分:

第一部分是关于中国财政改革的大方向。亚当·斯密在《国富论》中指出,每个人在市场上追求个人利益可以达到促进社会利益的目标。然而市场会失灵,市场运作的结果可能不是社会理想的结果。这就产生了对政府干预的需要。斯密本人也并没有否定政府的作用。财政改革一方面要促进经济效率提高,促进经济持续发展,另一方面要让民众共享经济发展带来的成果,实现社会公平。政府应该多干预分配,少干预生产;改革税制,优化税率;优化财政支出结构,让老百姓切身体会到政府提供的公共品和服务的好处;缩小政府消费性支出,提高政府服务效率。

前言

第二部分是关于税制改革。中国1994年建立起来的税制是以消费税为主的税制，有利于政府资金的筹措，有利于储蓄、投资、资本积累和经济增长，然而不利于收入再分配。中国的税收主要来自企业，企业税收负担较重。中国应该降低企业所得税税率，降低增值税税率，增加税收扣除，调动企业投资积极性；完善个人所得税体系，把工薪收入和其他收入综合在一起征税；开征财产税和其他税种；完善环境污染税和资源税的征收。

第三部分涉及政府债务。近年来，地方债务增长快、规模大、周期短、债务率高。中国未来财政负担沉重，债务过重对经济长期发展不利。应当采取谨慎、可持续的财政政策，使政府债务与GDP（国内生产总值）的比例长期维持在一个稳定的水平上。针对地方政府债务，应当设置地方债务警戒线，推动地方债务公开化，完善债务返还机制，提高债务资金使用效率。

第四部分涉及中央和地方的关系。1994年分税制改革以来，地方政府的财政压力不断增大。一方面，地方政府的支出责任越来越大。随着城市化进程的加快，对水电交通设施、卫生设施、娱乐设施、体育设施、学校等地方性基础设施的需求日益增加。另一方面，税制改革后地方政府财政收入减少，严重依赖中央财政转移支付。中央政府应承担更多的支出责任，如社会保障和扶贫。应进一步完善中央和地方的事权与财权划分，使得财权和事权相匹配。应该给地方政府更多的财政自主权，允许地方设立新税种。

第五部分涉及基础设施建设。中国正处于城市化和工业化的快速发展阶段，社会对基础设施及公共品和服务的需求不断增加。除了继续做好交通领域和生活领域的基础设施（包括公路、铁路、桥梁、地铁、机场、港口、水电煤气管道、下水道、垃圾处理等）的建设，也要增加多层停车场、过街天桥等城市基础设施的建设；要增加体育设施投资，提高人民的身体素质，以降低现在和未来的医疗卫生开支；要加大环境保护投资，加大生态保护的力度。另外，基础设施要周密规划和设计，重视质量，加强维修管理。

第六部分是关于养老和医疗保障制度改革。城镇职工养老目前实行社会统筹和个人账户相结合的体系，由地方政府管理。目前养老保障账户的缺口严重，统筹层次低，管理分散，社会保障基金收益率低，地区间苦乐不均。应该缩小养老金差别，从节支入手建立可持续的养老保障体系，保证社会统筹账户在长期内平衡；建立全国统筹的养老保障体系；保证个人账户公开透明。

目前农村养老体系不完善。应该增加现有农村老年人的养老金，同时提高年轻农民个人账户的缴费标准。

医疗保障制度方面，当前存在一定程度的"看病难""看病贵"，以及医患关系紧张的问题。"看病难"实际上是找好医生看病难，"看病贵"主要是因为医疗保险水平低及过度医疗。未来应该进一步提高医生待遇，吸引优秀人才从事医务工作；加强医生培养，提高医务人员水平；提高医疗保险水平，建立大病医疗保险，提高报销封顶线；借鉴国外经验，有效控制医疗费用。

第七部分是关于财政政策与经济可持续发展。经济的可持续发展要求经济不断增长，收入分配日益公平，生态环境不断改善。我国大部分税种不是累进税，不能有效调节收入再分配。另外，与人民日常生活密切相关的公共品支出不足。建议从税收和政府支出两方面入手，加大再分配的力度；提供更多的公共品，如免费公园、文化娱乐设施；实行十二年义务教育；发展公共交通，降低居民出行成本；在养老、医疗等保险上为低收入人群提供优惠，增加补助；增加廉租廉价房供应，让低收入人群也住得起房；加大环境保护力度。

经济增长取决于劳动力供给、物质资本积累、人力资本积累、技术进步等因素。中国经济增长的潜力较大：一是有很高的储蓄率，储蓄可以转化为投资；二是人力资本在增加，受过高等教育的人数越来越多，人们的劳动积极性高；三是技术水平在提高，创新在广泛开展。当前应继续促进投资，特别是民营企业的投资，让民营企业做大做强，提高投资效率；积极推进城市基础设施建设，提高投资质量；大力发展教育，促进人力资本积累；调动科研人员积极性，鼓励科技引进和创新。

本书的编写工作得到许多同事和朋友的鼓励、帮助和支持。北京大学中国公共财政研究中心主任助理王璐雪女士，北京大学国家发展研究院和北京大学经济学院财政学系的同学为整理本书不辞辛苦、兢兢业业，在此深表谢意。北京大学出版社经济与管理图书事业部主任林君秀和编辑张燕积极支持本书出版，作者十分感激。

中国经济和社会正在走向现代化，公共财政将在经济发展和社会进步中扮演越来越重要的角色。公共财政改革的不断深入，会使中国经济持续增长，收入分配日益公平，自然环境不断改善，人民生活更加美好幸福。希望本书有助于读者了解中国财政改革的原因和历程、中国财政面临的问题以及未来改革的方向。书中如有疏漏或不足之处，还请广大读者批评指正。

林双林

2019 年 12 月于北京大学

目 录
CONTENTS

第一篇 公共财政改革的方向

改革公共财政，兼顾效率与公平 / 3

努力发展经济，解决我国的主要矛盾 / 8

怎样完善社会主义市场经济体制 / 13

"十三五"期间应实行谨慎、可持续的财政政策 / 17

财税制度改革重新启航 / 22

我国新一轮的公共财政改革 / 25

《人民日报》海外网访谈：关于2016年"两会"政府工作报告 / 31

中国公共财政改革的方向 / 39

第二篇 税制改革

降低企业所得税，减轻企业负担 / 47

减负势在必行 / 51

减轻企业税负，保持经济长期繁荣 / 53

增值税：一个风靡全球的税种 / 60

征收财产税势在必行 / 64

莫里斯的最优个人所得税理论对中国的启示 / 69

《政对面》访谈：降低税率是推动经济增长的关键 / 72

第三篇 政府债务

多措并举管控地方债 / 77
财政改革宜增加中央支出、控制地方债务 / 79
如何规范和管控地方政府债务？ / 81
政府不要将过多负债留给子孙后代 / 84
赤字财政连年不止，谨防透支未来 / 87
中国财政赤字和政府债务分析 / 91
财政赤字货币化的实质是征收铸币税 / 109
控制地方债很有必要，更有办法 / 113
希腊债务危机的深层原因：税收规模与结构 / 116
《新京报》访谈：中国财政收入不应再扩大 / 142
《凤凰周刊》访谈：关于地方债和盘活财政"沉睡资金"两个话题 / 147
《政对面》访谈：应给地方债务划定一条明确的警戒线 / 153

第四篇 中央政府与地方政府的财力分配

健全地方财政收支平衡的政策体系 / 159
增加地方政府财力势在必行 / 163
"营改增"收官在即，"央地"关系如何从"钱"破题 / 169
《人民日报》海外网访谈：规范增值税制度，让地方享有更多"税权" / 172

第五篇 基础设施建设

我国城市急需哪些基础设施？ / 179
城市化需要长远规划 / 183
中国应考虑实行十二年义务教育 / 189
财政支出应首重民生 / 197

第六篇 养老和医疗保障制度改革

如何从根本上消除养老金缺口？/ 203
我国养老保障账户缺口有多大？/ 206
精准扶贫，提高农民基础养老金 / 209
未雨绸缪，做大、做实农村养老保险个人账户 / 213
《政对面》访谈：养老金制度设计要多为年轻人考虑 / 217
如何解决"看病难"和"看病贵"的问题？/ 220
医疗体制不尽合理，需要"对症下药" / 225
退休人员医疗保险费谁来缴？缴多少？/ 228

第七篇 财政政策与经济可持续发展

发挥公共财政的作用，做好收入的再分配 / 233
新加坡解决居民住房问题的经验对我国的启示 / 238
网易财经访谈：调节收入分配需要政府提供更多公共品 / 243
不失时机，致力于经济的可持续发展 / 245
我国经济持续发展的潜力何在？/ 248
投资本无过错，提高投资效率是关键 / 251
投资不必"羞答答"，倾力民生更待何时 / 254
注重供给，促进中国经济持续发展 / 256
关心 GDP，更要关心国民财富的积累 / 264
中国财税改革回顾及展望 / 266
《政对面》访谈：地方政府应着重提高投资效率 / 270

第一篇
公共财政改革的方向

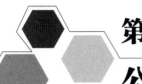

在现代社会里,政府追求的目标有两个:一个是效率,即利用现有的资源生产出最高质量和最大数量的产品和服务;二是公平,即使得产品和服务在劳动者间得到公平的分配。财政政策是政府调控经济的主要手段。财政改革一方面要促进经济效率提高,推动经济持续发展;另一方面要让人民共享经济发展的成果,实现社会公平。

为了提高效率,政府应该少干预生产,逐步放弃直接控制生产。在经济不发达的时候,或者在非常时期,政府需要直接控制生产,以满足政府支出的需要。经济的发展、金融和财政制度的发达,使得政府获取财政收入的能力空前地增强,政府已经不需要直接控制生产活动,而是可以通过征税的方式获取财政收入。通过让市场在生产领域充分发挥作用,生产效率会大大提高。

为了实现公平,政府应该对收入分配进行干预,通过税收调节收入差距。同时,政府应该提供更多的公共品。为了弥补税收累进程度不高、再分配力度不够的缺陷,政府可以提供更多的公共品和公共服务,让老百姓切身体会到政府提供的公共品和公共服务的好处。另外,要缩小政府消费性支出,提高政府服务效率。

改革公共财政，兼顾效率与公平

过去二十多年来，财政在促进我国基础设施建设和经济快速增长方面发挥了重要作用。然而，新时期我国的发展也面临着诸多新挑战，如贫富差距加大，环境污染严重，等等。这些问题都需要通过改革财政体系来解决。财政改革一方面要促进经济效率提高，推动经济持续发展；另一方面要让人民共享经济发展的成果，实现社会公平。

我国税制的特征

我国税制主要具有以下三个特征：

一是现有的税收规模已经不小。1994年税制改革奠定了我国税收体系的基础。增值税、营业税、消费税和企业所得税成为政府收入的主要来源。经济的迅速增长、高税率、不断拓宽的税基、征管力度的加强使得政府预算收入占GDP（国内生产总值）的比重由1995年的10.3%上升到2012年的22.6%，超过了1994年设定的20%的目标。据《中国统计年鉴》，若包含社会保障缴费，2012年我国财政收入占GDP的比重（即财政收入规模）为28.2%，再加上地方政府非预算收入，我国财政收入规模与美国相近，比欧洲发达国家低，比新加坡、泰国等亚洲国家高。

二是消费型税收是我国税收的主体。增值税是我国最大的税种。据《中国统计年鉴》，2014年，我国增值税收入占总税收收入的25.9%，营业税占14.9%，国内消费税（针对特殊商品）占7.5%，净进口消费税和增值税减去出口增值税退税占2.6%。上述税收收入共占税收总收入的50.9%。生产者和经销商把这些税收转嫁到产品和服务的价格上，使高收入者和低收入者承担了一样的价格、交纳了一样的税收。所以，相对于收入而言，低收入者面临的税率就高于高收入者。因此，中国大部分税种不是累进税。

三是累进的个人所得税在税收中所占比重很小，而且不少直接税种缺位。2014年我国个人所得税收入仅占总税收收入的6.2%。而据国际货币基金组织统计，2011年，美国个人所得税收入占总税收收入的比重为48.1%，德国为37.4%，英国为34.6%，法国为29.3%，匈牙利为20.8%，俄罗斯为14.8%。目前我国尚未开征个人财产税、资本利得税、遗产税、赠与税等直接税。而财产税已普遍存在于所有发达国家和许多发展中国家。美国的财产税收入占总税收收入和GDP的比重分别为16.1%和3.1%，法国分别为17.2%和4.6%，英国分别为14.2%和4.2%。

许多研究表明，与个人所得税相比，消费型税收更能刺激储蓄和经济的增长。简单地讲，由于个人所得等于消费加储蓄，所得税就等同于向消费和储蓄二者征税。消费税使得储蓄免于征税，结果将增加储蓄，加快资本积累和促进经济增长。近几十年来，中国的储蓄率和投资率均在不断增高。根据各年《中国统计年鉴》，我国投资占GDP的比重在1980年为34.8%，1990年为34.0%，2000年为33.9%，2005年为40.5%，2010年为47.2%，2014年为45.9%。

在刺激储蓄的同时，以消费税为主导的税收体系不鼓励消费。中国的总消费支出（包括家庭消费支出和政府消费支出）规模呈现下降趋势。消费总支出占GDP的比重在1980年为65.5%，1990年为63.3%，2000年为63.7%，2005年为54.1%，2010年为49.1%，2014年为51.4%。

可见，我国的税收体系是经济效率导向的，但不利于收入再分配。从某种意义上说，我国的现行税制正是许多美国主流经济学家建议美国进行税制改革的方向。我们在提倡提高直接税（如个人所得税、财产税）的比重，而他们在呼吁降低直接税的比重，提高间接税（如消费型税收）的比重。当然，我国的国情与美国不同：美国的储蓄率很低，我国的储蓄率很高；美国的所得税占比较高，我国的消费型税收占比较高。

我国财政支出体系的特征

我国财政支出体系主要具有以下三个特征：

一是财政支出偏向经济建设。改革开放初期，我们就意识到：我国过去在经济建设方面支出太多，在人民生活方面支出太少。近年来，我国在经济建设上的支出比重在降低，但与其他国家相比仍然很高。据国际货币基金组织统计，2011年，我国在经济建设上的支出比重为32.1%，法国为6.3%，德国为7.8%，美国为9.6%，日本为7.2%，新加坡为15.4%，波兰为13.4%，捷克为16.9%。

经济建设上的大量支出，使我国许多大型基础设施得以建成。近二十年间，我国建成了大量高速公路、高速铁路、地铁、桥梁、机场和港口。其中最令人惊叹的，莫过于高速公路的发展。据《中国统计年鉴》，1990—2011年，我国高速公路里程的年均增长率为24.5%。基础设施建设无疑是我国经济发展的强劲动力。

二是公共消费品提供不足，教育和医疗卫生投资不够。多年来，政府在医疗卫生、社区设施、娱乐、文化和宗教等方面的支出相对较少。据世界银行统计，2014年，医疗健康方面政府支出（其中包括政府主导的医疗保险支出）占政府总支出的比例，德国为19.6%，新加坡为14.1%，美国为21.3%，日本为20.3%，智利为15.9%，捷克为14.9%，泰国为23.2%，印度为5%，而我国仅为10.4%。近年来，我国政府的教育支出增长很快，2012年占总支出的16.9%，占GDP的4.1%，但后者仍然低于5%的世界平均水平。

三是公共资源分配不公平。公共资源在不同地区之间分布不均，在城市和农村之间分布不均，在不同人群之间也分布不均。在城市化过程中，人的城市化问题尚未得到很好的解决，很多进城务工人员不能在城里扎下根来，其子女不能享受与城里儿童一样的义务教育，很多成了留守儿童。

可见，我国的财政支出体系也是利于经济增长的，而非利于再分配。以经济建设为主导的财政支出体系，加上长期的扩张性财政政策，使我国投资增加、经济快速增长。

我国财税体系面临的挑战

当前，我国财税体系面临以下两方面的挑战：

一是发展经济的任务仍很艰巨。我国经济总量虽列世界第二，但人均收入并不高。据世界银行统计，2014 年，我国人均 GDP 为 7 590 美元，墨西哥为 10 325.6 美元，俄罗斯为 12 735.9 美元，美国为 54 629.5 美元，新加坡为 56 284.3 美元，挪威为 97 299.6 美元。我国人均收入赶上发达国家需很长时间，人均财富赶上发达国家则需更长时间。我国的很多基础设施还远远不能满足城市化的需要，这方面的基础设施主要包括城市道路、天桥、地下通道、停车设施、燃气管道、供水排水系统、污水处理系统、卫生设施、体育运动设施、公园、医院、学校、公共绿地，等等。发展仍是解决我国所有问题的关键，经济建设仍然是中心，我们的财政体系必须有利于经济发展。

二是贫富差距有所扩大。近年来，我国的基尼系数有所上升。据世界银行统计，2010 年，我国基尼系数为 0.421，芬兰为 0.277，日本为 0.321（2008 年数据），印度为 0.339（2009 年数据），波兰为 0.332，印度尼西亚为 0.356，美国为 0.405，俄罗斯为 0.409，墨西哥为 0.472，阿根廷为 0.445。据国家统计局公布的数据，2014 年我国基尼系数为 0.469。基尼系数越高，表示收入越不平等。收入差距过大，会影响低收入人群的生存和发展，也会引发社会的不稳定。收入再分配是财政的重要任务之一，发达国家的贫富差距问题主要都是依靠财政解决的。

如何兼顾效率和公平

财政改革一方面要促进经济效率提高，推动经济持续发展；另一方面要让人民共享经济发展的成果，实现社会公平。在税制方面，应该加强个人所得税征管，使其发挥调节收入分配的作用。需要指出的是，我国个人所得税的最高边际税率为 45%，比美国的 39.6% 还高。所以，要提高我国个人所得税在总税收中的比重，就必须在扩大税基上下功夫。另外，要提高资源税税率，以保护资源，提高资源利用效率；设立新的税种，如财产税和资本利得税等。

应当指出的是，税制改革短期内很难改变我国税制缺乏累进性的状况。既然如此，缩小贫富差距、扶助弱势群体、实现社会公平正义的目标还需通过政府支出体系改革来完成。具体来说，政府支出改革应从以下几方面入手：

一是提供更多公共品。我们应该改善公共交通工具和设施、公共卫生设施、公众体育运动设施。要增建公园，多植树造林，增加公共绿地，降低环境污染。低收入群体更需要公共品，因为他们大多没有私家车，往往买不起防止和消除污染的用品与设施，买不起有机食品。而政府支出向民生倾斜，实际上就是在帮助低收入群体。

二是增加初等教育支出，考虑实行十二年义务教育。教育生产人力资本，人力资本对个人收入的提高和国家的经济增长都很关键。增加政府教育投资，既有利于提高经济效率，也有利于扶贫。接受初等教育在许多国家都是强制性的，不少国家实行十二年义务教育。我国也可以考虑实行十二年义务教育。在享受国家十二年免费教育的福利后，低收入群体对社会的不满情绪自然会减少。

三是增加医疗保险支出，减轻贫困家庭负担。提高农村合作医疗和城市居民医疗的保险水平是解决"看病贵"的途径之一。政府应该相应地加大对城乡医疗保险的补贴，帮助低收入者加入医疗保险；另外，应该为无保险的绝对贫困群体提供免费医疗。

四是增加社会福利支出，让发展成果惠及弱势群体。例如，考虑以现金或购物券形式，增加对低收入者的直接补助。毕竟我国的社会福利水平与西方福利国家相差甚远，增加一点社会福利并不会影响经济发展，反而会提高整个社会的文明程度。

总之，我国目前以消费型税收为主体的税制有利于投资和经济增长，但不利于收入再分配；有利于提高经济效率，但不利于促进公平。过去我国的财政支出也注重经济建设，对民生的重视程度不够。目前，依靠增加税收的累进程度来调节收入分配难度较大，因为个人所得税的最高边际税率已达45%。我们应该通过增加公共品的提供，增加政府在教育、医疗和社会福利等方面的支出，让更多的人享受改革和发展的成果，更好地实现社会公平。

（原载于《中国青年报》，2016年5月30日，原标题为"改革公共财政 兼顾效率与公平"，收录于本书时有改动）

努力发展经济，解决我国的主要矛盾

改革开放四十年来，我国经济发展速度惊人，人民生活得到极大改善。然而，一部分人的生活改善程度高于另一部分人，出现了贫富差距加大的现象；与此同时，一部分地区的发展快于另一部分地区，出现了地区差别加大的现象。放眼世界，我国与发达国家的人均收入差距仍然很大。因此，我国正面临着人民日益增长的美好生活需要和不平衡不充分的发展之间的矛盾。其实，许多国家都面临类似的矛盾。如何解决这个矛盾呢？最好的办法就是大力发展经济。

我国居民收入普遍提高，但贫富差距拉大

我国最大的不平衡是城乡之间的不平衡。据《中国统计年鉴2016》，从1978年到2015年，我国城镇居民人均可支配收入增长了约13倍，农村居民人均纯收入增长了15倍。可见，农村居民收入增长快于城镇居民收入增长。过去农民终日辛劳、衣食不足，而现在基本温饱无忧，许多人有了摩托车和小汽车，生活发生了翻天覆地的变化。但是，从绝对数字看，城乡收入差距反而加大了。

就个人收入而言，所有群体的收入都在快速增长，而收入差距加大正是在所有人的收入和生活水平大大提高的情况下发生的。那么，我国贫富差距有多大呢？据世界银行2017年的统计，2010年到2015年间，度量贫富差距程度的基尼系数，挪威为0.259，德国为0.301，日本为0.321，英国为0.326，

法国为 0.331，美国为 0.411，泰国为 0.379，越南为 0.376，印度尼西亚为 0.395，中国为 0.422，菲律宾为 0.430，委内瑞拉为 0.469，墨西哥为 0.482，巴西为 0.515，卢旺达为 0.513，南非为 0.634。基尼系数越高，表示收入越不平等。可见，我国的贫富差距在世界上居于中等程度。

诺贝尔经济学奖得主库兹涅茨（Kuznets）早就提出：经济发展与收入差距呈倒 U 形的关系，即随着工业化和城市化的发展，贫富差距会加大；但随着经济的进一步发展，贫富差距会缩小。资料显示，北欧高收入国家的贫富差距确实比较小。当然，这也与这些国家致力于缩小贫富差距分不开。最近几年，我国在扶贫方面取得了显著成效，目前仍在积极致力于扶贫。

贫富差距是相对的，再富裕的国家都有相对贫穷的人。以美国为例，贫困线也是不断提高的，总有百分之十几的人处在贫困线以下。但一般说来，富裕国家的低收入群体的境况要比贫穷国家的低收入群体好得多。因此，整个国家的富裕程度至关重要。

我国人均收入与发达国家还有很大差距

据世界银行统计，1980 年我国人均 GDP 为 195 美元，仅仅是美国人均 GDP 的 1.6%！经过几十年的努力，我国经济发展取得了举世瞩目的成就。2016 年，我国 GDP 已经达到世界第二——美国 18.57 万亿美元，我国 11.2 万亿美元。然而，我国的人均 GDP 仍然大大落后于美国。2016 年，美国人均 GDP 为 57 638.2 美元，我国人均 GDP 为 8 123.2 美元，是美国的 14% 左右。当然，其他国家与美国也有距离。例如，2016 年德国人均 GDP 为 42 069.6 美元（是美国的 73% 左右），英国为 40 341.4 美元（是美国的 70% 左右），法国为 36 854.97 美元（是美国的 64% 左右），俄罗斯为 8 748.4 美元（是美国的 15% 左右），巴西为 8 650 美元（是美国的 15% 左右），墨西哥为 8 208.6 美元（是美国的 14% 左右），印度为 1 709.4 美元（是美国的 3% 左右）。我国人均 GDP 要赶上美国还需要几十年不懈的努力，不能因经济总量位居世界第二而自满。

发达国家一直在强调效率

从20世纪70年代石油危机发生后，发达国家一直在强调效率，坚持效率优先。过去数十年间，几乎所有发达国家都采纳了供给学派的主张，降低企业所得税，鼓励投资，增加供给，促进经济增长。这方面美国更是一马当先。20世纪80年代，美国总统里根实施了减税政策，将个人所得税的最高边际税率从76%降到28%！里根的减税政策奠定了此后几十年美国经济发展的基础，使美国在科学技术领域和经济发展方面取得了巨大进展。20世纪八九十年代，德国和日本大有取代美国之势，1995年，日本的人均GDP是美国的151%左右，德国的人均GDP是美国的110%左右。然而，到了2016年，德国的人均GDP仅为美国的73%左右，日本的人均GDP仅为美国的68%左右。美国将其他发达国家远远甩到后面，这就是坚持效率优先的结果。

应当看到，美国的基尼系数是发达国家中最高的，显示其收入分配不如其他发达国家平均。个别发达国家为了提高福利，忽视效率，结果人均收入大大落后了，基尼系数也因此提高了。

最近，美国总统特朗普又在推动大规模的减税，将企业所得税的最高边际税率从39%下调至21%，并增加扣除项；同时下调个人所得税税率。降低企业所得税能够增加企业利润，提高企业投资的积极性，促进企业发展，最终提振美国经济。特朗普还希望通过税制改革，做大做强美国经济，最终消化高额的政府债务。其实，美国经济经历多年的复苏，失业率低，股市屡创新高，经济达到空前的繁荣，2017年第三季度经济增长率已达3.2%。特朗普改革税制，是想进一步提高经济增长率，使之达到4%以上，以保持美国经济的长期繁荣。可见，美国始终坚持效率优先，把经济增长放在第一位。

不失时机，努力发展经济

我国一定要坚持对经济效率的追求，一心一意谋发展。否则，我国追赶发达国家的脚步就会放慢。一般说来，生产难，分配相对容易，在我国这种状况尤为明显。我国在改革开放前错失了二十年经济大发展的机会。例如，按固定零售价指数计算，1950—1956年我国经济增长率为11.6%，1956—1976年仅为5.5%。近四十年来，我国坚持"发展是硬道理"的原则，经济取得巨大发展，人民生活得到巨大改善。我国未来将面临严重的人口老龄化问题，为避免"未富先老"的局面出现，应该不失时机，聚焦于经济发展，重视经济增长的质量和数量，使我国经济再上一个台阶。只有经济发展了，财富增加了，我国才能更好地应对人口老龄化带来的种种问题，也能够更好地帮助低收入群体。

目前，我国人口老龄化程度尚不高，劳动力供给尚且充足，高等院校毕业生较多，劳动者知识技能不低且劳动积极性高涨；储蓄率世界领先；科技不断进步。因此，我国经济增长的潜力很大，有基础、有条件持续向好的方面发展。

我国应在保护私有财产、清晰界定产权的基础上，鼓励市场竞争，充分发挥市场在资源配置中的决定性作用；减少政府在生产领域的干预，尊重企业家的创业创新精神；进一步降低企业税负，鼓励企业发展壮大；继续做好基础设施建设，提高政府支出效率；把经济这块"蛋糕"做大、做好，增加社会财富。

当然，我们也要重视经济增长的质量，要尽力减少环境污染，减少资源的浪费。不少经济学家认为，库兹涅茨曲线也能解释环境与经济发展之间的关系。随着环境的改善和资源的增多，财富也会随之增加。我们还要提高产品的质量和科技含量。质量上去了，产品价格也就提高了，产值也就上去了。经济发展终将带来人们整体收入水平的提高。

解决好不平衡的问题

首先是要解决地区间发展不平衡的问题。应该避免过度强调GDP的平衡，因为这样会迫使落后地区一味追求生产，追求工业发展，追求GDP，造成资源的错配和浪费。其实，不同地区的情况本来就千差万别，工业发展水平不可能平衡，GDP也很难平衡。应该关注各地区的人均可支配收入、人均购买力以及人均消费的差别，同时也要关注生活质量的差别。可以通过落后地区的人口向发达地区流动的方式，缩小地区间贫富差距。

其次是要缩小个人间的贫富差距。具体可从以下几个方面入手：

第一，重视机会的平等。应考虑推行十二年义务教育，让每个孩子获得同等的受基本教育的机会，为日后获取更多劳动报酬打下基础。应消除人为的障碍，促进劳动力的自由流动，实现就业机会的均等，增加初次分配中低收入群体的收入。

第二，提供更多的公共品，如公共交通、公园、公共卫生设施、公共图书馆，等等。低收入群体最需要公共品，因此提供公共品就相当于帮助低收入群体。

第三，提高医疗保险水平，帮助低收入群体获得医疗保险，甚至为其提供免费医疗服务；另外，提高农村养老保险水平。

第四，加大直接扶贫力度，增加对贫困人员的直接补助，或者给贫困户发放生活必需品补助（例如发放食品券）。

总之，我们应该不失时机，继续大力发展经济，把蛋糕做大、做好；同时，搞好初次分配和再分配，让人民和子孙后代共享经济发展的成果。

（2018年1月写于北京大学）

怎样完善社会主义市场经济体制

我国实行社会主义市场经济体制的成就及问题

社会主义市场经济体制的建立，极大地促进了我国经济的发展。我国1992—2016年的平均经济增长率为11%，高于1978—1992年的8.5%。2016年，我国人均GDP已达到8 000美元，进入中等偏上收入国家行列。短短的几十年，我国有大约七亿贫困人口脱贫。经济发展后，政府开始重视对低收入者的扶持。农村新型合作医疗制度的建立，缓解了农民"看病贵"的问题；政府给老年农民发放少量的养老金，也部分解决了农民养老的燃眉之急。另外，与其他国家不同，我国对农村贫困人口实行生产性扶贫，鼓励贫困户提高生产，增加收入。尤其是最近几年，政府扶贫力度大大增加，许多边远贫穷地区的农民得到了实惠，生活状况大大改善。

然而，我国在实行社会主义市场经济体制方面还存在不足。虽然经过多年实践，但我国社会主义市场经济体制仍然存在一些束缚市场主体活力、阻碍市场充分发挥作用的弊端，主要体现在以下几个方面：

首先，市场资源配置的作用尚未充分发挥。有些非自然垄断行业的企业没有充分参与竞争，效率未得到充分提升；银行贷款向国有企业倾斜，民营企业融资难、融资贵的问题未得到根本解决；政府对一些领域的产品和服务定价管得太死，例如许多事业单位的基本工资还由政府定，无法完全反映市场的供求关系和劳动者的贡献；政府对某些产品和服务的生产和消费进行数量限制（例如采取车牌摇号、车辆限行等措施），没有充分发挥税收的调节作用，不能使资源配置达到最优；农村土地流转问题尚未得到彻底解决，阻碍了工业化和城市化发展。

其次，在分配领域的再分配力度不够。我国的消费型税收占到总税收的50%以上。而以消费型税收为主的税制，累进程度往往很低。累进的个人所得税仅占总税收的7%左右，税收的收入再分配力度较小。而在美国，累进的个人所得税占到总税收的45%以上。美国联邦政府以工资为基数所征的税收，包括个人所得税和养老医疗保险费，达到其税收收入的约80%。在支出领域，过去我国将大量的资金用于经济建设，社会福利方面的支出较少，目前尚未实行十二年义务教育。

完善社会主义市场经济体制，促使我国更加富裕文明

完善社会主义市场经济体制，就应在生产领域让市场配置资源，放手让企业和个人去发展经济、创造财富，实现效益最大化，促使社会效率最优化；同时，在分配领域发挥政府的再分配作用，让人民和子孙后代共享经济发展的成果。具体可从以下几个方面着手：

第一，逐步放弃直接控制生产的方式。随着时代的发展，国家干预经济、从事收入再分配的方式也在变化。我国古代有公田，实行井田制时，"井田"中间的那一块田地就是公家的。而近代工业也都是从官办、官商合办、官督商办开始的。1949年以前，所有重工业企业和近半数的轻工业企业属于国有。在经济不发达的时候，或者在非常时期，政府需要直接控制生产，以满足政府支出的需要。而经济的发展、金融和财政制度的发达，使得政府获取财政收入的能力空前增强，政府已经不需要直接控制生产了。因此，政府应该逐步放弃直接控制生产的方式，转而通过征税的方式获取财政收入。这样，生产效率会大大提高。

第二，逐步放弃直接的数量限制，通过税收调节生产和消费。例如，为解决交通拥堵问题，可采用新加坡和我国上海实行的车牌拍卖、征收拥堵费等方式。若想补助低收入者，则可采取其他方式。经济学理论已证明，在调节生产和消费时，政府直接进行产量和消费量限制的效率较低；利用税收调

节（即政府定好税率，由个人或企业在市场上竞争）的效率较高。

第三，让市场决定要素和产品的价格。例如，让工资反映市场的供求，反映劳动者对生产的贡献，让市场去调节国有企事业单位职工的工资。再如，在医疗领域，适当提高医生工资，激励医生提供更好的服务。同时，政府可直接帮助低收入者获得医疗保险。这样资源会得到更合理的配置，社会效率会更高。

第四，缩小收入分配差距。在市场经济下，收入差距要通过税收调节。我国应该加快建立累进的综合个人所得税制度，缩小收入差距。另外，我国应该逐步缩小养老金的差距。目前，我国养老金差别较大，有的退休人员领取的养老金过高，导致养老金社会统筹账户连年赤字，从而大量挪用了个人账户的资金，给未来财政带来了巨大的压力。其实我国的养老金社会统筹账户缴费率占到工资的20%，在国际上属于很高的水平，加上城市化使大量年轻人进入城市，为城市退休者缴纳养老金，而他们的父母并不从社会统筹账户领取养老金，因此我国养老金社会统筹账户目前应该有盈余才对。

第五，政府提供更多的公共品。我国税制的累进性在短期内难以提高。国际主流经济学更是认为，我国的税制有利于资本积累和经济增长，而我国仍然视经济发展为硬道理。为了弥补税收累进程度不高、再分配力度不够的问题，我国可以提供更多的公共品和公共服务，例如考虑实行十二年义务教育。低收入群体最需要公共品，因此提供公共品等于帮助低收入群体。

第六，重视代际分配，顾及子孙后代的利益。再分配不仅包括同代人之间的分配，还包括代际分配。年轻人相对贫困是全球性的问题，应该引起重视。我们应该抑制房价畸形上涨，减轻年轻一代的压力，让他们满怀信心地为创造美好未来而努力；应该减少不合理的政府债务，尽量少给后代留负担；应该加大对资源和环境的保护力度，为未来的可持续发展留下余地。

总之，我们应该认识到社会主义市场经济体制的合理性、历史性和普遍性。社会主义市场经济体制符合人的理性，适应我国现阶段的经济发展状况，对许多国家有普遍意义。我们要进一步完善社会主义市场经济体制，在生产领域，让市场在资源配置中发挥决定性作用，让市场主体在竞争中获得最大效益，生产出更多、更好的产品，把"蛋糕"做大、做好；在分配领域，政府通过公共财政（包括税收和政府支出）进行适当的收入再分配，分好"蛋糕"，让人民共享经济发展的成果。这样,我们的社会就会更加文明和谐,人民就会更加富裕幸福,国家就会更加兴旺发达。

(原载于《人民论坛》,2017年第23期,收录于本书时有改动)

"十三五"期间
应实行谨慎、可持续的财政政策

财政政策在我国经济增长中发挥着重要作用。2008年全球金融危机爆发后,各国经济增速放缓。我国为了应对危机,采取了扩张性财政政策,但也造成了地方政府债务迅速积累的局面。目前,我国进入"十三五"时期,经济和社会发展的许多目标有待实现。此时,如何制定最优的财政政策,包括税收、政府支出、财政赤字和政府债务等方面的政策,实现"稳增长、惠民生"的目的,为我国经济长期持续发展打下良好的基础,是摆在我们面前的重要任务。

财政政策与经济增长:理论与实证

最早诞生于危机时期的凯恩斯主义,其主张的财政政策是扩大财政支出,同时增加政府税收,这为扩大政府规模提供了理论基础。受20世纪70年代以来盛行的供给学派的观点的影响,一些国家仅仅强调减税,而没有相应地减少政府支出,致使政府债务持续增长。许多国家多年来实施扩张性财政政策,造成了债务规模不断扩大,也引发了学者们对财政可持续性的思考。

许多研究认为债务对经济发展不利。Diamond(1965)通过建立世代交叠模型,证明国家的内债和外债都会减少资本积累,导致人们的福利损失。[1] 也有学者从实证角度考察了政府债务和长期经济增长之间的关系。Fischer（1993）的跨国实证研究发现，高额的财政赤字不利于长期经济增长。[2] Reinhart 和 Rogoff（2010）利用政府债务的历史数据，研究了高政府债务率、经济发展和通货膨胀之间的关系。[3] 他们认为：正常债务水平下经济增长率与债务之间的联系相对较弱；而债务率超过 90% 的国家，经济增长率的中位数比其他国家低一个百分点，平均数则比其他国家低好几个百分点。对于发达经济体，高债务率和通货膨胀率之间没有关系；对于新兴市场的经济体，更高的公债水平往往和更高的通货膨胀率相对应。Checherita-Westphal 和 Rother（2012）认为政府债务会减少储蓄、公共投资和全要素增长率，进而降低经济增长率。[4] 他通过分析 12 个欧元区国家 1970—2010 年的资料发现：当政府债务达到 GDP 的 70%～80% 时，则经济增长率可能会降低；当政府债务达到 GDP 的 90%～100% 时，则经济增长率必然会降低。

关于政府债务规模不宜过度扩大已经成为世界范围内的共识。《马斯特里赫特条约》规定成员国的财政赤字不能超过 GDP 的 3%，政府债务不能超过 GDP 的 60%。这个标准被世界上许多国家所接受。

财政政策与经济发展：国际案例

通过了解各国财政政策和经济发展的经验，我们可以得到关于这二者关系的启示。我们将世界上有代表性的国家划分为以下几组，进行分别考察：

（1）长期实行谨慎财政政策的国家。这类国家奉行谨慎的财政政策，经济增长率、人均收入增长率也表现良好。

---

[1] Diamond P. National debt in a neoclassical growth model[J]. American Economic Review, 1965, 55: 1125–1150.

[2] Fischer S. The role of macroeconomic factors in economic growth[J]. Journal of Monetary Economics, 1993, 32: 485–512.

[3] Reinhart C M, Rogoff K, and Errata S. Growth in a time of debt[J]. American Economic Review, 2010, 100(2): 573–578.

[4] Checherita-Westphal C, and Rother P. The impact of high government debt on economic growth and its channels: an empirical investigation for the euro area[J]. European Economic Review, 2012, 56(7): 1392–1405.

美国在第二次世界大战时期政府债务占GDP的比重已经接近120%，战后经济发展迅速，至1980年时政府债务已经降低到GDP的33%。[①] 后来，美国财政不断出现赤字，政府债务持续增加。受2008年金融危机的影响，美国出现庞大的财政赤字，政府债务占GDP的比重上升到100%以上。

英国、法国、德国、爱尔兰在政府债务方面也一直严于律己。2007年其政府债务占GDP的比重分别为44%、64%、64%和28%，2014年分别为113.3%、120.8%、85.5%和121.5%。爱尔兰经济发展迅速，人均GDP从1990年占美国人均GDP的53%，到2014年占美国人均GDP的86%，其政府债务占GDP的比重一直维持在较低水平，只是2008年金融危机之后才激增。

（2）政府债务规模过度膨胀的国家。典型代表是希腊、意大利和日本。在政府债务过度膨胀时，这些国家的经济增长率也逐渐下滑，人均收入水平增速放缓。

希腊和意大利在2008年金融危机爆发前20年里，错过了控制债务的良机，政府债务长期维持在GDP的100%以上。目前，希腊的政府债务占GDP的比重为179%，意大利为132%。同时，两国的人均收入水平增长也不尽如人意，希腊人均GDP从1990年占美国人均GDP的40%增长到2008年的66%，又降到2014年的40%；意大利人均GDP从1993年占美国人均GDP的88%降到2014年的64.8%。

日本的政府债务水平在1970年处于低位，只占GDP的8%，但是由于长期实行扩张性财政政策，目前其政府债务达GDP的226%。同时，其经济日益低迷，2014年经济增长率为-0.1%。日本的人均GDP从1980年占美国人均GDP的85%增长到1995年的140%，又降到2014年的77%。不少经济学家认为，日本如果再不出现财政盈余，则其财政将是不可持续的。

（3）拉丁美洲国家。典型代表是巴西、阿根廷、智利和墨西哥。这些国家经历债务危机以后，一直将政府债务占GDP的比重维持在较低水平上。2014年政府债务占GDP的比重，巴西为59%，阿根廷为45%，智利为15%，墨西哥为42%。同时，巴西和智利的人均GDP占美国人均GDP的比

[①] CEIC 全球数据库［DB / OL］.［2015-12-20］. https://www.ceicdata.com/zh-hans/products/global-economic-database.

重上升迅速：巴西的人均GDP在1980年时仅占美国人均GDP的17%，2014年占24%；智利的人均GDP在1980年仅占美国人均GDP的17%，2014年占27%。相比之下，阿根廷和墨西哥的人均GDP占美国人均GDP的比重则比较稳定，分别保持在24%和18%的水平。

（4）东南亚国家。以马来西亚、菲律宾、泰国为代表，这些国家经历亚洲金融危机以后，债务水平也不高。2014年，泰国政府债务占GDP的46%，马来西亚政府债务占GDP的53%。与此同时，马来西亚在经济上的表现也比较突出，经济增长率稳定，2014年人均GDP已超过11 000美元，占美国人均GDP的20%。菲律宾则变化很小，1980年人均GDP占美国人均GDP的5.6%，2014年占6%。

我国的财政赤字和政府债务现状

首先，需要估计我国的综合财政赤字率。官方公布的赤字率只是中央政府的财政赤字率，但是如果综合考虑地方政府财政赤字，我国的综合财政赤字率会大大提高。根据地方政府债务余额估算地方政府财政赤字率，再与官方公布的中央财政赤字率合计可以发现，2014年我国的综合财政赤字率已经达到8.73%。[①] 可见，我国的财政赤字率已经处于高位。

与此同时，我国政府债务也大大增加。到2013年6月底，将中央政府和地方政府债务余额加总，我国政府债务占GDP的比重达到50%以上，如果再考虑到中国铁路总公司举债和养老保障账户缺口，政府债务则可能达到GDP的8%。我国人口正走向老龄化，养老保障账户的资金缺口将逐步扩大，财政负担将进一步加重，政府债务可能进一步增加。

由此可见，综合考虑各种因素，我国的财政赤字率和政府债务率已经处于较高水平，接近甚至超过世界公认的由欧盟制定的财政警戒线。这将成为我国下一阶段财政政策扩张力度的制约因素。

[①] 根据审计署2011年的公告，我们可以推算出地方政府1996年以来的债务余额，将该余额作差，再扣除根据上期余额估计的利息支出，即可推算出地方政府财政赤字率。

财政政策取向建议：谨慎、可持续的财政政策

综合考虑以上各方面的因素，笔者认为：我国在"十三五"期间，财政政策取向的核心应是谨慎、可持续的财政政策。具体内容及相关建议包括以下几个方面：

（1）谨慎、可持续的财政政策，即使政府债务规模（政府债务占GDP的比重）保持稳定。应使"十三五"期间的财政赤字规模（财政赤字占GDP的比重）保持在平均2.5%以内，政府债务规模尽量保持在60%以内。当今世界各国政府通常奉行供给学派的减税主张，但是却容易忽略该学派另一个方面的主张——"小政府"。本质上属于新古典经济学的供给学派强调充分发挥市场的作用，减少政府干预。在减税（即减少政府收入）的同时，减少政府支出，这样就不会造成政府债务逐年累积的局面。

（2）提高政府投资的质量和效率，不要过分强调投资数量，城市建设要规划好，提高质量，不要再"摊大饼"。当投资规模过大时，投资回报也可能递减。

（3）加强人力资本投资。例如，实行十二年义务教育，既能帮助低收入群体，又能积累人力资本，是最有效率的投资；加强医疗卫生和扶贫方面的投资也有利于人力资本积累。

（4）通过结构性减税降低企业税负。培育经济增长的新源泉，大力扶植企业，让它们做好、做强。只要GDP的增长比债务增长快，债务规模就不会扩大。

（5）多为子孙后代积累，少转移债务负担。应由子孙后代做的建设可以留待子孙后代去做，当前不要借债去做。例如，有些资源如果现在进行开采利用，成本太高，污染太严重，浪费太大，就可以等技术成熟后再开采利用。储备的资源也是国家的财富。总之，我们要注重国家的长远发展。正如《论语》所言："己所不欲，勿施于人。"如果我们对子孙后代的福利和对当代人的福利同等重视，就不应该在代际过度转移负担，这样我们的子孙后代将生活在一个有更高资本存量和较低政府债务的世界中。

（根据作者2015年12月23日在北京大学"2015中国公共财政论坛"上的发言整理）

大国财税改革：构建普惠式增长的基石

财税制度改革重新启航

十八届三中全会提出："财政是国家治理的基础和重要支柱，科学的财税体制是优化资源配置、维护市场统一、促进社会公平、实现国家长治久安的制度保障。"这就把财税制度改革提到一个很高的位置。这次会议提出建立现代财政制度。现代财政制度和过去的财政制度的区别在于，后者只是为政府提供运转资金，而前者能够纠正市场失灵、重新分配收入、刺激劳动和储蓄，从而促进经济发展。这次会议指出，"发展仍是解决我国所有问题的关键"，仍应坚持"以经济建设为中心"。因此，现代财政制度必须有利于经济发展。

下面我们从税制改革、中央和地方关系、养老保障制度改革三个方面来解读十八届三中全会通过的《中共中央关于全面深化改革若干重大问题的决定》（以下简称《决定》）。

在税制改革方面，《决定》提出要"改革税制、稳定税负"。在具体改革方向上，提出逐步提高直接税比重；推进增值税改革，适当简化税率；调整消费税征收范围、环节、税率；逐步建立综合与分类相结合的个人所得税制；加快房地产税立法并适时推进改革，加快资源税改革，推动环境保护费改税。

我国现在的总税负水平（即财政收入占 GDP 的比重）大约是 28%。其中税收收入占 22.6%，社会保障收入占 5.6%。与 1995 年相比，税收收入占比提高了 12.3 个百分点。我国现在的总税负水平与美国接近（美国 2011 年是 29.8%），高于不少亚洲国家（如新加坡、泰国、马来西亚、越南等），大幅低于北欧发达国家。

目前我国已经开始将营业税改为增值税，新设了 6% 和 11% 两档增值税税率，并对小规模纳税人按照 3% 的征收率计算征收。营业税改增值税后，增值税在税收收入中的比重将会更高。2012 年我国的税收收入中，增值税占 26%，营业税占 16%，消费税占 8%，扣除退税之后进口消费税和增值税的总和占 4%，上述间接税合计占比为 54%。消费税改革方面，要把高耗能、高污染产品及部分高档消费品纳入征收范围，把普通化妆品等商品从消费税的范围内移除。

个人所得税的改革方向在于对各种应税所得（如工薪收入、利息、股息、财产所得等）综合征收。这种改革的优点在于公平，但前提条件是纳税人纳税意识强、征管手段先进。个人所得税改革的出发点在于我国收入差距过大，需要对其进行调节。房产税属于直接税、财产税，也很重要。美国在 20 世纪初的时候财产税占政府收入的比重超过 40%，在引入个人所得税以后，个人所得税的比重开始上升，财产税的比重开始下降，但财产税仍然是美国地方政府重要的财政收入来源。十八届三中全会没有直接提到资本利得税、遗产税、赠与税等直接税。

目前我国资源税的税率较低，而且是从量计征。将来的改革方向可能有两个：一是提高从量税的税率，二是改从量税为从价税。

《决定》还提出"适度加强中央事权和支出责任"。这有利于理顺中央与地方的关系，建立事权和支出责任相适应的制度。2012 年我国中央政府的财政收入占总财政收入的比重为 47.9%，财政支出占总财政支出的比重仅为 14.9%；地方政府的财政收入占总财政收入的比重为 52.1%，财政支出占总财政支出的比重高达 85.1%。据国际货币基金组织的统计，2012 年美国联邦政府财政收入占总财政收入的 57.6%，财政支出占总财政支出的 63.7%。我国地方财政收入中，来源于中央财政转移支付的比重大约为 40%。相比之下，美国地方政府财政收入中，来源于中央财政转移支付的比重大约为 20%。我们可以从以下几个方面增加中央政府的支出：一是提供更多公共品，满足公众需求，尤其是低收入者的需求；二是增加教育支出和医疗保障支出，积累人力资本，减轻贫困家庭的负担；三是增加环境保护支出，提高人民健康水平；四是增加社会福利支出，让发展的成果惠及弱势群体；五是考虑以现金或购物券形式，增加对低收入者的直接补助。

《决定》提出"建立更加公平可持续的社会保障制度","实现基础养老金全国统筹"。这意味着在坚持社会统筹和个人账户相结合的基本养老保险制度的前提下,要做实个人账户,实现基础养老金账户收支平衡。美国等发达国家不仅通过个人所得税,还通过养老保障体系进行个人收入再分配。我国的基础养老金全国统筹也可以起到个人收入再分配的效果。会议决定"适时适当降低社会保险费率"。目前我国的养老保险费率情况是:社会统筹账户缴费率为工资的20%,个人账户缴费率为工资的8%。美国的社会统筹账户缴费率为工资的12.4%,目前有巨额资金积累。我国社会统筹账户缴费率高于美国,但还有赤字和债务,故有必要借鉴美国等发达国家的经验。会议还决定"研究制定渐进式延迟退休年龄政策"。很多国家也已经出台了这方面的政策。

十八届三中全会为财税改革指明了大方向,提出了主要任务。当然,在落实过程中还有许多细节性工作要做。财税体制的不断改革和完善,一方面会使更多的人享受改革和发展的成果,另一方面也能提高经济效率,促进经济持续健康地发展。

(原载于《中国财经报》,2013年12月28日,原标题为"财税制度改革重新启航——解读三中全会关于深化财税体制改革决议",收录于本书时有改动)

我国新一轮的公共财政改革

十八届三中全会指出，"发展仍是解决我国所有问题的关键"，仍应坚持"以经济建设为中心"。经济可持续发展有赖于经济的不断增长，民众分享经济成果，生态环境得到改善，资源得到节约和保护。公共财政改革可以促进经济可持续发展。十八届三中全会通过的《中共中央关于全面深化改革若干重大问题的决定》（以下简称《决定》）明确将公共财政改革作为下一轮经济改革的重点。全会提出："财政是国家治理的基础和重要支柱，科学的财税体制是优化资源配置、维护市场统一、促进社会公平、实现国家长治久安的制度保障。必须完善立法、明确事权、改革税制、稳定税负、透明预算、提高效率，建立现代财政制度，发挥中央和地方两个积极性。"

《决定》提出"保持现有中央和地方财力格局总体稳定"。2012年我国财政收入占GDP的比重为22.6%，加上社会保障收入（占GDP的5.6%），总共占GDP的28.2%，这一水平跟美国（2011年为29.8%）差不多，比欧洲发达国家低很多，比一些亚洲国家要高。2012年我国中央财政收入占总财政收入的比重为48%，地方财政收入占总财政收入的比重为52%，与美国联邦和地方政府财政收入占总财政收入的比重相近。所以，我国中央财政收入占GDP的比重并不比美国高。

十八届三中全会在公共财政改革方面做出了许多极其重大的决策，涉及面很广泛。本文仅从以下方面进行分析解释。

（1）提高财政政策的运用水平。《决定》提出"健全以国家发展战略和规划为导向、以财政政策和货币政策为主要手段的宏观调控体系……加强财政政策、货币政策与产业、价格等政策手段协调配合,提高相机抉择水平,增强宏观调控前瞻性、针对性、协同性"。

财政政策分为扩张性财政政策和紧缩性财政政策。扩张性财政政策指增加政府支出或减少税收,财政预算呈现赤字的财政政策;紧缩性财政政策指减少政府支出或增加税收,财政预算呈现盈余的财政政策。我国从1998年开始实行扩张性财政政策,2002年财政赤字达到GDP的2.6%。2007年经济高涨,财政出现盈余。2008年美国次贷危机波及全球,我国出台4万亿元投资计划,财政赤字再度出现,这也引起了后来的通货膨胀和地方债务问题。2009年财政赤字达GDP的2.3%,2012年财政赤字为GDP的1.7%,2013年的预算赤字约为GDP的2.3%。欧盟国家的财政赤字警戒线为3%。

《决定》提出要"增强宏观调控前瞻性""提高相机抉择水平"。这就要求我们加强对国内和国际经济现状的研究,对是否实行赤字财政政策、财政赤字的规模、财政赤字的持续时间,以及财政赤字对经济的影响等方面,做认真的分析研究。财政赤字必然引起政府债务增加,我们要考虑债务对经济的长期影响,考虑偿债能力以及各代人之间的利益分配。

(2)深化税收制度改革,逐步提高直接税比重。一般来说,直接税包括个人所得税(个人所得包括工薪所得、利息所得、资本利得等)、企业所得税(企业所得税最终全部由资本所有者承担)、个人财产税、遗产税、赠与税等。间接税包括增值税、营业税、消费税、关税以及进口商品的增值税和消费税等。我国以间接税为主,例如,2012年我国增值税、营业税、消费税以及净进出口商品的增值税和消费税(进出口商品的增值税和消费税减去出口退税)占到总税收的54%;个人所得税只占总税收的5.8%。欧美发达国家则是以直接税为主,例如,2011年美国个人所得税占总税收的52%。

间接税的优点是容易征收,尤其在我国,间接税是向生产者征收,征税成本低。此外,间接税是消费型税收,加在物价里。研究表明,消费税有利于储蓄、资本积累和经济增长。个人所得税是对收入征税,也就是对消费和储蓄征税。相比于消费型税收,个人所得税不利于储蓄、资本积累和经济增长。企业所得税是向资本征税,也不利于资本积累。间接税的缺点在于不累进。也就是说,相对于收入来说,低收入者实际支付的税率比高收入者高,有失公平。考虑到这一点,美国多年以来没有实行增值税。但是,为了促进经济增长，许多美国经济学家建议美国政府提高间接税的比重，降低直接税的比重，这一点与我国正好相反。由此看来，中美两国的税制都较极端，应该逐步向中间靠拢。

（3）逐步建立综合与分类相结合的个人所得税制。当前我国实行分类个人所得税制，征税体制比较简单容易，征税成本也低，但并不能很好地起到调节收入分配的作用。个人所得税除了为政府筹措财政收入，其主要功能是调节收入分配。建立综合与分类相结合的个人所得税制，即把工薪所得、股息所得、财产所得和其他收入综合在一起征税，会更有效地调节收入分配。

美国是典型的实行综合个人所得税制的国家，将资本利得收入和其他收入综合在一起，征收累进的个人所得税。日本则实行综合与分类相结合的模式，对于综合征收的部分，把所有收入进行加总，按累进税率征税，而对于分类的部分，则单独制定税率，例如在对利息的征税上单独制定了15%的税率。世界上还有采用单一税率的个人所得税制，例如，俄罗斯的个人所得税税率为可税收入的13%，新加坡的个人所得税制也不太累进。这些国家必须靠其他方式调节收入分配。

综合个人所得税制要求征管手段先进，所以改革后会遇到信息申报和退税等方面的挑战。

（4）加快房地产税立法并适时推进改革。房地产税属于财产税，是向产权所有人征收的一种财产税。1986年9月15日，国务院正式发布了《中华人民共和国房产税暂行条例》，从当年10月1日开始实施，征收范围限于城镇的经营性房屋。2011年1月，个人住房房产税试点在上海和重庆开始。发达国家的财产税遵循税收的"受益付费原则"，依靠个人所得税和社会保障缴费（而不是财产税）调节收入。征收财产税的主要目的是提供地方公共品，如义务教育、地方道路、社区公园等。有的国家，如英国，第二套房屋的财产税税率比第一套还要低。美国在20世纪初的时候财产税占政府收入的比重超过40%，自从引入个人所得税以后，个人所得税的占比上升，财产税的占比下降，但财产税仍然是美国地方政府重要的财政收入来源。目前一般人的应税财产包括房屋和汽车。美国联邦政府的主要收入来源是所得税，州政府的主要收入来源是销售税，地方政府的主要收入来源是财产税。未来我国可以遵循国际惯例，将个人房产税收入作为地方政府的财政收入。

（5）推进增值税改革，适当简化税率。增值税以增加值为税基，与盈利与否无关。增值税风靡全球，它以税源稳定、便于监督而著称。我国目前实行消费型增值税，即投资可以从税基中抵扣。我国增值税的基本税率为17%，税收收入占总税收收入的比重最大，2012年为26.2%。我国第二大税种是营业税，涵盖九大行业，税基是营业额，基本税率为5%，2012年税收收入占总税收收入的15.6%。目前，我国营业税改增值税（以下简称"营改增"）的试点已在全国铺开，最初只包括交通运输业和现代服务业，计划在"十二五"期间涵盖所有行业。"营改增"后，增值税新设两档税率——5%和11%。目前增值税税率从3%到17%，档次很多，未来将要简化。

营业税属于地方税，是地方第一大税种。目前"营改增"后由营业税改来的那部分增值税归地方所有。"营改增"的确减轻了绝大部分企业的税收负担，但也减少了地方政府的财政收入，使本来就困难的地方本级财政雪上加霜。因此，"营改增"以后，中央与地方增值税如何划分以及其他税种如何划分成为新的议题。

（6）调整消费税征收范围、环节、税率，把高耗能、高污染产品及部分高档消费品纳入征收范围。消费税是我国第四大税种，2012年税收收入占总税收收入的7.8%，收入归中央政府所有。我国的消费税是向一些奢侈品、特殊消费品征税，征收范围包括烟酒、化妆品、贵重首饰及珠宝玉石、成品油、汽车轮胎、小汽车、摩托车、高尔夫球及球具、高档手表等。我国的消费税类似于美国的特殊商品销售税，后者的征收范围包括烟、酒、汽油、奢侈品等，收入归联邦政府所有。为节约资源、保护环境、调节收入分配，我国将把高耗能、高污染产品及部分高档消费品纳入消费税的征收范围。目前，我国正在讨论消费税应当归属中央或地方的问题。

（7）加快资源税改革。我国的资源税的征收范围涵盖原油、天然气、煤炭、其他非金属矿原矿、黑色金属矿原矿、有色金属矿原矿以及盐等。目前资源税的税率较低，而且大都从量计征。我国资源有限，人口却在增加，未来经济发展会受到资源的严重约束，节约及保护资源势在必行。资源税的未来改革方向，一是提高从量税的税率，二是改从量税为从价税。

（8）推动环境保护费改税。当前，空气污染、河流和湖泊污染、沙尘暴、工业废品排放已经成为极大的问题。美国2012年把空气优良的标准定为空气中的细颗粒物（PM2.5）不超过 12 微克/立方米，世界卫生组织的标准为 10 微克/立方米，而我国个别地区的 PM2.5 值有时超过 250 微克/立方米。污染不仅直接影响着人们的健康，增加了医疗成本，而且也会对经济的发展产生负面影响。许多发达国家都开征了环境保护税。而我国目前只向污染者征收排污费，且不够规范，执行力度不够，未来应该改费为税，加大征管力度，促进环境改善。

（9）加强对税收优惠特别是区域税收优惠政策的规范管理。税收优惠政策统一由专门的税收法律法规规定。过去，为发展经济，我国给了一些地区和外资企业税收优惠政策，促进了经济发展。但税收优惠属于歧视性税收政策，影响公平竞争，所以 2008 年我国取消了对外资企业的税收优惠。我国未来应进一步清理和规范税收优惠政策，尽力统一税制，这也与多数国家税制改革的方向一致。

（10）实现基础养老金全国统筹，建立更加公平可持续的社会保障制度。应完善个人账户制度，健全多缴多得的激励机制，确保参保人的权益。我国现在实行的是个人账户与社会统筹相结合的养老保障体系，企业缴费比例为工资总额的 20%，用于社会统筹；个人缴费比例为本人工资的 8%，进个人账户。目前，总体而言，收入高的群体拿到的养老金过多，收入低的群体拿到的养老金过少，不能有效地调节收入分配。尽管每个人的贡献有所差别，但在基础养老金的发放上应逐渐缩小差距，以此调节收入分配。当前我国各地社会统筹账户的使用情况不一，有些地方尚有盈余，而东北、上海等地区已经出现了缺口。如果实行全国统一的账户管理，将有利于社会保障制度的公平和可持续。

（11）适度加强中央事权和支出责任。前面讲过，我国中央政府不是财政收入太多，而是直接支出太少。2012 年，中央政府直接支出仅占总支出的 15%，地方政府直接支出占总支出的 85%。如果加上社会保障支出，地方政府支出的比重会更大。而 2012 年美国联邦政府直接支出占总财政支出的 57%，其中约 70% 用于社会保障、医疗保障、社会福利保障及扶贫等，另外，有约 20% 用于国防，约 5% 用于国债利息，约 4% 用于公共管理。在我国，基础养老金全国统筹后，中央政府直接支出将会增加 10 个百分点。以 2012 年为例，中央政府直接支出占总支出的比重会提高到 25% 左右。随着经济的发展,中央政府承担的社会福利和扶贫责任将会增加,中央政府直接支出也会逐步增加。中央直接惠民,会增强全国人民的凝聚力。

(12)建立跨年度预算平衡机制,允许地方政府通过发债等多种方式拓宽城市建设的融资渠道。目前,我国地方政府没有发行债务的权力(发行地方债只是在上海等地试点),地方政府通过融资平台等方式积累了大量债务。据官方统计,2010年年底全国地方政府债务为10万亿元,占GDP的27%。据审计署调查,2012年年底,36个地区的债务余额比2010年增长了12.9%。如果全国地方政府债务也增长12.9%,那么2012年全国地方政府债务余额就会超过12万亿元,占GDP的23.3%。2012年中央政府内债占GDP的15%,外债占GDP的7%,其他债务约占5%。由此可见,我国的政府债务已经很高了,必须加以控制。允许地方政府发行债务可以使债务公开化,便于监督管理,有利于提高债务的使用效率。当然,我们必须制定相应措施,严格管控地方债务,决不能任其泛滥成灾。

十八届三中全会关于公共财政改革决策的意义重大而深远。新一轮公共财政改革刚刚启程。落实十八届三中全会《决定》是一项艰巨的任务,许多细节问题还有待我们认真研究讨论,提出解决措施。随着经济的发展,新的问题还会出现。我们应该不断地进行公共财政改革,既关注效率,也关注公平,既顾及眼前,更注重长远,使经济持续健康发展,使人民生活水平不断提高。

(本文摘要版原载于人民网,2011年10月21日,收录于本书时有改动)

《人民日报》海外网访谈：关于2016年"两会"政府工作报告

《人民日报》海外网（以下简称"海外网"）：今年"两会"，李克强总理在政府工作报告中把2016年的经济增长目标定为6.5%～7%。您认为这个区间合适吗？对选择"区间"这一方式该如何理解？

林双林：我个人认为这个区间比较合适。党的十八大就提出，2020年实现GDP和城乡居民人均收入比2010年翻一番。那就意味着2011—2020年间的平均经济增长率必须为7%。我国的经济增长率，2011年为9.2%，2012年为7.8%，2013年为7.7%，2014年为7.0%，2015年为6.9%。可以算出，如果今后五年经济增长率接近6.5%，翻一番的目标就能达到。所以说这个区间还是比较合适的。

此外，我觉得"区间"这个提法很好。经济发展总会面临一些不确定因素，经济增长率也会因此而受到影响，增长率能在这个区间内就很好。随着经济总量的增加，经济增长率肯定会下降，这在发达或新兴经济体中很常见，比如日本，还有"亚洲四小龙"。它们都是过去经济增长率高，后来下降了。

有些人认为我国的经济增长率在2015年时下降到6.9%是很危险的。但实际上这个增长率不算低，相比于其他经济体已经很高了。另外，我们不要仅看经济增长率，也要看经济增长质量。盲目追求经济增长率，会对中国经济的长期发展不利。

总之，我觉得这个区间定得合理，我们要对中国经济充满信心。

大国财税改革：构建普惠式增长的基石

海外网： 2015年年底的中央经济工作会议上提出，今年要继续实施积极的财政政策并加大力度，今年的政府工作报告也强调了这一点。您认为当前财政政策的空间有多大？财政政策和货币政策应该如何组合，才能渡过经济困难时期？

林双林： 经济增长靠资本、劳动力和技术。资本是可以在国际流动的。我们要想办法让企业家安心在中国发展，让这些企业做大、做好、做强，让企业家对中国经济发展有信心，这是很重要的。

财政政策在促进经济增长方面的空间还是很大的。可以通过两种方式增加财政政策的空间：一是减税；二是增加政府基础设施投资，即增加政府支出。

之所以说企业的减税空间很大，是因为过去企业承担的税负很重，减税有利于提高企业的投资和生产积极性。2015年的财政赤字主要来自减税，但这是正确的决策。另外，我国正处在城市化的进程中，有许多基础设施要建设，而政府出资建设基础设施可以直接增加生产。这两项政策都可以提高经济增长率。

关于财政政策和货币政策相结合，我认为这样做可以稳定我国的经济增长。财政政策上应加大减税力度，增加基础设施投资；货币政策上应该致力于把资金配置到实体经济中去，这样有利于企业发展。过度地使用宽松的货币政策，会造成通货膨胀。同时，货币政策也在从数量型转向价格型，未来利率会起到更重要的作用。

海外网： 今年我国将拟安排财政赤字率提高到3%。有市场人士认为3%的财政赤字率低于预期。您对这一数据怎么看？

林双林： 我觉得不低。从改革开放以来，包括1997年亚洲金融危机和2008年世界金融危机以后，我国公布的财政赤字率从来没有这么高。2009年我国的财政赤字率才2.3%，当时政府还推出了4万亿元的刺激计划。这一届政府说"去杠杆"，不搞强刺激，那为什么财政赤字现在还有3%，好像比以前还高？其实有一点大家可能还没搞清楚，那就是以往地方政府的财政赤字是在预算以外的，我们没算进来。地方政府的债务都那么高，是从哪来的？都是从财政赤字来的，赤字的积累就是债务。如果加上地方政府的财政赤字，那么我国过去的财政赤字率要比3%高得多。粗略估算，如果加上地方政府的债务,那么2009年我国的财政赤字率估计会超过10%!

赤字的产生是由于支出大于收入。地方政府的支出远远大于收入,这都是在预算以外的。预算以内地方政府财政过去是平衡的,地方政府债务都是在预算外形成的。如果把地方政府的财政赤字加上,我国的财政赤字这些年来是很大的。所以今年我国将拟安排财政赤字率提高到3%是可以理解的,因为现在我们把地方财政赤字都公开化了。比如今年中央就规定,中央财政赤字1.4万亿元,地方财政赤字7 800亿元,地方政府在这个限额之外不能再随意借债了,不能再随意从银行贷款了。中央和地方的财政赤字率合起来是3%,而过去赤字都是中央的,地方政府赤字和债务是隐性的。

为什么说这个赤字率不能再高了呢?因为赤字会变成政府债务,如果政府债务太大,就会引起债务危机。另外,这一轮的经济下滑,实际上就是我国政府主动控制地方债务的结果。中央从2011年就开始调查地方政府的债务,并已经开始控制地方政府债务。当时,国内外的投资者对地方政府债务很担心,因为他们怕地方政府还不起银行的贷款。我国正是从那时候开始控制地方政府债务,不让地方政府乱借债,乱搞建设。只有将债务控制在合理范围,投资者才能对中国经济前景保持信心。

海外网:政府工作报告中提到要"继续实行结构性减税和普遍性降费,进一步减轻企业特别是小微企业负担"。这样大力度的减税政策,对于税制改革有着怎样的积极影响?

林双林:今年的财政赤字主要来自减税,而减税主要来自营业税改增值税(简称"营改增")。增值税有不少优点。首先,我国的增值税是消费型的,也就是说,把投资从税基里扣除了,这样有利于企业投资,更新机器设备,也有利于提高劳动生产率。其次,从税制的角度来讲,增值税具有自我监督机制,不容易发生偷税漏税。企业要想抵扣税,就得把向自己卖材料的供应商所开的发票拿出来,供应商交了多少增值税,企业才能抵扣多少;供应商不愿意多开发票,因为如果多开了,供应商要多交增值税。因此,从税制的角度来看,增值税具有自我监督的优点。

把营业税全部改成增值税以后,我国的税制会发生很大的变化,增值税在总税收中的占比更大了。2014年我国增值税约占总税收的25%,营业税约占15%，改革以后，增值税和营业税合起来成为新的增值税，占总税收的比重就会达到40%左右。

海外网：对，将近一半。

林双林：对。所以今后我国的第二大税将是企业所得税，2014年占总税收的21%；第三大税是消费税，2014年占总税收的7.5%；个人所得税的占比很低，只占总税收的6%。这就是我国税收的状况。所以，"营改增"、减税会使我国的税制变得更好，但是增值税的比重会很大。

海外网：政府工作报告明确提出确保所有行业税负只减不增。有评价认为，这是中国有史以来最有诚意的减税计划。您怎么看？

林双林：我认为这个减税计划还是非常有诚意的。政府工作报告提出今年减税的举措有三项：一是全面实施"营改增"；二是取消违规设立的政府性基金，停征和归并一批政府性基金；三是将18项行政事业性收费的免征范围，从小微企业扩大到所有企业和个人。通过这些举措，将减轻企业和个人负担5 000多亿元。这三项举措的针对性很强，如果能落到实处，减轻企业负担的效果无疑会很显著。

有人认为中国企业缴纳的所得税太高，其实那是因为我国企业所得税的税基大，税率并不高。相反，美国的企业所得税税率比我国高出不少。我国企业所得税占总税收的比重在20%以上，标准税率为25%。而美国的企业所得税占总税收的比重只有10%左右，对于10万美元以上的企业所得，税率就高达35%。所以，我们应该想办法缩小企业所得税的税基，这样才能减轻企业负担。

海外网：除了您刚才说的那些措施，我们还应该做哪些？

林双林：对于小微企业，我国现在也出台了一些措施，来给它们减税、减费。未来我们也可以考虑在企业所得税上实行累进税率。这样，小企业或者利润少的企业可以享受较低的税率，利润多的大企业按较高的税率纳税。

海外网：您的意思是区分对待？

林双林：可以这么说。累进税率是一种随税基的增加而按其级距提高的税率。在财政方面，它使税收收入的增长快于经济的增长，具有更大的弹性；在经济方面，它有利于自动地调节社会总需求的规模，保持经济的相对稳定。此外，它让负担能力大者多交税，负担能力小者少交税，符合公平原则。

其实很多国家都采用累进税率，尤其是美国。美国按企业所得来制定相应的税率。企业所得包括利润和资本所得。美国的企业所得税率是累进的，小企业税率低，税收负担相对就轻，因此累进税率对小微企业更有利。

海外网："营改增"一直以来是深化财税体制改革的"重头戏"。今年的政府工作报告中就公布了"营改增"的顶层设计方案，并将试点范围扩大到建筑、地产、金融、生活服务等行业。这样大规模的减税政策释放了哪些信号？

林双林：其实"营改增"已经试点好几年了，2014年因为税收收入减少太多，所以放慢了推广速度。今年的政府工作报告里说得很清楚，从2016年5月1日起开始全面推广"营改增"试点，而且要尽早完成。这就意味着，在我国实行了三十余年的营业税将退出历史舞台，持续了四年多的"营改增"也要在"十三五"开局之年全面收官。

增值税是只向增值额征税，我国将投资从增值额中扣除，所以税基就小了；营业税是按营业额征税，所以税基很大。但是营业税的税率低，标准税率为5%，而增值税的标准税率为17%。

从目前的情况来看，"营改增"后的税率较低。"营改增"以后，新设了几档税率，因为税率低，所以税收收入会减少。但如果税率提高的话，税收收入还会增加的。

现在存在这样的问题：实行"营改增"后，投资少的企业或劳动密集型的企业，其实际税负可能会增加。根据我们的调研，有一些用人多的企业，如网络公司，可能设备少、用人多，对于这种知识劳动密集型的企业来说，实际税负还是增加了。但是总体上来看，"营改增"使政府税收收入减少了。2014年我国开始大规模推广"营改增"以后，税收收入降低了不少。

值得注意的是，今年政府工作报告提到要"继续实行结构性减税和普通性降费，进一步减轻企业特别是小微企业负担"。对于有些劳动密集型企业，征收营业税的时候税率为5%，现在改成增值税之后，税率变为了6%，因为这类企业没有什么扣除，所以税负可能会增加。如何保证这些企业税负减少呢？那就要把税率再降低。今年政府工作报告里已经讲得很清楚了，财政赤字主要来自税收的减免，而且要让所有企业都受益，进一步减轻企业负担，这是非常好的，有利于促进中国经济增长。

海外网：不少业内人士担心，"营改增"后，原来地方的主体税种若变成地方分享25%，会对地方财力造成冲击，进而增加本已沉重的地方事权负担。对此您怎么看？

林双林：应该大大提高地方政府分享的增值税份额。目前中央对"营改增"的做法是，把从营业税改来的增值税叫"增值税2"，全部返还给地方，但是增值税比原来的营业税少了，所以国家减税实际上减的是地方的税。这样，地方财政收入会下降，这是不可持续的。我们现在要做的就是增加地方政府分享的增值税份额，政府工作报告里也提到了这一点。

那么，地方政府的增值税份额要提高到多少呢？提高到50%以上。其实要算出这个数据并不难。2014年营业税和增值税加起来占到总税收的40%，其中增值税占25%，营业税占15%。增值税中央政府拿75%，地方政府拿25%。因此，地方政府分享的增值税约占总税收的6%（25%×25%≈6%），再加上地方政府原来的营业税（占总税收的15%），总占比为21%左右。通过营业税和增值税，中央政府拿了约19%的税收收入，地方政府拿了约21%的税收收入。现在营业税和增值税合起来，都变成增值税了，简单计算，至少应该给地方政府一半，即"营改增"后至少要把50%的增值税给到地方政府，地方政府才能大致拿到自己原来的份额。我一直建议应该取消增值税返还，提高地方政府分享的增值税份额。

过去地方政府的投资积极性很高，税收增长快，搞"土地财政"，可以从银行贷款来搞基础设施建设。现在的问题，一是地方政府的投资积极性不太高；二是资金短缺，"巧妇难为无米之炊"。目前，地方财政很困难，有的地方连工资都发不出来，没有能力从事基础设施建设。这几年，地方政府基础设施建设放缓，国有企业遇到许多问题，民营企业资金和信心不足，所以经济增长率下降了。当务之急就是提高地方政府分享的增值税份额，以促进经济发展。

海外网： 1994年分税制改革以来，消费税成为中国税收体系中的主体。李克强总理在政府工作报告中提到，将降低部分消费品进口关税，增设免税店。这样的举措将对刺激国内消费起到什么作用？除此之外还需考虑哪些因素？

林双林： 这个话题被讨论很久了。我国的消费税类似于奢侈品税，税率很高。奢侈品的内容在不断变化，比如化妆品。过去化妆品可能属于奢侈品，而现在一般的化妆品是基本用品了，就不应该再征那么高的税。降低部分消费品的进口关税，主要作用是会刺激进口，刺激人们对国外商品的消费。这样，人们的生活质量会提高，幸福指数会提高，这就是最大的好处。此外，增设免税店就使很多消费者不用出国买东西了。从这个意义上说，相当于节约了旅行费用，这样也可能刺激国民消费。

另一方面，外国商品进口的增加能够增加竞争，从而提高国内产品的质量。我们应该把中国自己的品牌做起来，不仅基础设施要做好，各种类型的产品也要做好。后者才是最关键的。

海外网： 财税改革过程中的一大难点便是统筹协调好中央和地方的关系。您也曾表示，合理确定中央和地方的增值税分享比例很重要。解决这一难点有何对策？

林双林： 中央和地方的关系是现在最要紧的问题，我们要处理好中央和地方的关系，就要分清楚中央和地方的职责。从财政角度来讲，中央应该管好民生方面的事情，包括养老、医疗、扶贫、教育等。地方政府应该注重发展地方经济，提供地方基础设施、地方公共品。目前来说，要以增值税改革为契机，增加地方政府的财政收入份额，让它们有钱做事。

中央政府应该多管一些民生和社会福利方面的事情，比如养老、医疗、扶贫等。目前，养老、医疗的全国统筹还比较困难，但这是方向。另外，中央政府也应该适当增加社会福利方面的支出，这对于社会的安定团结是有好处的。

海外网： 未来五年，面对"每向前迈一步都很难"的改革深水区，财税改革将如何继续扮演好"先行军"的角色？

林双林： 财政改革很重要。它包括两方面：一方面是刺激经济发展，保证经济的稳定发展；另一方面是收入再分配，保证人民都得到经济发展的实惠。我们现在强调供给侧改革，从财政方面来说，就是减税，减少政府不必要的开支，减小支出规模。供给侧改革是为了刺激生产，提高产品质量，维持经济较快增长，对经济的长远发展有好处。从税制方面来说，我国的税收制度目前还不能很好地发挥对收入的调节作用，因为累进的个人所得税才占总税收的6%，"营改增"后增值税将占总税收的40%。增值税不是累进的，低收入者和高收入者在买同一件东西的时候都是交一样的税，相对于收入来说，低收入者的税就高了，所以它不能很好地发挥收入再分配的作用。那么如何解决这个问题呢？我们应该充分发挥政府支出的作用。既然从低收入者那里收的钱多了点，那么支出方面就应该多向低收入者倾斜，包括教育、养老、医疗、基本生活保障，等等。具体来说，如实行十二年义务教育，缩小养老金的差别，帮助低收入者上医疗保险，给低收入者发放补助，等等。总之，在生产领域，我们要尽量让市场发挥调节作用，把劳动者和企业的积极性都调动起来，努力生产出更多、更好的产品，"把蛋糕做大"；在分配领域，我们要发挥财政的再分配作用，让人民共享经济发展的成果。这样国家就会更兴旺，人民就会更幸福。

（原载于《人民日报》海外网，2016年3月16日，原标题为"林双林：规范增值税制度　让地方享有更多'税权'"，收录于本书时有改动）

中国公共财政改革的方向

现代公共财政制度起着提供公共品、调节收入再分配、保持经济稳定、刺激经济增长等重要作用。在中国，建设现代化的财政税收体系对于经济增长与社会稳定有着非常重要的意义。在中国经济日益发展与人口老龄化问题日益严重的时代背景下，作为中国现代化治理体系的重要组成部分，中国的公共财政制度也势必要进行一些改革。

笔者想主要就以下三方面问题，提出关于中国公共财政改革的建议和思考：

财政收入与财政支出改革

财政收入与财政支出是现代公共财政的两个基本问题。我们先从财政收入谈起。

1. 改进税收体系

税收收入无疑是财政收入的最基本来源之一，因此税收体系的改革自然非常重要。

关于税收，经济学界有两个基本认识：一是税收增长依赖于经济增长。只有把"蛋糕"（税基）做大，税务部门才有可能收到更多的税。二是税收有收入再分配的作用，向高收入者征收比低收入者更重的税，有利于促进平等。

因此，基于上述两个认识，税收体系改革的两个目标是：第一，通过设置合理的税种和税率，促进经济增长，把"蛋糕"做大，从而增加财政收入。第二，通过税收调节收入分配，促进平等。

目前中国的税收结构以消费型税收为基础。简单来说，消费型税收是指从全社会的角度来看，虽然经历诸多生产环节的流转，但是最终缴纳的总税金相当于只对最终消费品征收的一种税。中国的增值税就是消费型税收的一种。2018年中国的消费型税收收入占总税收收入的50%，其中增值税占比最大，占到总税收收入的40%。以增值税为主的消费型税收征收容易，不易偷税漏税，并且有利于储蓄、投资和经济增长；然而，这种类型的税收不是累进的，因此对收入分配的调节作用较小。

另一大税种是所得税，所得税改革应该成为税收体系改革的重点。2018年中国企业所得税收入占总税收收入的23%。首先，从促进经济增长的角度而言，企业所得税是对经济"杀伤力"最大的税种，不利于储蓄、投资和经济增长。中国企业所得税收入占总税收收入的比重不仅高于发达国家，而且高于绝大多数发展中国家，并呈现上升趋势。

就调节收入分配而言，目前中国的个人所得税在调节收入分配方面的效果尚不理想，也尚未广泛征收个人财产税。个人所得税缴纳群体占总人口的比例偏低，税负主要由工薪阶层承担，部分高收入者避税严重。因此个人所得税制改革应该重点扩大征收面，加大对高收入群体的征收力度。同时针对高收入群体更强的避税能力，应考虑早日开征个人财产税。

中国人口老龄化的趋势使得财政制度改革更加迫切。如果没有技术的进步和企业家精神的进一步开拓，人口老龄化导致的劳动力增长率下降可能会导致GDP增速下降，未来30年财政收入增长率将随经济增速的放缓而放缓。因此，我们必须加大财政制度改革力度，以促进经济发展与社会平等。

2.优化财政支出结构

财政支出的结构同样在促进经济发展和社会公平两个方面扮演着重要的角色。

过去，中国财政支出中经济建设支出的占比一直很高，教育、医疗、扶贫等支出的占比则相对较低。这对于经济增长有积极作用，但不利于社会公平，也不利于中国经济的长期高质量发展。

财政支出改革的方向就是适当降低经济建设支出的占比。一方面，过多的经济建设支出会导致低效率、资源浪费与腐败现象、政府赤字增加和债务积累；另一方面，过多的产业政策还会直接补助一些企业的生产活动，从长期来看，不利于市场效率的提高。

减少的经济建设支出，应该用于支持收入再分配，加大对教育、医疗等方面的投入，多向低收入群体倾斜，促进社会平等。

长远来讲，中国应该优化政府支出结构，更多地调节收入分配，更少地干预生产活动，这既有利于保证经济高质量发展，又有利于让人民共享经济发展的成果，促进社会平等和谐。

更好地保障民生，促进社会公平

人口老龄化的趋势将给中国的养老保险制度和医疗保险制度带来更大的压力。因此，为了保障民生与促进社会公平，中国的养老保险制度和医疗保险制度也亟须改革。

1. 改革养老保险制度

中国的养老保险制度分为城镇职工养老保险和城乡居民养老保险。城镇职工养老保险覆盖所有国有企业、集体所有制企业、外商投资企业和私营企业，以及政府行政事业单位职工。

现行养老保险制度尚不完善，主要体现在以下两个方面：首先是社会保障资金不足。一方面，城镇职工养老保险社会统筹账户累积了大量债务，个人账户资金被划拨给统筹账户，留下很大缺口。另一方面，就城乡居民养老保险账户而言，年轻农民个人账户缴费太少（最低标准仅为100元），在未来可能会引发严重的资金缺口问题。其次是目前农村退休人员的社会保障收入太低。2018年国家规定的农民最低养老金为每月88元，有的省份只按照标准发，有的省份提高了发放水平。

未来中国需要从以下几个方面进行养老保险制度改革：第一，平衡城镇职工的社会统筹；第二，偿还社会统筹账户中的债务，保持个人账户中的资金不被挪作他用；第三，加大对农村老年人的养老金发放力度；第四，提高年轻农民个人账户缴费额度。当然,个人账户要公开透明,资金回报率要尽可能提高。

2.改革医疗保险制度

中国曾建立了四种不同的医疗保险制度,分别为新型农村合作医疗、城镇职工基本医疗保险、政府行政和事业单位的公费医疗,以及城镇居民基本医疗保险。

最近几年,政府将公费医疗并入城镇职工基本医疗保险,并将城镇居民基本医疗保险和新型农村合作医疗合并为城乡居民医疗保险。

目前,上述所有医疗保险账户都有盈余。但是应当认识到中国的医疗保险制度尚存在一些不足。第一,医疗保险水平较低,覆盖范围不够广泛。目前保险率和重大疾病报销上限均较低,个人付费较高,这就导致"看病贵"。随着经济增长与人民生活质量的日益提高,未来的医疗保险制度势必要覆盖面更广、报销比例更大。加之人口老龄化问题加重,未来医疗保险账户会出现赤字,增大财政负担。第二,优质医疗资源供给不足,这就导致"看病难"。

因此,医疗保险制度迫切需要进行以下改革:第一,提高医疗保险水平;第二,控制医疗费用,使医疗保险具有可持续性;第三,由政府补助医院为主,转向政府补助低收入者医疗保险为主,减少政府对医院工资和医疗服务价格的过度干预;第四,改善医生待遇,吸引优秀人才进入医疗服务领域。

财政体制进一步规范化

前述关于公共财政制度改革的内容,主要是针对财政体制希望达到的目标。为了实现各项目标,一个规范、有效率的、能够降低系统性风险的财政制度安排同样是改革的重点之一。

1.控制地方政府债务

中国的地方政府债务包括三类:地方政府负有偿还责任的债务、由地方政府担保的债务、地方政府负有协助偿还责任的债务。这三类地方政府债务的总额很大,并且一直处于增长状态。

目前地方政府债务总额较高，存在风险。我们应当认识到，较高的债务总额并不一定意味着风险，只要控制在一定规模，按照规范发行和偿还的地方政府债务有助于提升地方政府财力。只要地方政府能偿还得起，即使债务总额较高，也不会带来严重的问题。但是当债务总额超过了地方政府的偿债能力时，则会导致较大的风险。

中国地方政府债务风险的成因如下：一方面，地方基础建设需求大，地方财力不足；另一方面，市场对地方政府发行的债券充满信心，因为默认中央财政最终将为地方政府债务"兜底"，这使得一些很难偿还债务的欠发达省份仍然能够从市场上发行新债借到钱。

这样形成的高额地方政府债务实际上隐藏了非常大的风险，威胁中国金融体系的稳定；如果债务规模持续扩大，我们的财政体系将不可持续。

如何控制地方政府债务？第一，应设置一个地方政府债务的上限，超过上限的省份的债务规模不能再扩大；第二，要适当增加地方政府财力，如允许地方政府设立属于自己的税种，中央给地方分配更多的税收收入；第三，中央政府应该帮助地方政府偿还部分现存债务，以降低地方政府现存债务压力。

2. 调整央地财政关系

中央政府与地方政府之间的财政关系（简称"央地财政关系"）仍然需要进一步梳理与改革。央地财政关系的核心问题之一，是中央政府和地方政府之间仍然存在事权和财权不相匹配的问题，这容易产生两方面的不利影响：第一是不利于严肃财政纪律，第二是容易导致效率损失。

事权即政府的支出责任，财权即政府的财力。目前地方政府仍然承担了很大的事权（支出责任），但财权（财力）不足。地方政府一方面有必要的支出责任，另一方面也有促进经济增长的动力，因此有些地方会不惜挪用专项资金以填补其他方面的支出缺口，或通过借债来维持财力等。这种做法不利于严肃财政纪律。

为了应对这种问题，中央财政往往会给地方财政一些支持，即中央财政转移支付。但是现行的财政转移支付体系会造成一定的效率损失。财政转移支付的机制设计仍有不合理之处，例如存在一定的任意性，地方政府缺乏足够的自主权等,这些都导致了一定的效率损失。

因此,为了严肃财政纪律,提高经济效率,必须改善中央和地方收支失衡的局面。首先,要将部分支出责任从地方政府转移到中央政府,例如建立全国性的社会保障和医疗保险体系;其次,要提升地方政府财力,给予地方政府更多的税收立法权和财政支出自由。只有在中央和地方财权与事权匹配的前提下,才能真正将财政纪律严肃起来,并逐步建立起主要由当地人民监督地方政府的财政体制,从而提升财政系统的整体效率。

未来30年,中国应该将经济效率和分配公平作为优先目标。中国公共财政制度作为中国现代化治理体系的一部分,同样要与时俱进,不断改革和完善,发挥出其应有的作用。

(原载于"北大国发院"微信公众号,2020年4月10日,原标题为"林双林:中国公共财政的改革方向",采编:刘松瑞。收录于本书时有改动。)

第二篇
税制改革

　　我国在1994年建立起新的税制，以消费型税收为主，包括增值税和消费税等。这样的税制有利于政府资金的筹措，有利于储蓄、投资、资本积累和经济增长；然而，这样的税制不利于收入再分配，因为低收入者的纳税额相对于收入的比重可能高于高收入者。我国需要进行结构性税制改革，税收应该有增有降。为了实现税负公平，我国应该完善个人所得税制，即把工薪收入和其他收入综合在一起征税。我国应尽早开征财产税，因为它不仅有利于实现公平，而且有利于促进资本流向实业。

　　同时，我国应该给企业减税。我国的税收收入多来自企业，企业税收负担太重。首先，应该降低企业所得税，因为企业所得税对经济发展的负面影响很大。可以从缩小税基和降低税率两个角度来考虑。应采用更加完善的累进企业所得税税率，给予不同规模的企业不同的税收优惠，减轻中小企业的负担。其次，应该降低增值税税率，增加扣除项，调动企业投资的积极性。最后，为了保护环境和资源，应继续完善对环境污染税和资源税的征收。

降低企业所得税,减轻企业负担

近年来,我国经济增长率下滑,许多企业经营状况欠佳,利润率下降。企业投资的积极性降低,资金不愿进入实体经济,而是大量流入房地产业。降低企业税收负担、增强企业活力已经迫在眉睫。当前,企业税收名目众多,到底降低哪一种税能最有效地减轻企业负担呢?答案是企业所得税。然而,降低企业所得税在目前尚未引起足够的重视。

企业所得税对经济的负面影响很大

企业所得税是对公司的资本所得和利润征税。关于企业所得税的归宿,著名的哈伯格定理认为,政府向企业征收所得税使企业投资回报率下降,促使资本向非企业部门转移;而由于资本回报递减规律,非企业部门的投资回报率也会下降。因此,企业所得税完全由所有资本共同承担。

一些建立在各种动态模型之上的经济分析认为,企业所得税对经济的负面影响很大。第一,企业所得税会增加企业负担,降低实际投资回报率,从而降低企业的投资意愿,导致资本积累放缓,经济增长率下降。第二,资本积累的放缓会降低劳动生产率,影响工资,导致居民幸福指数的下降。也有研究认为,最优的企业所得税应该是零。当然,如果企业所得税收入使用得当,例如用于人力资本积累以及急需的基础设施,适当地征收企业所得税也未尝不可,但不可过度。经济合作与发展组织(OECD)2010年的一份研究报告发现,对经济增长危害最大的税种依次是企业所得税和个人所得税,对经济增长危害最小的税种依次是财产税和消费税。

近二十多年来,我国企业所得税规模不断扩大,企业所得税占总税收的比重也从 1995 年的 14.6% 上升到 2015 年的 21.7%。以 2014 年的数据为例,2014 年我国企业所得税占总税收的比重为 20.7%,而当年 OECD 国家的平均值仅为 7.8%。其中,德国为 4.2%,法国为 4.5%,英国为 7.5%,美国为 10%,西班牙为 5.9%,芬兰为 4.4%,匈牙利为 3.9%,都大幅低于我国。

从企业所得税占 GDP 的比重也能看出我国企业的所得税负担较重。2014 年,我国企业所得税占 GDP 的比重为 3.8%,而 OECD 国家的平均值仅为 2.8%。其中,德国为 1.5%,法国为 2.0%,英国为 2.5%,美国为 2.6%,西班牙为 2.0%,芬兰为 1.9%,匈牙利为 1.5%,均低于我国。

我国的企业所得税税率与周边其他国家相比也较高。德勤会计师事务所的资料显示:2016 年中国企业所得税税率为 25%;相比之下,日本为 23.9%,韩国为 22%,俄罗斯为 20%,泰国为 20%,越南为 20%,新加坡为 17%,均低于我国。

降低企业所得税是减轻企业负担的最有效途径

当前,减轻企业负担的必要性和紧迫性已得到人们的普遍认可,但是在降低哪些税种方面存在不同的观点。有观点认为应降低企业的增值税,也有观点认为应降低企业的养老金等社会保障负担。然而,降低增值税和社会保障缴费并不是减轻企业负担的最有效途径。

和欧盟许多国家一样,我国的增值税是消费型的。企业能够通过提高物价,将增值税负担转嫁给消费者,使其最终由消费者承担。这就是人们把增值税称为消费税的原因。降低增值税会降低物价,增加消费需求,但对企业负担的影响较小。社会保障缴费以雇员工资为基数,企业可以通过工资的变化将社会保障缴费的负担转嫁给雇员。社会保障缴费的降低会提高员工的工资,对企业的影响也较小。

前面提到,企业所得税是完全由资本负担的税种,是真正能够对企业产生重要影响的税种,因此降低企业所得税才是减轻企业负担最有效的途径。而且,企业所得税对经济的负面影响最大,降低企业所得税对整体经济发展有好处。

从世界范围来看，近三十年来各国的企业所得税税率大多呈下降趋势。OECD 资料显示，很多国家的企业所得税税率都在下降。例如，从 2000 年到 2016 年，英国的企业所得税税率从 30% 下降到 20%，德国从 52.03% 下降到 30.18%，瑞典从 28% 下降到 22%，挪威从 28% 下降到 25%，芬兰从 29% 下降到 20%，爱尔兰从 24% 下降到 12.5%，捷克从 31% 下降到 19%。

企业所得税税率的下降有效地促进了经济发展。OECD 2010 年的研究报告显示，随着企业所得税税率的降低，投资会增加，人均 GDP 也会显著增加。尤其值得注意的是，美国总统特朗普曾宣布要将美国的企业所得税税率降低到 15% 或 20%。如果特朗普兑现自己的减税诺言，则美国企业的竞争力将大大提高。其他国家若不相应地降低自己的企业所得税，其企业的国际竞争力将大大降低。

如何减少因降低企业所得税对财政收入造成的影响

我国降低企业所得税可以从缩小税基和降低税率两个角度来考虑。目前，我国企业所得税税基偏大。按照我国企业所得税相关法律的规定，在计算企业的应纳税所得额时，成本、费用、损失、按照规定计算的固定资产折旧、年度利润总额 12% 以内的公益性捐款、存货成本等可以扣除，而股息、红利、特许权使用费、部分固定资产折旧等项目不能扣除。实际上，可以通过扩大企业成本中允许税前扣除的项目范围来缩小税基，降低企业税负；同时，可以通过降低企业所得税税率来减轻企业负担。目前我国的企业所得税税率为 25%，应该适当降低税率，从而给企业更大的发展空间和投资动力。

此外，我国也可以像美国一样，采用更加完善的累进企业所得税税率，给予不同规模的企业不同的税收优惠，减轻中小企业负担。同时，应该给实体经济企业更多的企业所得税优惠，以鼓励实体经济企业发展壮大。

降低我国企业税负存在一些困难，主要困难在于会影响财政收入。企业所得税是我国第二大税种，在财政收入中的地位举足轻重。近年来，我国财政收入增长大大放缓，2016 年财政收入增长率仅为 4.5%，创下近三十年来财政收入增长率的最低纪录。如果降低企业所得税，则财政收入增长率将会受到进一步影响。另外，我国处于城市化的过程中，基础设施建设支出需求很大，需要较多的财政收入作为支持。如何克服这个困难呢？

一是开拓新的税源。我国个人所得税占总税收的比重较低。据统计，2015年我国个人所得税仅占总税收的6.9%，而同年美国联邦个人所得税占到总税收的47%。我国应该完善个人所得税制，增加个人所得税收入。另外，我国也应完善个人财产税立法，使个人财产税成为地方政府可靠的税收来源。

二是减少政府开支，缩小财政收入规模。加上社会保障收入和政府基金收入，我国政府财政收入占GDP的比重在2015年达到36%左右，比许多欧洲发达国家低，但比美国高，比亚洲的新加坡、马来西亚、泰国、印度等国高得多。所以，缩小财政收入规模尚有余地。另外，在经济增长放缓之时，降低企业税负、缩小政府规模也不失为合理有效的财政政策。

三是努力发展经济，增大税基。经济发展快了，财政收入自然会上去。曾几何时，我国财政收入年增长率高达30%左右，我们甚至为财政收入增长过快而"发愁"。可见，我们应该集中精力发展经济。值得注意的是，降低企业税负会促进经济发展，从而扩大税源，弥补降低企业所得税造成的税收损失。

（原载于《人民论坛》，2017年第07期，收录于本书时有改动）

减负势在必行

多年来，我国实施的赤字财政政策提升了基础设施建设和经济增长的速度，但也使政府债务规模不断扩大。根据国家统计局公布的地方政府债务增长率计算，我国地方政府的财政赤字率比中央政府的财政赤字率还要高。如果将中央政府（包括中央部门和事业单位）和地方政府的债务余额加总，再加上养老保险个人账户的缺口，我国总体政府债务占 GDP 的比重已不可小视。

与此同时，未来我国的财政负担也不容忽视。虽然中央政府已经开始控制地方政府债务，地方政府的财政赤字也在逐步下降，但值得注意的是，我国正面临人口老龄化问题，未来几十年养老保障账户的资金缺口将继续扩大，医疗保险支付补助将继续提高，加上未来义务教育、环保、扶贫等方面的政府支出，财政负担将进一步加重。

无论是理论研究还是实证研究都表明，政府债务对经济的长期发展存在不利影响。比如，日本政府债务现在已经达到 GDP 的 260%，2014 年财政赤字率达到 10%，而经济增长率为负数。目前，主要亚洲和拉美发展中国家的政府债务规模都较低。例如，2014 年巴西政府债务占 GDP 的比重为 59%，阿根廷为 45%，智利为 15%，墨西哥为 42%，泰国为 46%，马来西亚为 53%。

当前，我国中央政府开始控制地方政府债务，地方政府的财政赤字逐步下降。同时，中央政府积极推动供给侧改革，强调发挥市场在资源配置中的决定性作用，减少政府对生产的行政干预，支持民营经济发展，培育新的增长动力，大力发展新产业，采用新技术，提高产品质量，等等。这些改革对提高经济增长活力、降低财政风险、助力经济长远发展都是有利的。

2015年我国经济增长速度有所放缓,但与全球其他主要经济体相比,这个速度还是比较高的。在新的一年里,我国应实行谨慎、可持续的财政政策,使政府债务占GDP的比重长期维持在一个稳定的水平上。具体而言,我国不应该实行大规模的财政刺激政策,以防止出现政府债务过高从而不利于经济长期发展的局面。从赤字来源来看,应该进行结构性减税,尤其是降低企业所得税,以减轻企业税负,培育经济增长的新源泉。在财政赤字的使用上,要提高基础设施投资的质量和效率。2016年在选择财政政策的时候,要更加重视国家的长远发展。

(原载于《经济日报》,2016年1月2日,收录于本书时有改动)

减轻企业税负，保持经济长期繁荣

当前中国经济正面临内忧外患。从外部环境来看，美国次贷危机导致美国经济放缓，影响世界金融市场；中美贸易赤字增加，美元贬值，人民币升值压力增大，影响中国出口；国际原油和其他原料价格上涨造成企业生产成本提高，等等。从国内情况来看，中国除面临贫富差距增大和环境污染等问题，又遇到通货膨胀、企业劳动力和环保成本增加、外资减少等问题。保持经济繁荣对中国至关重要。为了解决当前经济面临的问题，实现经济的长期繁荣，中国应该通过财政政策减轻企业税负。一是将增值税改革推广到全国范围，二是减轻中小企业的税负，三是减轻企业的社会保障负担。

中国企业税负沉重

中国最近合并了外资企业和内资企业的企业所得税，税率统一为25%。新加坡的企业所得税税率为18%，匈牙利为16%，俄罗斯为24%，英国为21%～28%，美国为15%～39%的联邦税和0～12%的州税。与上述国家相比，中国的企业所得税税率仍然不低。事实上，中国的企业所得税在总税收中所占的比重比美国还高。2001年美国的企业所得税占总税收的6.5%；中国的企业所得税占总税收的比重，2001年为16%，2003年为13%，2006年为18%。2003—2007年间，中国税收收入每年以24%的速度增长，大大超过同期GDP的增长率。2007年GDP的实际增长率为11.4%，而当年总税收的增长率为33.7%，企业所得税的增长率为39%，其中外商投资企业和外国企业所得税增长率为27%。扣除4.8%的通货膨胀率，实际税收增长率仍然极高。

中国企业还必须缴纳增值税或营业税。增值税的基本税率为17%，营业税的基本税率为3%～10%。中国采用生产型增值税，税基中不扣除投资部分，也不扣除折旧。①世界上大部分国家的增值税都是消费型的，即税基中扣除投资支出。但是，有些国家，例如阿根廷、秘鲁和土耳其采用收入型增值税，税基中不扣除投资部分，但扣除折旧。实行生产型增值税的国家包括芬兰、摩洛哥和塞内加尔等。增值税税率在不同国家中差别很大，增值税标准税率的范围从25%（丹麦、匈牙利、瑞典和挪威）到5%（新加坡）。增值税在世界上被称为政府的"摇钱树"，机器一开就得缴税，不管企业最终赚不赚钱。生产型增值税更是如此。中国2007年增值税的增长率为21%，营业税的增长率为28%，大大超过GDP的增长率。有些企业所得税税率较高的国家没有增值税（如美国），或增值税税率低并且是消费型（如日本的税率为5%，印度的税率为12.5%）。

中国企业的社会保障负担很重。根据国务院2005年12月发布的《国务院关于完善企业职工基本养老保险制度的决定》，"从2006年1月1日起，个人账户的规模统一由本人缴费工资的11%调整为8%，全部由个人缴费形成"。企业缴纳职工工资的20%到社会统筹基金账户。另外，企业须缴纳职工工资的8%到医疗社会统筹账户，个人缴纳工资的2%到个人医疗账户。美国的社会保障税是累退的。2007年，美国企业向政府缴纳的社会保障税为雇员97 500美元以内工资的7.65%（雇员自己也缴纳工资的7.5%），以及超过97 500美元的工资的1.45%。另外，企业也向雇员的个人账户做贡献，一般个人缴纳多少（有最高限额），雇主就缴纳多少。俄罗斯向雇主征收累退式的综合社会税，用于养老、医疗和其他社会保障，最高税率为工资的26%，适用于28万卢布（大约11 600美元）以下的工资收入。

中国税率高是事实。过去企业逃税、避税的现象屡见不鲜，随着科技手段的使用和征管力度的加大，逃税、避税变得越来越难。企业税负高不利于企业生产和发展，不利于扩大就业，不利于经济增长。

---

① 从2009年起，我国将投资从增值税的税基中扣除，使我国的增值税由生产型增值税转变为消费型增值税。

降低企业税负是世界趋势

国际经济学界近四十年来的研究表明，对资本征税不利于企业资本积累、经济增长及社会福利改善。许多研究认为对资本的最优税率应该是零。经济学家也预测，在开放性经济中，各国都会利用税收政策吸引外国资本，这会使资本税率下降。最近二十多年来，各国企业所得税税率的确表现出下降的趋势。进入 21 世纪后，各国纷纷下调了企业所得税所得税的最高边际税率。OECD 的 30 个成员国中，2000—2006 年，绝大多数国家的企业所得税所得税税率下降，保持不变的只有少数几个国家，没有一个国家提高税率。许多发展中国家也纷纷推出减税计划。2002 年，俄罗斯把企业所得税所得税税率从 35% 降为 24%。越南从 2004 年起统一内外资企业所得税税率，内资企业所得税税率从 32% 降至 28%，外资企业所得税税率从 25% 升至 28%。越南还从 2004 年起取消了增值税 20% 的税率，仅保留三个标准税率：0、5%、10%。

在普遍降低一般企业所得税税率的同时，一些发达国家也降低了小企业的企业所得税税率，尤其是那些对小企业单独设置所得税税率的发达国家。2005 年 OECD 成员国中对小企业单独设置所得税税率的国家有 10 个。特别是法国和英国，减税幅度都超过了 10 个百分点。前面已提到的美国，其企业所得税是累进的，即盈利少的企业税率低，最低为 15%。近年来很多国家对研发活动和科技成果应用等方面都给予税收抵免、加速折旧等优惠政策。中国在 2008 年降了内资企业所得税税率，但仅有这些还不够。

降低企业税负，促进中国经济持续增长

降低企业税负可解决中国经济短期内面临的困难，也可以为中国经济长期繁荣奠定基础。

1. 有利于解决通货膨胀问题

2008 年中国控制通货膨胀的压力较大。造成通货膨胀的原因是货币的过

度发行。在开放型经济中，一国的货币等于本国的货币加上以本国货币度量的外汇储备。中国近年来外汇储备猛增，2000年外汇储备为1 656亿美元，2007年达到15 283亿美元。外汇大量增加引起人民币发行量增大。同时，中国对美国出口盈余的增加导致了美国的抱怨，美国要求人民币升值。面对人民币升值的压力以及国际上"中国输出通货紧缩"的传言，中国采取了宽松货币政策，使人民币实际贬值，具体做法是实行低利率。1999年6月人民币存款基准利率为2.25%，到2002年2月为1.98%，2004年再次上调至2.25%，2006年8月上调至2.52%，2007年连续六次上调利率，由3月的2.79%上调至12月的4.14%。由于2007年物价指数达到4.8%，实际利率为负。多年的低利率导致货币发行增加。其实，通货膨胀早有征兆。先是房价大涨，后来股市猛涨，但只有到了2007年夏天猪肉涨价，人们才认识到通货膨胀的严重性。2007年通货膨胀率为4.8%。2008年年初出现雪灾，供给减少，故2月份通货膨胀率达到8.7%。通货膨胀不仅影响人民生活，也造成了原料价格上涨，影响企业生产。将通货膨胀率控制在4.8%以内是2008年的目标。

加息可以降低通货膨胀率，但目前中国加息有困难。在中国利率基本不变的情况下，美国则根据经济兴衰状况不断调息。2001年经济进入衰退后，美国开始下调利率，2000年12月利率为6.40%，2001年为1.82%，2002年为1.24%，2003年为0.98%。之后开始上调，2004年为2.16%，2005年为4.16%，2006年为5.24%，2007年6月为5.26%。2007年夏，美国出现次贷危机。为避免经济衰退，美国开始减税，并大幅度降息，2007年12月利率为4.24%，2008年2月下降到2.98%，3月下降到2.25%。为控制通货膨胀，中国可以加息。然而，加息又会带来其他问题。首先，人民币升值压力会加大。美国在降息，而美元在贬值；中国在加息，人民币在升值，美元与人民币汇率会更加背离市场价值。其次，利率上升会增加企业生产成本，降低产量，减少就业。中国正在加快人民币升值步伐。人民币汇率从2005年开始调整。2005年美元对人民币的汇率为1∶8.19，2008年4月4日为1∶7.02。人民币升值有利于控制通货膨胀，但会影响出口。

解决通货膨胀问题的方法有两个：一是减少货币发行量，缩小需求；二是刺激生产，增加供给。在目前的情况下，增加供给是上策。给企业减税可以增加生产，增加总供给，降低物价水平。20世纪70年代美国经济进入滞胀后，就是靠增加供给的政策走出危机的。20世纪70年代后期以来，新古典主义供给学派一直处于经济学的主流地位。降低企业税负，降低生产成本，增加生产，是供给学派的主要主张。世界银行、国际货币基金组织以及许多国家也在不同程度上接受了供给学派的主张。

2. 有利于降低企业生产成本

2007年6月29日由全国人大常委会通过的《中华人民共和国劳动合同法》（以下简称《劳动合同法》），自2008年1月1日起开始施行，以加大对劳动者权益的保护。这些年来，瓦斯爆炸、尘毒危害、冒险作业等危及劳动者生命安全的事故时有发生，因此保护劳工是理所当然的。《劳动合同法》对用人单位在劳动管理、安全生产方面做出了规定，会更有效地保障劳动者的权益。然而，《劳动合同法》的执行无疑会增加企业的生产成本。

另外，中国政府正在加强对环境保护的力度。2007年，国务院成立了以温家宝总理为组长的节能减排工作领导小组，明确了一系列重大政策措施。中国正在加快产业结构调整步伐，从节能、环保等方面提高市场准入门槛，遏制高耗能、高排放、高污染的行业（如垃圾处理、化工、造纸、电力、钢铁行业等），加大淘汰落后产能的力度。国家环保总局[①]也表示，2008年是中国环保攻坚年，将加大攻坚克难力度，确保污染减排取得重大进展。众所周知，环境污染是中国面临的一个重大问题，加强环境保护是理所应当的。然而，随着环境保护政策执行力度的加强，企业生产成本会提高。

除此之外，国际油价和其他资源价格上涨也会推动企业生产成本的提高。降低企业税负可以有效地减缓由于劳动者权益保护、环境保护、资源价格上涨等引起的企业生产成本的提高。

3. 有利于吸引外资

2008年1月1日起实施的新《中华人民共和国企业所得税法》明确规定，内、外资企业统一适用25%的企业所得税税率，取消对外商投资企业和外国企业执行的税收优惠政策。两税合并不会影响已经在中国经营五年以上的外资企

---

① 2008年7月升格为环境保护部。2018年3月，生态环境部组建，不再保留环境保护部。

业，因为它们已不再享受任何优惠。两税合并也不会影响按居住地原则征税的国家（例如美国）的企业。因为如果外国政府少征，这些国家政府就会多征；如果外国政府多征，这些国家政府就会少征，企业的总税负不变。然而，对于按产地原则征税的国家的企业，两税合并会产生影响。因为这些国家允许企业享受中国的税收优惠。有些在华外资企业已开始或准备外迁。

尽管中国储蓄率高，是资本净输出国，但外资对中国来说依然十分重要。外资带来的不仅是资金，还有随之而来的生产技术、管理经验、国际市场、现代企业文化，以及就业和税收的增加，等等。正因为如此，发展中国家都在吸引外资。美国的许多州政府也竞相提供优惠条件，吸引外国资本。其实，国际资本流动和商品流动一样，也基于比较优势。降低企业税负有利于吸引外资。

哪些税应该减

降低企业税负会提高企业投资积极性，增加就业，促进经济持续增长。那么，哪些税应该减呢？

1. 将投资部分从增值税税基中扣除

2004年7月，我国在东北三省一市（黑、吉、辽三省及大连市）8个行业进行的增值税转型试点改革，实行增量抵扣，范围仅限于机器设备。即新增机器设备投资应缴纳的增值税，可以从企业年度应纳税额实现的增长中，享受抵扣优惠。自2007年7月1日起，我国在中部地区的山西、安徽、江西、河南、湖北和湖南等六省的26个老工业基地城市的8个行业中进行扩大增值税抵扣范围的试点。实施扩大增值税抵扣范围试点的行业为：装备制造业、石油化工业、冶金业、汽车制造业、农产品加工业、采掘业、电力业、高新技术产业。这项政策的实施，起到了拉动投资、鼓励技术革新、推动产业结构调整、促进经济增长的作用。试点改革往往是对局部地区的补助，容易造成地区歧视。应该将这项增值税改革推广到全国，让各个地区都得到好处。

2. 减轻中小企业的税负

各国都在不同程度上扶持中小企业。美国的企业所得税都是累进税，盈利少的企业税率低。而中国企业的所得税税率相同，对中小企业没有优惠。中小企业中大部分是民营企业，融资困难，技术水平低。但中小企业规模小，可以因地制宜，易于发展。由于中小企业在促进生产、增加就业、提高收入水平等方面起着重大作用，所以发展中国家更应注意扶持中小企业的发展。另外，大型垄断性企业和竞争性的小企业实行相同的税率有失公平。中国应该对中小企业实行扶持政策，在税收方面给予优惠。

3. 减少企业社会保障负担

如前所述，中国企业的养老和医疗的缴费比例为职工工资的28%，加上强制性个人账户约10%的缴费比例，养老和医疗缴费占职工工资的总比重接近40%，这样的比重实在是太高了，也导致了许多企业都设法逃避社会保障负担。随着法制不断健全，劳动者保护力度加大，工资水平会提高，企业社会保障缴费也会增加，企业负担会加重。降低企业社会保障缴费可以降低企业成本。然而，这样做会影响社会保障资金收入，所以我们应该依靠节约支出解决问题。我国的养老金差别很大，不少人的养老金比当前平均工资还高。应该减缓高收入群体的养老金增长速度。医疗方面更应如此，应控制医疗支出的增长速度。

一个很自然的担心是企业税负的降低会带来税收收入的减少。怎么看待这个问题呢？第一，中国这几年的税收增长速度本来就太高了，适当降低是合理的。第二，税收增长速度减缓会强迫各级政府节约消费性开支，减少腐败和浪费。第三，为了提供更多的公共品，政府可以加大税收征管力度，也可以开拓新的税源，如设立财产税等。第四，税率的降低会促进生产的发展，增大税基，从而增加税收收入。

（原载于《改革内参》，2008年第13期，原标题为"减轻企业税赋，缓解当前经济困难"，收录于本书时有改动）

增值税：一个风靡全球的税种

增值税于 1918 年由一位德国企业家提出。1953 年，美国密歇根州政府设立了增值税，但该税 1967 年被取消。1954 年，法国中央政府引入增值税，随后许多国家也纷纷效仿。1969 年，全世界实行增值税的国家只有 7 个，而现在增值税已被包括所有欧盟成员国及中国在内的 170 多个国家采用。

增值税是向生产者征收的一种税，税基是每个环节的增值额，增值额是指销售额减去向其他生产者购买原材料和服务的金额。粗略地说，增值额等于工资、利息、租金和利润的总和，即等于国民收入。由于不是向消费者直接征收，所以增值税被称为间接税。增值税可分为不同类型。根据税基不同，增值税可分为三种类型：生产总值型增值税、收入型增值税和消费型增值税。生产总值型增值税的税基是 GDP，投资和折旧都不从税基里扣除。收入型增值税的税基中扣除了折旧，相当于国内生产净值，接近于国民收入。消费型增值税的税基中扣除了投资，相当于针对消费品征收的销售税。大部分国家都采用消费型增值税。有两种不同的方法来计算增值税：税收减免法和增值额法。采用税收减免法时，企业先基于销售额计算增值税，然后减去所购买的原材料和服务中已经缴纳的增值税。采用增值额法时，企业按增值额（销售额减去购买的原材料和服务的金额）计算增值税。这两种方法的计算结果应该一样。但是，前一种方法容易计算出口退税额，也可防止偷税漏税，故被大多数国家采用。增值税多由中央政府征收。

各国增值税的税率大不相同。丹麦、瑞典、挪威、匈牙利的增值税最高税率为 25%，冰岛的增值税最高税率为 25.5%。匈牙利将从 2012 年 1 月起将增值税的最高税率上调为27%。然而，伊朗的增值税税率只有3%，泰国为7%。其他一些国家的增值税标准税率如下：芬兰23%，希腊23%，法国19.6%，德国19%，爱尔兰21%，意大利21%，西班牙18%，英国20%，澳大利亚10%，波兰23%，俄罗斯18%，阿根廷21%，智利19%，墨西哥16%，印度13.5%，菲律宾12%，印度尼西亚10%，韩国10%。大多数国家都对部分产品和服务征收较低的增值税。在许多国家，增值税收入占政府财政收入的很大比重。据国际货币基金组织统计，2009年希腊的商品与服务税（包括增值税）占总税收的比重为54.7%；法国的增值税占总税收的比重为42.3%，德国为46.5%，英国为36.3%，芬兰为41.7%，意大利为39.7%，葡萄牙为51.8%，西班牙为38.9%，美国为24.5%，俄罗斯为29.6%，乌克兰为56.1%，阿根廷为47.9%，智利为59.8%，秘鲁为49.1%，泰国为48.9%，新加坡为34.5%。

　　过去三十年来，学术界普遍看重消费型增值税对消费的抑制作用和对储蓄的鼓励作用。早在20世纪70年代，经济学家们就认识到西方发达国家储蓄不足、消费过度。为提高储蓄和资本积累，他们建议政府改革税制，降低资本税，降低所得税的累进程度，以消费税或消费型增值税替代所得税。世界银行和国际货币基金组织也向各国提出了增加消费税、降低税率、扩大税基的税改建议。对政府来说，增值税有很多好处：一是税源稳定，企业不论赚钱与否，只要有增加值（即产品销售收入多于购买原材料的成本），就要缴税。二是税基很宽，或是GDP，或是国民收入，或是所有消费品；征收方便，向生产者征收，不用与消费者接触，征收成本低。三是具有自我监督机制，不容易偷税漏税，因为一个企业的销售额往往是另一个企业的成本，任何一个企业都不愿意在发票上多写销售额，当然，也不能少写销售额。例如，棉花生产商卖棉花给织布厂，棉花是织布厂的原料，织布厂想让棉花生产商在销售发票上多写销售额，这样织布厂的抵扣就多，增值额和增值税就少。但棉花生产商是不会这样做的，因为如果这样做，其销售额就会增加，增值税就会提高。同样的道理，作为供应商的织布厂也不会在给服装厂的销售发票上多写销售额。大家都得如实地开发票，不用政府监督。当然，零售环节仍难以监督。四是容易核算出口退税额。包括欧盟成员国和中国在内的许多国家都实行出口商品退还增值税的政策，以提高本国商品的国际竞争力。

增值税对发展中国家更具吸引力，因为发展中国家的统计和信用系统薄弱，个人所得税和商品零售税很难征收。对企业来说，与流转税相比，增值税可以避免重复计税，税基更小。当然，企业的税负不仅取决于税基，还取决于税率。

对消费型增值税的最大质疑就是其累退性。消费型增值税是向最终消费品征收的税，而消费税相对于个人所得来说是累退的。比如说，低收入者和高收入者买了同样一台计算机，两人缴纳的税一样多，但相对于收入来说，低收入者的税率更高。也有人认为，高收入者买的多，所缴纳的税也会多。但无论如何，只要税率是唯一的，增值税就不会是累进的，最多与收入成比例。当然，如果低收入者消费的物品适用较低的增值税税率，则增值税也可以是累进的。累进程度到底有多高，就要看具体税率了。美国联邦政府至今没有实行增值税，主要是考虑到该税的累退性。一些经济学家从20世纪70年代开始就提议美国引入增值税，优化税制，弥补联邦政府财政赤字，但该观点始终未成为主流观点。一些政治人物近年来也建议美国开设增值税。2009年9月，美国众议院议长就提出设立全国性的增值税，来帮助联邦政府获得急需的财政收入，但立即遭到反对，一天之后政府就声明总统不支持联邦政府征收增值税。但是，除特拉华州、蒙大拿州、新罕布什尔州和俄勒冈州等少数州以外，美国大部分州政府都征收类似增值税的销售税。为了解决消费型增值税缺乏累进性的问题，许多实行消费型增值税的国家在支出方面加大了对低收入者的补偿。例如，欧盟国家在支出方面就向低收入者倾斜，提供良好的义务教育、养老保障、医疗保障、失业保障等；从低收入者那里征收的多，为低收入者花费的更多。相反，主要依赖累进型个人所得税的美国，向低收入者征税少，在公共品和社会保障的提供方面也不如欧洲国家那样向低收入者倾斜。可见，各国的税收体系和支出体系是配套的。

我国于1984年正式引入增值税，1994年对该税做了重大改革，2009年将投资从税基里扣除，使我国的增值税成为消费型增值税。从1994年起，增值税在我国就成为远超其他税种的第一大税种。1994年，我国增值税占总税收的45%。2010年，我国的国内产品增值税占总税收的29%，进口商品的增值税和消费税占总税收的14%，国内消费税占8%，营业税占15%。这些税加起来占总税收的 66%，而累进的个人所得税仅占总税收的 6.6%。增值税是间接税，反映在物价里，不是累进的，这一点我们应该明白。因此，如果从普通百姓那里征收的税多，就应该在支出方面向普通百姓倾斜。这样，我国的税收结构和支出结构就会更趋合理。

（原载于《中国财经报》，2011 年 12 月 6 日，收录于本书时有改动）

征收财产税势在必行

财产税改革是中国财税改革的重要部分,也是当前的热点话题。目前涉及的财产税是针对自有非营业用房的房产税。很多人认为,房产税是在财富保有阶段政府向财富所有者征的税,属于财产税;也有人认为,房产税是向耐用消费品征收的税,属于消费税。征收个人房产税的意义何在?对中国经济会产生哪些影响?征收财产税会怎样影响地方财政、资本分布以及房价?本文将对此进行探讨。

财产税是被广泛推崇的地方税种

财产税作为地方政府的重要收入来源,被许多发达国家和发展中国家采用。个人财产主要是房产和汽车。许多经济学家认为,财产税是最适合地方政府的税种。理由有三点:一是财产税的税源稳定,被征收的财产看得见、摸得着,税基也比较容易计算,从技术上讲不难征收。二是财产税符合受益原则,纳税人有纳税积极性。财产税收入一般被地方政府用于地方教育及公共品,纳税人能够看到纳税的益处,从而愿意纳税。三是财产税符合按能力纳税的原则,有利于收入再分配。房产多的人群,一般是收入高、财富多的人群,向他们征税符合纳税能力高的人多纳税的税收原则。不少国家对低收入者和特定群体的财产税有减免,使得财产税制具有累进性,即高收入者的交税比例高于低收入者。

研究表明,财产税是对经济效率负面影响最小的税种。原因如下:

第一，财产的供给是较为固定的，因此，征税对供给量的影响不大，即财产税对经济的扭曲较小。当然，长期来说财产不是固定不变的，所以财产税负担的一部分会转嫁到其他形式的资本上。

第二，财产税有利于资本在各个产业间的合理分布。例如，如果不对房产征税，过多的资本就会集中于房地产领域，影响其他实业的发展，影响技术创新。美国一些经济学家甚至认为，为增加其他领域的资本积累，不仅应征收房产税，而且应取消对房贷利息的税收优惠。

第三，征收财产税并降低其他税收有利于经济增长。OECD 于 2010 年发布的一份研究报告发现，对经济增长阻力最大的税种依次是企业所得税、个人所得税、消费税，对经济增长阻力最小的税种是财产税。

美国在殖民地时期就对土地、房屋、牲畜等征收财产税。目前，美国各州、县、市、镇、学区等都对房产、土地、汽车等不动产和动产征收财产税，征得的税收收入主要用于教育、公共服务和基础设施建设。20 世纪初期，美国的财产税占到全国财政收入的 40% 以上。目前，美国的财产税占到州和地方财政收入的 20% 左右，是县、市、镇、学区的主要财政来源。据 OECD 统计，2014 年财产税占一般政府收入的比重，英国为 10.8%，韩国为 8.2%，美国为 8.4%，日本为 7.4%，法国为 7.3%，墨西哥为 1.3%。一般来说，发达国家财产税占总税收的比重比发展中国家大。

我国地方财政存在的问题

我国地方主体税种缺乏，地方财政收支缺口大。据官方统计，2015 年我国地方财政收入占总财政收入的 54.5%，地方财政支出占总财政支出的 85.5%，严重依赖中央财政转移支付。地方政府基础设施建设支出需求大，不得不自筹资金，筹资途径如下：

首先，地方政府大搞"土地财政"，推高房价。过去十几年来，我国地方政府将自己拥有的城市土地，以及从农民手中廉价征收来的土地，高价出让给开发商，获取巨大的收入。据财政部统计，2014 年我国土地出让金超过 4 万亿元。开发商拿到土地后，人建商品房，然后高价卖出。由于土地价格占了房价中的很大一部分，这实际上是政府利用房地产向购房者征隐形税。随着房地产库存的增加,"土地财政"已经不可持续。

其次,地方政府以各种方式大量举债。为了进行基础设施建设,地方政府以土地为抵押,通过融资平台向国家政策银行和商业银行大量借款。据审计署报告,截至2012年年底,地方政府负有偿还责任、担保责任和救助责任的债务达约16万亿元,占GDP的30%以上。此后的债务还在不断增长。日益增长的地方债务加大了金融体系的风险,引起了国内外投资者的担忧,已经对我国的经济增长产生了负面影响。

面临"土地财政"不可持续以及地方债务风险不断增加的现状,完善地方财政体系已刻不容缓。2016年5月以前,营业税为地方独立税种;2016年5月之后,营业税改为增值税,由中央政府与地方政府分享。2016年地方政府税收份额为54.64%,2017年地方政府税收份额下降到52.99%,寻找新的地方财政收入来源已经迫在眉睫。

大量资金涌向房地产

过去十几年来,随着城市化进程的推进和地方政府"土地财政"的实施,我国大城市房价上涨迅猛。大量资金涌向房地产,而不是实业。许多地方的住房囤积现象严重,甚至有的人囤有几十套、上百套房子;不少企业也选择投资房地产,而非实业。目前,我国大城市房价较高,新进城的年轻人大都"望房生畏"。

据万得数据库统计资料,2010年我国居民总资产中的房产价值为80.9万亿元,占GDP的195.9%;2014年达到136.52万亿元,占GDP的212%。据统计,2014年美国居民总资产中的房产价值为23万亿美元,占其GDP的132.18%。可见中国房产价值占GDP的比重比美国高得多。

房产税可以抑制房产的投资需求。美国的房产税税率很高,平均在1%以上,有的州高达2.5%。次贷危机后,不少中国投资者对美国房地产跃跃欲试,但最终空手而归,原因之一是美国有相当高的个人房产税。可见,房产税对房产投资需求的影响不可低估。

开征个人财产税的意义

我国古代就有个人财产税。例如，周朝就有"廛布"。"廛"为古代城市平民的房屋和宅院，"布"为古代钱币。目前，我国向企业的房产和个人出租的房屋征收房产税，尚未开征个人自有非营业用房的房产税。2011年年初，上海、重庆两市作为试点施行房产税改革。全面征收财产税会对经济产生以下影响：

一是有利于资本的合理分布。房产税对于优化当前中国的资本分布是至关重要的。税收对待上的不均衡，使得住房资本的回报大于生产领域的资本回报，从而导致大量资本流入房地产。征收房产税后，对房地产的不合理预期会被修正，资本会从房地产领域流向其他产业，从而促进我国经济发展。

二是有利于增加地方政府的税收收入。财产税税源稳定，只要设计合理，必将缓解地方财政困难，促进我国现代化的地方财政体系的建立。

三是有利于完善税制。我国税制以间接税为主，个人财产税的征收会增加直接税的比重。

四是有利于改善收入分配。国家可通过财产税向高收入者多征税。另外，房产税可以设计成累进的，这样可使高收入者的房产税税率高于低收入者，从而增大收入再分配的力度。

五是有利于促使房价下降。开征个人房产税后，对住房的需求会减少；囤房者会将多余的住房上市出售，住房的供给会增加，市场价格会下降。房价下降的幅度取决于房产税税率的高低。应该指出，征收个人房产税虽能降低房价，但可能会增加购房者的负担，因其支付房价后还要交纳房产税。

用好个人财产税的收入

与征收其他税、实行过度推高房价的"土地财政"或发行政府债务相比，财产税在效率和公平两方面的优势是明显的。当然，像在其他发展中国家一样，在我国征收财产税并不容易。例如，在财产的价值度量、税基确定和征税环节上都有一定的难度。尤其是，各界精英拥有大量财产，加大了征税难度。

然而，这些困难都不应该成为不开征个人财产税的理由。

用好财产税的收入极为重要。一是要确保财产税收入用于地方义务教育、公共品和基础设施。义务教育不仅可以提高劳动者素质，也是最有效的扶贫方式，财产税收入可以用来推行十二年义务教育。

二是要提高财产税收入的使用效率。财产税若用于基础设施建设，必须注重基础设施的规划及其质量，防止资金的滥用和浪费。另外，地方财政收支状况应向百姓公开，加强百姓对地方政府的监督。

三是要减少其他税收。我国财政规模已经较大，开征财产税后，我国财政规模不应再扩大。应该减少其他税收，如所得税等，把财政规模控制在合理的范围内。

四是要减少地方政府债务。我国地方政府债务已经很多，财产税收入可以用来偿还地方政府债务，减轻未来的财政负担。

最后需要强调的是，一旦开征财产税，就应该加大对个人财产的保护力度，使个人财产不受来自任何方面的侵犯，让人们拥有恒产。政府若要征用个人财产，必须具有正当理由，并给予足够的补偿。

（原载于《人民论坛》，2019年1月31日，原标题为"征收房产税意义何在"，收录于本书时有改动）

莫里斯的最优个人所得税理论对中国的启示

2018年8月29日,诺贝尔经济学奖获得者詹姆斯·莫里斯(James Mirrlees)与世长辞。他是来中国次数最多的诺贝尔经济学奖得主之一,平易近人,深受经济学界尊敬。对他最好的纪念,是将他的思想阐述清楚、发扬光大,并以其解决现实问题。最近国内的纪念文章多有提到他1971年发表在《经济研究评论》(Review of Economic Studies)上的关于最优个人所得税的划时代的文章[①]。根据我在这方面的研究,以及与莫里斯的多次交流,现将我对他的最优个人所得税理论的理解简述一下,作为对他的纪念。

这篇文章有如下假定:模型是静态的,没有引入时间,没有考虑对储蓄征税;人们的喜好是一样的,家庭大小一样;人们是理性的,提供劳动,最大化效用,效用由收入和休闲量决定;政府社会福利函数是个人效用函数的加总,政府最大化社会福利;劳动市场完全竞争,个人不能影响市场工资;没有移民,没有征税成本;政府完全掌握着个人的信息,知道他们的效用函数以及他们的选择,知道人们技能的概率分布函数。

在这种情况下,政府就能够确定最优的边际所得税税率,当然也能算出最优的平均税率。个人在给定税率下,选择劳动和休闲来使自身的效用最大化,政府在个人优化的基础上,选择税率使社会福利最大化。值得注意的是,政府在优化时,并不需要用到每个人技能水平的信息,只用到技能分布函数。

---

① Mirrlees J A. An exploration in the theory of optimum income taxation[J]. Review of Economic Studies, 1971, 38(2):175-208.

技能可以从零到无穷，没有界限。

莫里斯本想证明高收入者的税率应该很高，但未能如愿以偿。他的主要结论如下：最优的所得税函数是接近线性的，意味着边际税率接近于常数；对低收入者要补助；所得税在调节收入分配方面不是很有效，所以应该用其他税收来补充。这里要强调，莫里斯本人并没有证明最高收入的最优边际税率为零。许多人在这点上误解了莫里斯。

后来的研究者们把莫里斯的模型改动为假定技能是有界的。这样就得出了最高收入的最优边际税率为零的结论。图形显示，边际税率曲线呈倒U形。Diamond（1998）对这样的税率曲线给出了直观解释。① 如果一个给定的最高收入的边际税率不为零，那么政府可以马上宣布，再增加的收入的边际税率为零；这会马上刺激人们的劳动积极性，提供更多的劳动，生产出更多的商品；政府税收不变，产品多了，社会福利会增加；这样，原来的边际税率就不是最优的，也就是说，不为零的边际税率不是最优的。需要说明的是，边际税率为零，不等于平均税率为零，更不能错误地理解为富人不交税。粗略一点说，最高收入的边际税率为零，意味着最富的人和第二富有的人交一样多的税。

后来许多学者通过变换假定对莫里斯的理论进行扩展。有的变换效用函数，有的假定有移民，有的引入资本，等等。我和合作者（Li, Lin & Zhang, 2013）通过变换莫里斯模型里的技能分布函数，发现最优边际税率可以单调上升，也可以单调下降，或有上有下不单调。② 但是有一点不动摇：如果假定技能有固定界限，那么最高收入的最优边际税率就是零；如果假定技能趋于无穷，那么最高收入的最优边际税率就不会为零。那么，莫里斯的技能趋于无穷的假定是否离现实太远呢？也许技能无界比收入无界更容易让人接受吧！2013年我与莫里斯在美国见面，他第一句话就说，"最高收入的最优边际税率为零"的结论是对他的模型进行修改后得出的，并不是他的结论。

把莫里斯的理论用于实践很有意义。我和合作者（Li, Li & Lin, 2015）

---

① Diamond, P A. Optimal income taxation: an example with a U-shaped pattern of optimal marginal tax rates[J]. American Economic Review, 1998, 88(1):83-95.

② Li, J, Lin, S, Zhang, C. Skill distribution and the optimal marginal income tax rate[J]. Economics Letters, 2013, 118(3):515-518.

曾利用莫里斯模型，为中国设定最优个人所得税税率。[①] 我们用了 Diamond（1998）用过的效用函数，根据实际数据，测算出中国收入分布函数。模拟结果发现，最优边际税率应该随收入的增加而增加，但增加率在减少，并且在高收入时几乎不再增加，曲线变得相当平缓。其政策含义是，应补助低收入者，提高个人所得税的起征点，同时降低个人所得税的最高边际税率。这篇文章在2014年香港国际税收论坛上展示时，莫里斯很感兴趣，他对我说："所得税是你们中国发明的。"的确，中国在王莽新朝时就征收过所得税，其类似于美国现行的个人所得税，自愿申报，政府抽查，偷税重罚。

最近，关于最优个人所得税的研究开始向动态方向发展，最优个人所得税还取决于时间。在动态的世代交叠模型中，最优个人所得税税率不仅取决于个人的收入，还取决于人的年龄。也就是说，具有相同收入的人，如果年龄不同，交纳的税也应该不同。这是一个很有意义的研究方向。总之，研究最优税率有理论价值，也有现实意义。大家知道，莫里斯的研究方法也被用于其他领域的研究。

莫里斯是公共财政方面的权威，是北京大学中国公共财政研究中心顾问委员会联合主席。在中国公共财政研究中心组织的学术会议上，他发表过很多主题演讲，内容涉及市场与社会福利体系、公共财政与社会福利、地方政府财政收入与支出的纳什均衡、税制改革探索展望，等等。他曾对我说，要先好好做研究，然后再提政策建议。莫里斯做学问和做人都是学者的楷模。个人所得税改革是中国税制改革的一个重要方面。若能把关于莫里斯最优个人所得税理论的研究引向深入，并结合中国的具体实际，确立最优的个人所得税边际税率，调动人们的劳动积极性，做好收入再分配，社会整体福利就有可能达到最高水平。

（原载于北京大学国家发展研究院官网，2018年9月6日，原标题为"林双林：莫里斯的最优个人所得税理论"，收录于本书时有改动）

[①] Li, C, Li, J, Lin, S. Optimal income tax for China[J]. Pacific Economic Review, 2015, 20(2): 243-267.

大国财税改革：构建普惠式经济增长的基石

《政对面》访谈：
降低税率是推动经济增长的关键

《政对面》：理论上，我们可以做到给地方政府足够的自主权，让其选择一个最适合它们发展的路径或方式。然而我们看到的现实情况往往是"一放就乱，一管就死"，似乎陷入这个"怪圈"很多年了，一直没有走出去。

林双林：其实简单来说，该中央管的事情让中央管，不该中央管的事情中央就不要去管了。我觉得可以借鉴美国的经验。美国联邦政府的权力非常大，联邦政府支出占财政支出的比重达60%。联邦政府管了一些该管的事情，比如所有的社会保障。那么联邦政府有哪些事情不管呢？地方的经济发展，比如修路、修桥，这些事情由地方政府去管。美国地方政府有税收立法权，可以做自己的事情。联邦政府管大的国计民生，像低收入者的医疗保险和老年人的医疗保险都是由联邦政府负责的。我国也可以逐渐朝这个方向发展，就是中央政府把养老和医疗管起来，这样有利于增强社会的向心力。

《政对面》：最近和北京大学国家发展研究院其他教授做访谈时，我们基本上都会问这样一个问题：有效市场和有为政府之间应该怎么去平衡？对此，您如何看待？

林双林：政府当然应该发挥作用，问题是该发挥多大的作用，在哪些领域发挥作用。其实我认为应该由地方的人来管地方的事情。比如说一个县的县长就应该由当地人来做，因为他对地方情况更了解，也更负责任。要是由外地人来管理地方事务，也许他看地方有些建筑不顺眼，可能都给破坏了，但是这些东西对当地人来说是代表很多美好的记忆和特殊的文化的。所以我们将来要让地方的事务主要由地方决定，至少是地方的行政官员应尽量由当地人担任。

《政对面》：最近不少城市都掀起了"抢人大战"，希望通过"抢人"这样的方式来提高当地的竞争力，似乎也带动了新一轮房价的上涨，同时也引发了对户籍问题的讨论。对于地方政府来说，到底应该通过什么样方式来切实提高当地的竞争力？

林双林：人力资本当然是很重要的。"抢人大战"可能就是一时的，长远来看，要想把人留住，还要从最基础的方面着手。比如现在我国的个人所得税税率很高，因为个人所得都是人力资本所得，既然人力资本这么重要，我国是否也要考虑把个人所得税的最高边际税率往下降一点？

《政对面》：提高个人所得税的起征点是今年"两会"上不少代表和委员的呼声，有人建议将起征点提高到 5 000 元或者 7 000 元，甚至还有人建议提高到 10 000 元。特别是在 2017 年特朗普宣布大规模的减税措施之后，这有没有可能进一步倒逼中国也采取相似的减税措施？中国的企业所得税和个人所得税到底还有多大的减税空间？

林双林：我国的企业所得税占总税收的比重为 22%，是非常高的。而美国的企业所得税占总税收的比重大概为 8%。企业所得税被认为是对经济发展负面影响最大的税，所以经济学界认为这个税应该降低，这也是世界范围内的整体趋势。过去 30 年来主要的发达国家都在降低企业所得税，比如美国把企业所得税的最高边际税率从 35% 降到 21%，其目的就是吸引资本。所以对我国来说，降低企业所得税是非常重要的。

我国个人所得税占总税收的比重不高，据国家统计局数据，2016 年该比重为 7.7%。发达国家个人所得税占总税收的比重很高，例如，据 OECD 数据，2016 年丹麦个人所得税占总税收的比重为 53.5%，美国为 40.4%。个人所得税一方面可以给政府提供税收收入，另一方面可以调节收入分配。因此，我国个人所得税占总税收的比重应该逐步提高。

《政对面》：对于企业来说，降低企业所得税的关键和重要性在于什么地方呢？

林双林：企业所得税降低以后，企业的投资积极性就会提高，然后储蓄会转化为投资，进而促进经济发展。我国的企业所得税税率与美国等国家相比还较高，所以还是有降低余地的。

企业所得税是完全由资本承担的。OECD 的相关研究表明，对经济增长危害最大的税，第一是企业所得税，第二是个人所得税，第三是消费税，最后是财产税。

另外，我国的企业所得税也可以考虑像其他国家一样采取累进税率，利润少的企业就少缴一点税。我国现在的企业所得税税率基本上都是 25%，高新技术企业是 15%，应该把小企业的税率降低一些。我们现在也在减税，但都是零零星星的措施，没有从税率、税制上进行根本性的改革。

《政对面》：中国目前的税费改革力度、步伐及步骤有没有达到您的预期？

林双林：从宏观来看，从 1994 年以后我国的税率是一直在下降的，比如企业所得税税率从 2008 年的 33% 下降到现在的 25%。为什么过去企业没有觉得税负很重，而现在却觉得很重呢？一个原因是经济增速放缓了；另一个原因是征税监管力度加大了（原来可能税率很高，但是有一些调整空间）。

现在一方面说减税，另一方面各地又要完成税收任务，所以企业感受到的压力格外明显。其实税率现在没有上升，只是因为企业过去都觉得税负没有那么重。

（原载于凤凰网，2018 年 8 月 3 日，原标题为"林双林：降低税率是推动经济增长的关键"，收录于本书时有改动）

第三篇 政府债务

近年来，我国地方债务增长很快。加上地方政府负有偿还责任的债务、负有担保责任的债务和负有救助责任的债务，地方政府债务规模已经相当大。同时，中央政府及其附属机构也积累了大量的债务。另外，人口老龄化将使得我国未来财政支出负担快速增加，同时经济增长的放缓将使得税收收入增长减缓，因此债务有持续增长的趋势。经济学研究表明，债务过重对经济的长期发展不利。本篇分析我国债务状况，借鉴国际经验，提出解决债务问题的政策建议。

我国应当采取谨慎、可持续的财政政策，使政府债务占GDP 的比重长期维持在一个稳定的水平上。一是设置地方政府债务警戒线。高负债率的地区应该减少或者停止新增债务。政府负债率低的地区若有需要，仍可通过发债完善基础设施建设。二是完善债务偿还机制。要硬化财政约束，明确偿债责任，"谁举债，谁还债"，打消地方政府依赖中央政府还债的幻想。三是提高债务资金使用效率，确保财政资源用在关乎国计民生的项目上，防止出现债务资金的挪用、乱用及贪污浪费现象，并加强对债务资金投资项目收益的管理。四是中央政府承担更多的支出责任，减轻地方政府支出负担。五是开拓地方税源，完善地方税收体系。

最后需要强调的是，我国应该全力发展经济，依靠经济增长来消化债务。随着经济的增长和 GDP 规模的扩大，政府债务占 GDP 的比重就会逐渐下降。

多措并举管控地方债

财政部近日公布的数据显示，2017年12月末，全国地方政府债务余额为164 706亿元。2017年我国GDP为827 122亿元，这样，地方政府债务占GDP的比重为19.91%，地方政府债务风险总体可控。

我国目前正处于工业化和城市化时期，基础设施建设需求大，需要地方政府加大财政支出。基础设施建设耗资大、回报期长，具有公共品性质，需要政府投资。此外，学校、医院、养老院、群众体育设施等也需要政府大量投资。

我国地方政府借债，大都用于基础设施建设和其他公共项目。也就是说，在举债的同时，地方政府的国有资产也在增加。不过，日益增长的地方政府债务也造成风险的不断累积，需要采取综合举措予以妥善应对。

一是设置地方政府债务警戒线。欧盟《马斯特里赫特条约》规定，政府债务占GDP的比重不应超过60%。我国也应该对地方政府债务设置警戒线，例如，政府债务占GDP的比重不应超过35%。负债率高的地区应该减少或者停止新增债务。相反，负债率低的地区若有需要，仍可适当增加政府债务，完善基础设施建设，为地区经济发展和民生改善创造更好的条件。

二是完善债务偿还机制。要硬化财政约束，明确偿债责任，"谁举债，谁还债"，打消地方政府依赖中央政府还债的幻想，避免让中央政府承担全部的风险和损失，成为最后的"兜底人"。地方政府在借债时，就应制定切实可行的还债计划。同时，要控制债务增长速度，若债务增长速度不超过GDP的增长速度，负债率就不会提高。负债率高的省份，应严格控制债务规模，将债务融资项目收益与新增税收用于偿还债务本息,以降低债务负担。

三是提高债务资金使用效率。要避免债务资金的低效率配置,尤其是要避免将债务资金用于形象工程和政绩工程,确保财政资源用在关乎国计民生的项目上。要提高债务资金的投资效率,对资金的使用效率和效果进行评估并及时反馈。同时,应该强化对项目的监管,防止出现债务资金的挪用、乱用及贪污浪费现象,并加强对债务资金投资项目收益的管理。

四是中央政府承担更多的支出责任。当地方政府税收收入不足以应付基础设施建设需要时,中央需要给予合理的补助。基本养老保险全国统筹的方向已明确,养老与医疗密切相关,医疗保险全国统筹也势在必行。人口老龄化带来的养老保险基金收不抵支的情况将在一段时期内持续。未来医疗保险潜在缺口会出现并将加大,新型农村合作医疗和城镇居民基本医疗保险统筹层次低,保险水平和报销水平低,医疗保障总体上不足。社会保障尤其是医疗保障,是世界范围的难题。养老和医疗保险全国统筹以后,我国中央政府的债务将增加,应该未雨绸缪。

五是开拓地方税源。一方面,完善地方税收体系,积极稳妥推进房地产税改革。房地产税的税基规模大,不可移动,是许多国家地方政府可靠的税收来源。只要合理设计,个人房地产税会成为我国地方政府可观的税源。另一方面,适当提高地方政府在共享税中的份额,调动其积极性。

六是适度给地方政府放权,让债务公开化,减少隐性债务。例如,赋予地方政府更大的税收管理权和债券发行权。在放权的同时,加强监管,不仅要发挥上级政府对下级政府的监督作用,而且要充分发挥同级部门和同级官员之间的互相监督作用,充分发挥地方民众对地方政府的监督作用。

七是依靠经济增长来消化债务。随着经济的增长和 GDP 规模的扩大,政府债务占 GDP 的比重就会下降。因此,发展经济是解决债务问题的关键。高负债率省份在完成基础设施项目建设后,要努力发展经济,为企业发展创造良好的营商环境,促进私人投资增加,提高经济增长率,这样就能增加税收,偿还债务,推动经济发展进入良性循环。

(原载于《中国财经报》,2018 年 2 月 8 日,收录于本书时有改动)

财政改革宜增加中央支出、控制地方债务

十八届三中全会明确将公共财政改革作为下一轮经济改革的重点。会议提出:"财政是国家治理的基础和重要支柱。……必须完善立法、明确事权、改革税制、稳定税负、透明预算、提高效率,建立现代财政制度,发挥中央和地方两个积极性。"

2012年中国财政收入占GDP的22.6%,加上社会保障收入(占GDP的5.6%),总共占GDP的28.2%,这个水平跟美国差不多,比欧洲发达国家低很多,比一些亚洲国家高。2012年我国中央财政收入占总财政收入的比重为48%,地方财政收入占总财政收入的比重为52%,与美国联邦和地方政府财政收入占总财政收入的比重相近。所以,我国中央政府不是财政收入太多,而是直接支出太少。

2012年,我国中央政府直接支出仅占总财政支出的15%,地方政府直接支出占总财政支出的85%。如果算上社会保障支出,地方政府支出的比重会更大。相比之下,2012年美国联邦政府直接支出占总财政支出的57%,约65%用于社会保障、医疗保障、社会福利保障、教育、扶贫等,约20%用于国防,6%用于支付国债利息。

基本养老保险全国统筹后,我国中央政府直接支出占总财政支出的比重会增加约10个百分点。以2012年为例,中央财政支出占总财政支出的比重会提高到25%左右。随着经济的发展,中央政府承担的社会福利和扶贫责任将会增加,中央政府的直接支出将会逐步增加。中央直接惠民,会增强全国人民的凝聚力。

我国现在实行的是个人账户与社会统筹相结合的养老保障体系：企业的缴费比例为工资总额的20%，用于社会统筹；个人缴费比例为本人工资的8%，进个人账户。目前，收入高的群体拿到的养老金过多，收入低的群体拿到的养老金过少，不能有效调节收入分配。尽管每个人的贡献有所差别，但在基本养老金的发放上应逐渐缩小差距，以此调节收入分配。当前各地社会统筹账户的使用情况不一，有些地区尚有盈余，而大部分地区已经出现了资金缺口。如果实行全国统一的账户管理，将有利于社会保障制度的公平和可持续。

过去，为了发展经济，我国给了一些地区税收优惠政策，给了外资企业税收优惠政策，促进了经济发展。税收优惠属于歧视性税收政策，影响公平竞争。2008年我国取消了对外资企业的税收优惠。我国已经走上市场经济道路，应该尽力统一税制，这也与多数国家税制改革的方向一致。

目前，我国地方政府通过融资平台等方式积累了大量债务。据审计署统计，2012年年底地方政府负有偿还责任的债务为96 282亿元，占GDP的18.5%；负有担保责任的债务为24 871亿元，占GDP的4.8%；可能承担一定救助责任的债务为37 705亿元，占GDP的8.4%。2012年年底中央政府债务占GDP的15%。截至2013年6月底，中央政府负有偿还责任的债务为97 361亿元，负有担保责任的债务为2 507亿元，中央部门及所属单位各种债务约1 000亿元，中国铁路总公司通过发行政府支持债券或以铁路建设基金提供担保等方式举借22 950亿元；地方政府负有偿还责任的债务为108 859亿元，负有担保责任的债务为26 656亿元，可能承担一定救助责任的债务为43 394亿元。我国地方政府债务增长快、规模大，必须加以控制。允许地方政府发行债务可以使债务公开化，便于监督管理，有利于提高债务的使用效率。当然，我们必须制定相应措施，严格管控地方债务，不能任其泛滥成灾。

（原载于人民网－财经频道，2014年1月2日，原标题为"财政改革宜增加中央支出　控制地方债务"，收录于本书时有改动）

如何规范和管控地方政府债务？

十八届三中全会提出允许地方政府通过发债等多种方式拓展城市建设融资渠道，紧接着中央工作会议又提出要化解地方政府债务风险。在这样的背景下，讨论我国地方政府的债务问题非常符合时代要求。下面我们从三个角度分析这个问题：我国地方政府债务问题的严重程度；我国地方政府债务形成和扩大的原因；如何规范和管控地方政府债务。

我国地方政府债务的严重程度

我国地方政府债务具有以下几个特点：

（1）增长快。1996—2010年我国地方政府债务的年增长速度达27%，其中个别年份的增长速度远高于这个数字。例如，1998年我国实行积极的财政政策，地方政府债务增长48%；2008年全球金融危机爆发，2009年我国地方政府债务增长62%。

（2）规模大。如果按照2010年的增长速度，2012年我国地方政府债务估计已经达到GDP的29%，远高于1996年的3.4%。相比之下，日本的政府债务虽已相当于GDP的200%，但其中地方政府债务占GDP的比重近年来一直在40%附近波动；美国同样是联邦政府的债务率较高，但地方政府的债务率较低。我国地方政府的债务率比日本稍微低一点，但比美国高得多。

（3）债务周期短。2010年偿还期在5年以内的债务占比为70%。

（4）银行贷款多。2010年银行贷款占比为79%。

（5）融资平台公司举借多。2010年融资平台公司举债占比为46%。

（6）债务率高。债务率是地方政府债务与地方可支配收入的比例，目前平均水平已经达到150%。如果计算地方政府债务与本级财政收入（不包括中央财政转移支付收入）的比例，则平均水平高达250%。

（7）债务分布不平衡。有的地方政府债务率高达220%。

我国地方政府债务形成和扩大的原因

很多因素共同导致了我国地方政府债务的形成和扩大，具体包括以下几个方面：（1）地方基础设施建设需求大。中国目前的经济发展阶段需要大量的基础设施建设，客观上需要地方政府大展身手。这与我国工业化和新型城镇化的目标是一致的，也是客观需要。其他国家在类似的发展阶段，也是地方政府发债特别多。比如19世纪30年代末，美国州政府的债务是联邦政府和地方政府（市政府和县政府）的8倍。1842—1933年，美国地方政府（市政府和县政府）开始进行基础设施建设，例如高速公路、饮用水系统、污水处理系统等。1900年，美国地方政府的债务是州政府的8倍。（2）地方政府财力不足。（3）地方政府不能量入为出，这也涉及政府的政绩观问题。（4）"土地财政"越来越难以持续。（5）地方政府对中央政府的依赖。在我国，地方政府是不被允许发债的，它的财政赤字应该是由中央政府填平，地方政府发的债都是在预算约束以外的。所以地方政府就存在依赖心理，只管借钱而没有考虑还钱的问题。

如何规范和管控地方政府债务？

规范和管控地方政府债务应从以下几个方面入手：（1）把部分地方政府债变为企业债。作为地方政府融资平台的城市投资公司，是否能尝试像公司一样运行，有收益的用收益还债？把部分地方政府债变为企业债，也许能调动地方政府的积极性，从而提高效率。（2）地方政府发债试点应从省级和副省级政府开始，不要一下做到县级政府。目前省级发债占30%，市级发债占44%，县级发债占26%。可见，地方发债需求中，省、市级政府是主体。

（3）对地方政府实行硬预算约束。如果预算约束够"硬"，允许地方政府独自发债，就要考虑地方政府是否可以破产的问题。除此之外，投资者也要反思。金融机构不愿意买中央政府代地方政府发的债，而地方政府自己发的债很受欢迎。背后隐含的原因是这些投资者并不看重债券本身的收益，而是看重其他方面的收益，比如对地方政府的支持或是"捧场"所带来的隐性收益。这种做法也不利于建立硬预算约束。（4）设立地方主要税种。财产税是一个选择。"营改增"以后，地方政府没有营业税收入了，中央是应该把增值税的更大份额划给地方，还是应该设立新的地方税种？这是值得讨论的问题。（5）提高债务资金利用效率。（6）建立地方政府债务风险预警和控制机制。（7）大力发展地方经济，提高地方政府的债务偿还能力。经济发展了，作为基数的GDP就变得大了，债务率也就随之降下来了。

（原载于《21世纪经济报道》，2014年1月3日，原标题为"如何利用和管控地方政府债务？"，收录于本书时有改动）

大国财税改革：构建普惠式经济增长的基石

政府不要将过多负债留给子孙后代

从长期来看，政府债务对经济发展是有不利影响的。因此，政府在选择财政政策的时候，要重视国家的长远发展，不要将过多债务负担转移给子孙后代，而是应该实行谨慎、可持续的财政政策。

我国目前经济增长速度放缓，而财政政策在经济发展中发挥着重要作用。因此，制定好"十三五"期间的财政政策对我国来说意义重大。下面我们先讲财政政策的理论和实证研究，然后再讲其他国家实行财政政策的经验教训，接下来讲我国财政面临的问题，最后提出一些建议。

关于政府债务对经济发展的影响，存在着不同的看法。经验分析方面，最近 Reinhart 和 Rogoff 利用多国的政府债务历史数据进行的研究表明，政府债务占 GDP 比重超过 90% 的国家，经济增长速度平均会降低几个百分点。[1] Checherita-Westphal 和 Rother 对 12 个欧元区国家 1970 年以来的资料研究也显示，当政府债务达到 GDP 的 70%～80% 时，债务就会通过减少储蓄及公共投资、降低全要素生产率的途径减缓经济增长。[2] 从债务可持续性的角度，欧盟制定了财政赤字不超过 GDP 的 3%、政府债务不超过 GDP 的 60% 的警戒线。其他对政府赤字和债务的批评，集中于政府债务会将当代人的负

---

[1] Reinhart C M, Rogoff K, and Errata S. Growth in a time of debt[J]. American Economic Review, 2010, 100(2):573-578.

[2] Checherita-Westphal C, Rother P. The impact of high government debt on economic growth and its channels: an empirical investigation for the euro area[J]. European Economic Review, 2012, 56(7):1392-1405.

担转嫁给子孙后代。

从各国政府债务占 GDP 的比重来看，发达国家的债务规模都不小。美国第二次世界大战时的政府债务占 GDP 的比重为 120%，20 世纪 80 年代降低到 33%，而 2014 年又上升到了 103%。英国、法国和德国比较谨慎，2014 年政府债务占 GDP 的比重分别是 88%、96% 和 75%。希腊和意大利在全球金融危机之前没有控制好自己的政府债务，错过了机会，2014 年政府债务占 GDP 的比重分别是 180% 和 130%。意大利人均 GDP 占美国人均 GDP 的比重从 1993 年的 88% 下降到 2014 年的 64.8%，教训惨痛；希腊也回到了发展中国家的行列，2014 年人均 GDP 仅占美国人均 GDP 的 40%。日本的政府债务 2014 年已经达到 GDP 的 260%，财政赤字率达到 10%，而财政收入增长率为负数，所以其债务被认为是不可持续的。一些发展中国家政府债务占 GDP 的比重分别为：拉美国家中，巴西为 59%，阿根廷为 45%，智利为 15%，墨西哥为 42%，这些国家的政府债务与 GDP 之比都不高；东南亚国家中，泰国为 46%、马来西亚为 53%，这个比重也不算高，因为这些国家中不少吃过债务过重的苦头。

我国自 1997 年亚洲金融危机之后开始实施积极的财政政策，出现了连年不断的财政赤字和急剧增大的政府债务。2003 年起我国开始实施稳健的财政政策，并于 2007 年实现了财政盈余。2008 年金融危机后我国又实行了扩张性财政政策，使得政府债务水平上升。根据审计署 2011 年的公告，我们可以对地方政府 1996 年以来的债务规模进行估算，并由此估算出地方政府的财政赤字。近年来，地方政府财政赤字一直很高。1997—2014 年，地方政府财政赤字占 GDP 的比重平均为 2.8%，2009 年高达 9%。加上地方政府的财政赤字率，我国的综合财政赤字率近年来一直处在一个很高的水平，远超欧盟 3% 的警戒线。截至 2013 年 6 月底，我国中央及地方政府债务合计占到 GDP 的 56%。如果再考虑养老个人账户的缺口以及其他债务，政府债务总额可能达到 GDP 的 58%。

近年来我国经济增速放缓，这在一定程度上是由于对地方政府债务的控制。长期来看，我国正面临人口老龄化的局面，养老保障、医疗保障、环境治理、教育、扶贫等方面都需要大量的政府支出，因此未来我国财政负担沉重。当前我国面临着两难选择：一方面要避免政府债务的膨胀，避免出现财政危机；

另一方面要利用财政赤字刺激经济增长，争取在人口老龄化现象严重之前使中国进入高收入国家的行列。目前我国实行的财政政策是不强力刺激，这主要表现在地方政府财政赤字的下降上。

无论理论研究还是实证研究都表明，政府债务对经济发展在长期内存在不利影响。目前，一些国内外投资者依然在担心中国的地方政府债务问题。因此，我国应该实行谨慎、可持续的财政政策。所谓可持续的财政政策，就是使政府债务占 GDP 的比重长期维持在一个稳定的水平上。具体而言，在今后 5 年，平均财政赤字率应该保持在 2.5% 以内，政府债务占 GDP 的比重应该保持在 60% 以内；不进行财政上的大规模刺激，以防止出现政府债务过高从而不利于长期经济发展的局面；在财政赤字的使用上，需要提高投资的质量和效率，关注投资回报率，不过分强调投资数量；鼓励对人力资本进行投资，政府在教育、医疗、扶贫上的投资有利于人力资本的积累；另外，要进行结构性减税，减轻企业税负，培育经济增长的新源泉。总之，在选择财政政策时，要重视国家的长远发展，不要将过多的债务负担转移给子孙后代。

（根据作者 2015 年 12 月 28 日在北京大学中国公共财政研究中心举办的"2015 年中国公共财政论坛"上的发言整理）

赤字财政连年不止，谨防透支未来

财政赤字和政府债务对一个国家经济和社会发展的影响极为重大。最近几十年的许多研究表明，财政赤字及其导致的政府债务会减少资本积累，造成社会福利损失。中国政府的"财政红利"已经不多。美国、日本和希腊等国的教训，应该成为中国的前车之鉴。中国经济正高速增长，应该提高政府投资效率，尽量削减财政赤字，减少债务的积累，为经济的长远发展留下余地。

中国政府总债务有多少

改革开放以来，为促使经济起飞，中国放弃了"既无内债又无外债"的政策，开始发行内外债。不过在 20 世纪 80 年代至 90 年代初，中国政府的赤字和债务规模很小。1997 年亚洲金融危机爆发后，中国开始实行积极的财政政策，财政赤字和债务急剧增大，而且从未间断。2003 年起，中国开始实行稳健的财政政策，但仍然存在预算赤字。财政赤字占 GDP 的比重，1998 年为 1.1%，1999 年为 1.9%，2000 年为 2.5%，2001 年为 2.3%，2002 年为 2.6%，2003 年为 2.2%。2007 年，中国经济高涨，股票市场泡沫出现，股票交易印花税等税收收入大增，财政出现 25 年来的首次盈余。然而，随着 2008 年金融危机的爆发，中国再次实行积极的财政政策，财政又开始出现赤字。

值得注意的是，中国的财政赤字主要是扩大政府支出造成的，因为这些年来财政收入增长率一直很高。即使在经济极其困难的 2009 年，财政收入仍然较 2008 年增加了约 7 147 亿元，达到 68 477 亿元，财政收入增长率约为

11.7%,高于当年 GDP 的增长率(8.7%)。

为了弥补财政赤字,中国政府发行了大量国债。中国政府债务占 GDP 的比重,1981 年仅为 1%,1990 年为 4.8%,2000 年为 13.1%,2007 年为 20%,2008 年为 17.6%。2009 年国债继续增加,内债余额达到 59 740 亿元,占到 GDP 的 17.8%。

在发行内债的同时,中国也开始向外国政府、外国银行以及国际金融机构借款。中国外债负债率(外债余额占当年 GDP 的比重),2000 年为 12.2%,2007 年为 11%,2008 年为 8.7%。2008 年年底外债余额为 3 746.6 亿美元。

除了中央政府公开发行的债务,中国政府还有大量未公开的债务,例如地方政府债务、高等院校债务等。如果加总中央政府、地方政府、高等院校的债务,以及政府举借的和政府担保的外债,中国政府总债务将达到 GDP 的 50% 左右,略低于欧盟对成员国规定的政府债务警戒线(GDP 的 60%)。

美、日、欧教训:债务包袱掣肘经济增长,损害社会福利

美国为了弥补由于战争、经济衰退和减税政策形成的财政赤字,发行了巨额国债。2002 年至今,美国财政赤字一直居高不下:2002 财年为 1 590 亿美元;2008 财年增长到 4 550 亿美元;2009 财年达到第二次世界大战以来的最高水平,总额达到 14 000 亿美元,相当于美国 GDP 的 10%;2010 财年的预算赤字更是高达 1.6 万亿美元。据奥巴马政府估计,未来 10 年美国财政赤字总额将达 9 万多亿美元。

连年的财政赤字使美国国债激增,也使美国成为世界上债务最多的国家。美国总债务占 GDP 的比重,1980 年为 33.3%,1990 年为 55.9%,2005 年为 64.6%,2008 年为 70.2%。据估计,2009 年美国债务占 GDP 的比重约为 83.3%,2010 年将为 94.3%!

高额的债务吸纳了大量的民间储蓄,阻碍了资金进入民间资本市场,影响了资本积累。随着政府债务的增加,美国的经济增长呈下降趋势。半个世纪以来,美国经济增长较快的年份如下:1966 年(增长率 6.5%),1984 年(增长率 7.2%),1997 年(增长率 4.5%),2004 年(增长率 3.6%)。巨额的政府债务迫使美国每年以大量的税收偿还利息,无法投资于其他公共事业。尤

其是 25% 的国债被外国持有，使得国家税收不断外流。高额的债务可能引发通货膨胀，造成美元贬值，损害美元作为世界货币的特殊地位。

日本是政府负债率（政府债务与 GDP 的比率）最高的发达国家。20 世纪 50 到 60 年代，日本经济高速发展，财政状况良好。从 20 世纪 70 年代开始，能源危机席卷全球，引发经济衰退，习惯了高增长的日本为了保持高增长率，不断采取扩张性财政政策，大量投资于基础设施建设，财政支出大大高于财政收入，产生了巨额财政赤字。日本财政赤字占 GDP 的比率，1975 年为 1.31%，1999 年达到 6.22%，2002 年达到 7.15%，2009 年约为 8%！

为了弥补财政赤字，日本政府开始大量发行债务。据日本官方统计，日本政府债务占 GDP 的比重 1970 年仅为 9.6%，1975 年为 21.1%，1985 年为 62.6%，1995 年为 82.6%，2000 年为 128.1%，2005 年为 150.7%，2009 年为 157.5%。

20 世纪 70 年代以来，日本经济增长一直呈下滑趋势，沉重的债务负担是一个重要原因。2008 年日本经济出现负增长，2009 年经济增长率为 -5.6%！面临巨额的国家债务，日本政府对经济的刺激显得十分无力。

除美国和日本，欧洲发达国家巨额的财政赤字和政府债务也成为这些国家经济发展的沉重包袱。

缩小财政赤字，为未来发展留下余地

国际上无数经验和教训告诉我们，虽然政府可以通过实行赤字财政政策在短期内使经济增长率提高，但是积累债务容易，偿还债务难，高额的债务最终将损害经济增长和社会福利提高。中国在制定财政政策时，应该注意以下几点：

第一，树立长期平衡预算的思想，避免在经济高增长时期实行赤字财政政策。财政赤字应该是反周期的，在经济衰退时出现，在经济高增长时消失。多年来，中国各级政府都把经济增长放在首位，即使在高增长的年份也实行赤字财政政策。例如，中国 2000 年 GDP 增长率为 8.4%，财政赤字占 GDP 的 2.51%；2001 年 GDP 增长率为 8.3%，财政赤字占 GDP 的 2.29%；2002 年 GDP 增长率为 9.1%，财政赤字占 GDP 的 2.62%；2003 年 GDP 增长率为

10%，财政赤字占 GDP 的 2.16%。近年来，财政政策基本上都是扩张性的，很少有紧缩性的。有时，上个月还计划增加财政赤字刺激经济，下个月就开始担心经济过热。

第二，在不得不实施赤字财政政策时，应该严格控制赤字的规模。2009年以来，中国财政预算赤字打破历史纪录，经济实现了高增长。世界经济也正在复苏。中国应该尽量减少财政赤字，不然，很快又会出现经济过热。在经济增长稳定后，应争取实现平衡预算，不能等赤字规模达到了欧盟的警戒线时再采取行动。应该指出，美国、日本在经济高速增长的时候，财政常常有盈余，赤字和债务大都是在经济衰退时形成的。

第三，在经济衰退、实施赤字财政政策时，要防止片面强调扩大政府支出的观念，应重视减税和民间资本对于经济发展的作用。在 2008 年的金融危机中，我国的减税政策仍太少，减税力度也不够大。在经济困难的 2009 年，我国的财政收入增长率仍然大大高于经济增长率；2010 年上半年财政收入增长率更高。我国企业所得税税率本来就高，加之面临全球性经济衰退，企业尤其是民营企业困难重重，政府应该出台更多减少企业税收的措施，以刺激经济增长、促进就业和实现经济的长远发展。

第四，提高政府支出的效率。政府支出的效率十分关键。一是要把资金投放到对国民经济发展和人民生活至关重要，但民营企业又不愿意或者无力投放资金的领域，包括基础设施、义务教育、医疗、扶贫等。二是要优化投资量。投资过多或过少，都不利于实现投资效率的最大化。要减少公共基础设施的重复建设，使地区间公共品的提供趋于均等。三是要有长远的、合理的规划。防止今天建、明天拆，或者建起来后缺乏维修以至于很快折旧的情况发生。

第五，在发行债务搞建设时，要考虑当代人和后代人之间的利益分配。债务是要后代人偿还的，国家在举债时要慎重考虑。有些项目是造福于子孙后代的，而且是现在非建设不可的，即使是资金不足也应该借债完成。后人受益，后人还债，这种情况无可非议。造福于当代人的项目，则应该依靠征税完成，不能为了当代人的利益而把债务留给子孙后代。

（原载于《改革内参》，2010 年第 30 期，收录于本书时有改动）

中国财政赤字和政府债务分析

2008年金融危机爆发后,世界经济进入衰退,各国纷纷采取扩张性财政政策应对经济增长率下滑和失业率上升的状况。此次金融危机也影响到各国对中国出口商品的需求、外国企业对中国的投资以及国内企业的投资,造成了中国经济增长减速,失业增加。为了刺激经济发展,中国政府启动了相关财政政策,2009年财政赤字创历史最高,2010年财政预算赤字还在提高。如果加上地方政府债务、高等教育机构的债务以及各种隐性政府债务,中国政府的债务规模已相当庞大。弥补财政赤字主要有债务化(发行公债来弥补赤字)和货币化(发行货币来弥补赤字)两种方式。我国过去曾采取货币化的方式,近二十年来则主要采取债务化的方式。

财政赤字和政府债务是关系到经济健康发展的重大议题。传统观念强调平衡预算,量入为出,不搞赤字财政。随着经济周期性波动的加剧,财政预算平衡的观念开始发生变化。新的观念是,在一个经济周期内平衡预算,即经济衰退的时候增加政府开支或减税,允许财政出现赤字;经济高涨的时候减少政府开支或增税,获得财政盈余,偿还因财政赤字而积累下来的债务。还有人认为,政府不应该过分关注财政赤字和债务,而应注重整体经济的平衡。问题在于,如果赤字和债务规模过大,就会加重利息负担,导致经济失衡。许多研究表明,财政赤字及其导致的政府债务会促使利率提高,减少资本积累,造成社会福利损失。[①]

多年来，美国和日本的政府债务一直引人注目。掌握着世界结算货币发行权的美国是世界上最大的债务国，其债务问题已引起包括美国在内的世界各国的担忧；创造了第二次世界大战后经济增长奇迹的日本则是发达国家中债务率最高的国家，高债务率已成为日本经济发展的极大障碍。2008年的金融危机又加剧了欧洲国家的财政危机。希腊债务危机不仅严重威胁着希腊经济，而且影响到欧元的前途和命运。[②]这些国家的教训值得中国吸取。

目前，对中国政府债务的研究相对较少，已有的研究多是停留在对政府债务规模的估算上。[③]在是否要增加财政赤字、扩大政府债务规模的问题上，部分专家认为，欧盟规定的赤字率3%和债务率60%的警戒线是某个特定时期的产物，并非金科玉律，一味强调这两个标准，会限制财政政策工具的有效使用，必要时应勇于突破警戒线的束缚。另一些专家则以欧盟的警戒线为标准，认为中国只要不超过这个标准，就可以继续实行赤字财政、继续增加政府债务。但许多人只是表达观点，并没有提供具体的研究。随着积极财政政策的继续实施和政府债务规模的不断扩大，进一步研究政府赤字和债务，借鉴外国的经验教训，为中国政府提供合理的政策建议，已经刻不容缓。

中国的财政赤字和政府债务

中国传统的财政思想是"轻徭薄赋""量入为出"。在1896年之前的两个半世纪，清朝的财政状况基本健康，很少有赤字。甲午战争前的1893年，清政府的财政盈余达760万两白银。1894年，财政收支基本持平。清朝财政

---

① Diamond P. National debt in a neoclassical growth model[J]. American Economic Review, 1965,55:1125–1150; Blanchard O. Debts, deficits and finite horizons[J]. Journal of Political Economy, 1985, 92:223–247; Feldstein, M. The effects of fiscal policies when income are uncertain: A contradiction to Ricardian equivalence[J]. American Economic Review, 1988, 78:14–23.

② 林双林. 希腊财政危机的深层原因：税收规模与结构 [Z]. 北京大学中国公共财政研究中心内部讨论稿 NO. 10, 2010(5).

③ Jia, Kang and Zhao, Quan-hou, The size of China's national debt[J]. World Economy and China, 2001, 9(1): 24–29; Lin, Shuanglin, China's government debt: How serious?[J]. China: An International Journal, 2003, 1(1):73–98.

赤字的真正起点是甲午战争。庚子赔款大大冲击了清政府的财政，赤字急剧增加，朝廷债务缠身。[①]那时，各省财政大都是支大于收。

辛亥革命后，军阀割据，国家财力枯竭。1917—1926年间，北洋政府发行了巨额公债。[②]1927—1936年间，国民政府继续大量发行公债。[③]1937—1945年间，军费支出急剧增加，税源枯竭，政府主要依靠发行货币弥补庞大的财政赤字。赤字货币化会导致通货膨胀，相当于向货币持有者征收"通货膨胀税"。1935年，国民政府实行货币改革，统一使用由中央银行、中国银行、交通银行三家银行发行的纸币，称为法币，法币的滥发造成了恶性通货膨胀。

解放战争时期，国民党当局为筹措军饷，大量发行法币，导致物价一日数涨，民不聊生，怨声载道。1948年，国民党当局停止使用法币，强制推行金圆券。由于没有严守发行限额，恶性通货膨胀再度出现。城市有产阶级的财富被洗劫一空，国民党失去了最后的支持者。1949年7月，共产党宣布停止接受法币。不久，国民党政权伴随着巨额的财政赤字土崩瓦解。

中华人民共和国成立后，中国经济经历了由市场经济到计划经济，再到市场经济的过程。相应地，财政也经历了从有政府债务到没有政府债务，再到有政府债务的过程。表1显示了1950—2009年间中国财政赤字和政府债务情况。1950年，经济建设百废待举，出现财政赤字。然而，1951—1955年都有财政盈余。中央人民政府在1950年发行了人民胜利折实公债，1954—1958年间发行了国家经济建设公债。在发行内债的同时，中国政府也向苏联和东欧国家举借外债。"大跃进"时期，中国财政赤字大增，财政赤字占GDP的比重在1958年为2%，1959年为2.9%，1960年达到6.7%。那时候的财政赤字基本上靠发行货币弥补，进而造成了高通货膨胀。1960—1965年是经济非常困难的时期，中国从1960年开始偿还所欠苏联的债务，到1965年债务全部还清，付出了惨痛的代价。此后直到1980年，中国政府没有发行任何内债和外债。那时候，经济没有得到发展，但是政府也没有给后代留下债务，客观上为以后政府发债留下了余地，我们姑且称之为"财政红利"。

---

① 陈光炎. 中国财政通史：清代卷 [M]. 北京：中国财政经济出版社，2006：286.
② 千家驹. 旧中国公债史资料 [M]. 北京：中华书局，1984：9.
③ 刘孝诚. 中国财政通史：中华民国卷 [M]. 北京：中国财政经济出版社，2006：118.

表1 1950—2009年中国财政赤字和政府债务

年份	财政收入（亿元）	财政支出（亿元）	财政赤字（亿元）	内债余额（亿元）	外债余额（亿美元）	GDP（亿元）	财政赤字/GDP（%）	内债余额/GDP（%）	外债余额/GDP（%）
1950	65.2	68.1	2.9			426	0.7		
1951	133.1	122.5	−10.6			497	−2.1		
1952	183.7	176.0	−7.7			589	−1.3		
1953	222.9	220.1	−2.8			709	−0.4		
1954	262.4	246.3	−16.1			748	−2.2		
1955	272.0	269.3	−2.7			788	−0.3		
1956	287.4	305.7	18.3			882	2.1		
1957	310.2	304.2	−6.0			908	−0.7		
1958	387.6	409.4	21.8			1118	2.0		
1959	487.1	522.9	35.8			1222	2.9		
1960	572.3	654.1	81.8			1220	6.7		
1961	356.1	367.0	10.9			996	1.1		
1962	313.6	305.3	−8.3			924	−0.9		
1963	342.3	339.6	−2.7			1000	−0.3		
1964	399.5	399.0	−0.5			1166	0.0		
1965	473.3	466.3	−7.0			1387	−0.5		
1966	558.7	541.6	−17.1			1586	−1.1		
1967	419.4	441.9	22.5			1487	1.5		
1968	361.3	359.8	−1.5			1415	−0.1		
1969	526.8	525.9	−0.9			1617	−0.1		
1970	662.9	649.4	−13.5			1926	−0.7		
1971	744.7	732.2	−12.5			2077	−0.6		
1972	766.6	766.4	−0.2			2136	0.0		
1973	809.7	809.3	−0.4			2318	0.0		
1974	783.1	790.8	7.7			2348	0.3		
1975	815.6	820.9	5.3			2503	0.2		
1976	776.6	806.2	29.6			2427	1.2		
1977	874.5	843.5	−31.0			2644	1.2		
1978	1132.3	1122.1	−10.2			3645	−0.3		

（续表）

年份	财政收入（亿元）	财政支出（亿元）	财政赤字（亿元）	内债余额（亿元）	外债余额（亿美元）	GDP（亿元）	财政赤字/GDP（%）	内债余额/GDP（%）	外债余额/GDP（%）
1979	1146.4	1281.8	135.4			4063	3.3		
1980	1159.9	1228.8	68.9			4546	1.5		
1981	1175.8	1138.4	-37.4	48.7		4892	-0.8	1.0	
1982	1212.3	1230.0	17.7	92.8		5323	0.3	1.7	
1983	1367.0	1409.5	42.5	134.5		5963	0.7	2.3	
1984	1642.9	1701.0	58.1	176.7		7208	0.8	2.5	
1985	2004.8	2004.3	-0.5	238.0	158.3	9016	0.0	2.6	
1986	2122.0	2204.9	82.9	293.6	214.8	10275	0.8	2.9	7.3
1987	2199.4	2262.2	62.8	391.8	302.1	12059	0.5	3.3	9.4
1988	2357.2	2491.2	134.0	558.5	400.0	15043	0.9	3.7	10.0
1989	2664.9	2823.8	158.9	771.4	413.0	16992	0.9	4.5	9.2
1990	2937.1	3083.6	146.5	890.3	525.5	18668	0.8	4.8	13.5
1991	3149.5	3386.6	237.1	1060.0	605.6	21781	1.1	4.9	14.9
1992	3483.4	3742.2	258.8	1282.7	693.2	26923	1.0	4.8	14.4
1993	4349.0	4642.3	293.3	1540.7	835.7	35334	0.8	4.4	13.9
1994	5218.1	5792.6	574.5	2286.4	928.1	48198	1.2	4.7	17.1
1995	6242.2	6823.7	581.5	3300.3	1065.9	60794	1.0	5.4	15.2
1996	7408.0	7937.6	529.6	4361.4	1162.8	71177	0.7	6.1	14.2
1997	8651.1	9233.6	582.5	5508.9	1309.6	78973	0.7	7.0	14.5
1998	9876.0	10798.2	922.2	7765.7	1460.4	84402	1.1	9.2	15.2
1999	11444.1	13187.7	1743.6	10542.0	1518.3	89677	1.9	11.8	15.3
2000	13395.2	15886.5	2491.3	13020.0	1457.3	99215	2.5	13.1	13.5
2001	16386.0	18902.6	2516.6	15618.0	1701.1	109655	2.3	14.2	14.7
2002	18903.6	22053.2	3149.6	19336.1	1713.6	120333	2.6	16.1	13.6
2003	21715.3	24650.0	2934.7	22603.6	1936.3	135823	2.2	16.6	13.7
2004	26396.5	28486.9	2090.4	25777.6	2286.0	159878	1.3	16.1	13.9
2005	31649.3	33930.3	2281.0	31848.6	2810.5	183217	1.2	17.4	12.6
2006	38760.2	40422.7	1662.5	34380.2	3229.9	211924	0.8	16.2	12.3
2007	51321.8	49781.4	-1540.4	51467.4	3736.2	257306	-0.6	20.0	11.5

(续表)

年份	财政收入（亿元）	财政支出（亿元）	财政赤字（亿元）	内债余额（亿元）	外债余额（亿美元）	GDP（亿元）	财政赤字/GDP（%）	内债余额/GDP（%）	外债余额/GDP（%）
2008	61330.4	62592.7	1262.3	52799.3	3746.6	300670	0.4	17.6	8.7
2009	68477.0	75874.0	7397.0	59737.0	4286.5	335353	2.2	17.8	8.9

资料来源：1978—2008 年的数据来自国家统计局．中国统计年鉴 2009［M］．北京：中国统计出版社，2009；1950—1977 年的数据来自国家统计局．中国统计年鉴 1983［M］．北京：中国统计出版社，1983（其中 GDP 数据用国民收入予以替代）。1981—1999 年内债余额数据来自 Jia, Kang and Zhao, Quan-hou. The size of China's national debt［J］．World Economy and China，2001，9(1)：24—29；2000—2004 年内债余额数据来自中国人民银行；其他年份内债余额数据来自国家统计局．中国统计摘要 2009［M］．北京：中国统计出版社，2009；2009 年外债余额数据来源于国家外汇管理局网站（www.safe.gov.cn）。

从 1981 年起，中国放弃了"既无内债又无外债"的财政政策，开始发行内债。1981—1990 年中国政府发行了多种债券，但 20 世纪 90 年代初之前，财政赤字和债务规模总体很小。1986 年国务院发布的《中华人民共和国银行管理暂行条例》第三十条规定，财政部门不得向中国人民银行透支。很长一段时期内，财政赤字除一部分依靠发行国债弥补外，大部分是向中国人民银行借款，即用发行货币的方式解决。1993 年，国务院发布的《国务院关于金融体制改革的决定》明确要求财政部停止向中国人民银行借款，财政赤字通过发行国债弥补。从此，中国政府债务开始大大增加。

1997 年亚洲金融危机爆发后，中国开始实行积极的财政政策，自此之后政府财政赤字和债务急剧增大，而且从未间断。积极财政政策过后，中国开始实行稳健的财政政策，但仍然存在预算赤字。财政赤字占 GDP 的比重，1998 年为 1.1%，1999 年为 1.9%，2000 年为 2.5%，2001 年为 2.3%，2002 年为 2.6%，2003 年为 2.2%。2007 年，中国经济高涨，股票市场泡沫出现，股票交易印花税等税收收入大增，财政出现 25 年来的首次盈余。然而，随着 2008 年金融危机的爆发，国务院出台了 4 万亿元经济刺激计划，再次实行积极的财政政策，财政又开始出现赤字。

根据国家统计局《2009 年国民经济和社会发展统计公报》和财政部《2009 年财政收支情况》，2009 年我国财政收入为 68 477 亿元，财政支出为 75 874

亿元，预算赤字是 7 397 亿元，2008 年中国的 GDP 为 314 045 亿元，[①]2009 年达到 335 353 亿元。图 1 显示了 1950—2009 年中国的财政赤字。从中可见，1997 年以后我国财政赤字逐渐增加，2002 年达到一个小高峰。2009 年的财政赤字之高是史无前例的。高额的财政赤字支撑着许多大型长期建设项目，这些项目都需要后续投资，因此未来几年的财政赤字也不会小，应该引起关注。

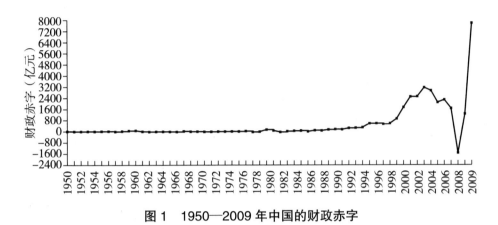

图 1　1950—2009 年中国的财政赤字

资料来源：1950—2008 年的数据来自国家统计局.中国统计年鉴 2009［M］.北京：中国统计出版社，2009；2009 年的数据来自国家统计局.2009 年国民经济和社会发展统计公报［R/OL］.(2010-02-25)[2010-03-01].http://www.stats.gov.cn/statsinfo/auto2074/201310/t20131031_450737.html 及财政部官网。

值得注意的是，中国的财政赤字主要是由扩大政府支出，而非财政收入增长不足造成的。事实上这些年来财政收入增长率一直很高，即使在极其困难的 2009 年，财政收入仍然较 2008 年增加了约 7 147 亿元，达到 68 477 亿元，财政收入增长率约为 11.7%，高于当年 GDP 的增长率（8.7%）。[②]

图 2 显示了 1952—2009 年中国财政赤字占 GDP 比重的变化情况。可以看出，我国财政赤字有几个高峰：一是"大跃进"时期的 1960 年，财政赤字

---

① 2009 年 12 月，国家统计局依据国内生产总值（GDP）核算制度和第二次全国经济普查结果，对 2008 年全国 GDP 初步核算数进行了修订，修订后的 2008 年全国 GDP 总量为 314045 亿元（此前发布的 2008 年 GDP 总量为 300670 亿元，此次修订后 GDP 总量增加 13375 亿元）。

② 国家统计局.2009 年国民经济和社会发展统计公报［R/OL］.(2010-02-25)[2010-03-01].http://www.stats.gov.cn/statsinfo/auto2074/201310/t20131031_450737.html.

达到 GDP 的 6.7%；二是 1979 年，财政赤字达到 GDP 的 3.3%；三是 2002 年，财政赤字达到 GDP 的 2.6%；接下来是 2009 年，财政赤字占 GDP 的 2.2%。

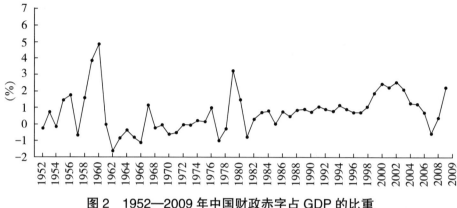

图 2　1952—2009 年中国财政赤字占 GDP 的比重

资料来源：1952—2008 年的数据来自国家统计局. 中国统计年鉴 2009[M]. 北京：中国统计出版社，2009；2009 年的数据来自国家统计局.2009 年国民经济和社会发展统计公报 [R/OL].(2010-02-25)[2010-03-01].http://www.stats.gov.cn/statsinfo/auto2074/201310/t20131031_450737.html 及财政部官网。

为弥补财政赤字，政府发行了大量国债。图 3 显示了 1981—2009 年中国内债余额占 GDP 比重的变化情况，其中，1981 年为 1%，1990 年为 4.8%，2000 年为 13.1%，2007 年为 20%，2008 年为 17.6%。2008 年年底中国内债余额为 52 799.3 亿元。2009 年内债余额继续增加，达到 59 737 亿元，占 GDP 的 17.8%。

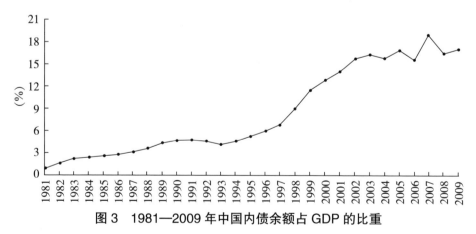

图 3　1981—2009 年中国内债余额占 GDP 的比重

资料来源：国家统计局. 中国统计年鉴 2009[M]. 北京：中国统计出版社，2009.

在发行内债的同时，中国也开始利用外资，向外国政府、外国银行以及国际金融机构借款。1986 年年底政府外债余额为 214.8 亿美元，1990 年年底为 525.5 亿美元，2000 年年底为 1 457.3 亿美元，2007 年年底为 3 736.2 亿美元，2008 年年底达到 3 746.6 亿美元。中国外债负债率（外债余额占当年 GDP 的比重），1986 年为 7.3%，1990 年为 13.5%，2007 年为 11.5%，2008 年为 8.7%。

上面提到的是中央政府公开的债务，除此之外，中国政府还有大量未公开的债务，如地方政府债务、高等院校债务等。据中国银监会[①]估计，截至 2009 年年底，地方政府融资平台贷款余额为 7.38 万亿元，同比增长 70.4%。[②] 据估计，高等院校债务的规模也相当大。如果加总中央政府债务、地方政府债务、高等院校债务，以及政府举借和政府担保的外债，中国政府总债务会达到 GDP 的 50% 左右。欧盟对成员国规定的政府债务警戒线为 GDP 的 60%，中国虽还没有达到这个警戒线，但也应该引起警惕。

关于赤字和债务对经济影响的学术讨论

财政赤字是由财政支出和财政收入两方面决定的。在支出给定的情况下，征税和发行国债是政府筹措资金的两种主要方式。关于这两种方式对经济产生了哪些影响，经济学家们一直争论不休。对财政赤字的论述可以追溯到大卫·李嘉图（David Ricardo）的《政治经济学及赋税原理》一书，他在该著作中提出，政府无论是以税收还是公债形式来筹资，对于完全理性的个人和整个经济的影响都是一样的，公债无非是推迟了的税收。罗伯特·巴罗（Robert Barro）发表的《政府债券是净财富吗？》[③]一文，在人们会像关心自己一样关心后代的假定下，进一步阐述了李嘉图等价定理。然而，由于假定往往偏离实际，这个定理常常受到质疑。例如人们的利他程度、未来收入的不确定性、未来子女婚嫁方的经济条件的不确定性等，都可能使这个定理不成立。李嘉图本人对此似乎也不是很有把握。因为在同一本书中，他又提及举债会使人

[①] 2018 年与中国保监会合并为中国银保监会。
[②] 井水明. 确保地方债务风险在可控范围 [N]. 证券时报，2010-05-25.
[③] Barro R. Are government bonds real wealth?[J]. Journal of Political Economy, 1974, 82:1095–1117.

们不知节俭，使人们不明白自己的真实处境。可见，他也没有把人们看成是完全理性的。

Diamond建立了一个世代交叠新古典增长模型[1]，在人们只是利己的假定下证明了，从长远来讲，国家的内债和外债都会减少资本积累，导致人们的福利损失。直观来说，政府债务增加，市场上对资金的需求增加，利率上升，企业投资成本增加，资本积累下降。从福利角度看，政府债务增加，政府需要征收更多的税收用于偿付债务利息，这会使人们的可支配收入减少，并直接减少消费；资本积累减少，劳动生产率和工资降低，也会影响消费，进而影响人们的福利水平；内债使资本积累减少得更多。这是一个划时代的研究，以后的研究都是在这个基础上进行的。Blanchard建立了另一种世代交叠模型[2]，假定人们随时面临死亡的可能。只要死亡的概率不为零，生命就是有限的，从而导致了李嘉图等价定理的不成立。Feldstein则认为，当一个人的未来收入不确定时，未来的遗产也不确定，个人消费会随可支配收入的提高而提高，从而李嘉图等价定理不能成立。[3]

Fischer的跨国实证研究[4]发现，高额的财政赤字不利于长期经济增长。如果赤字和债务由政府支出增加引起，则债务对经济的影响主要取决于政府支出的效率。政府支出效率越高，债务的正面作用就越大；政府支出效率越低，债务的正面作用就越小。因此，如何利用政府支出是决定政府赤字和债务的影响的关键。围绕政府支出的效率一直存在争论。多数经济学家认为政府支出效率低下，但也有例外。[5]理论上讲，应该存在政府投资的最优水平，政府投资水平太低或太高都不好。近几十年来，多数的实证研究发现，政府规模

---

[1] Diamond P. National debt in a neoclassical growth model[J]. American Economic Review,1965,55:1125-1150.

[2] Blanchard O. Debts, deficits and finite horizons[J]. Journal of Political Economy, 1985, 92: 223-247.

[3] Feldstein M. The effects of fiscal policies when income are uncertain: a contradiction to Ricardian equivalence[J]. American Economic Review, 1988,78:14-23.

[4] Fischer S. The role of macroeconomic factors in economic growth[J]. Journal of Monetary Economics, 1993, 32:485-512.

[5] Aschauer D. Is government spending productive?[J]. Journal of Monetary Economics, 1989, 23:177-200.

大的国家通常经济增长速度慢。①总之，政府支出效率起着重要的作用。如果效率高，政府支出就会促进经济增长；否则就会减缓经济增长。因此，政府规模与经济增长反向相关的结论隐含着政府投资效率一般不高，抵消不了征税带来的负面作用。

财政赤字以及由此而来的政府债务不仅影响经济效率，而且影响收入和财富在同一代人之间和不同代人之间的分配。许多人认为，政府债务会使贫富差距扩大。高收入者持有国债，得到丰厚的国债利息；低收入者无力持有国债，得不到利息。所以，国债的发行对低收入者不利。另外，财政赤字是由于征税不足而形成的，高收入者交的税更多，因此赤字和国债的增加就减轻了高收入者的税收负担。还有，相对于赤字货币化（即通过发行货币弥补赤字），赤字债务化对高收入者更有利。这是因为货币发行会造成通货膨胀，而通货膨胀对储蓄者不利。高收入者有大量的储蓄，因此受通货膨胀影响较大。赤字债务化可使储蓄免遭通货膨胀的洗劫。

对财政赤字和债务在财富分配方面最严厉的批评是，政府通过赤字和债务将当代人的负担转嫁给子孙后代。②举债终要偿还，如果政府借债投资于为后代造福的项目，由其还债是合理的；但如果政府借债从事的项目主要为当代人造福，由后代还债就不合理了。无论如何，对于政府发债，子孙后代都没有选择的余地。

以上讨论都建立在政府能够永远发债这一假定的基础上，其实政府也不一定能永远发行债务。学术界已经有许多关于政府债务可持续性的讨论。③实践中，如果债务太多，导致人们对政府的还债能力产生怀疑，那么新的债务

---

① Landau D. Government expenditure and economic growth: A cross-country study[J]. Southern Economic Journal, 1983, 49:783-792;Barro R J. Economic growth in a cross section of countries[J]. Quarterly Journal of Economics, 1991, 106(2):407-433.

② Bowen W G, Davis R G., Kopf D H. The public debt: A burden on future generations?[J]. American Economic Review, 1960, 50:701-706; Persson T. Deficits and intergenerational welfare in open economies[J]. Journal of International Economics, 1985, 19:67-84.

③ Chalk N A. The sustainability of bond financed deficits: An overlapping generations approach[J]. Journal of Monetary Economics, 2000, 45:293-328; Yakita A. Sustainability of public debt, public capital formation, and endogenous growth in an overlapping generations setting[J]. Journal of Public Economics, 2008, 92:897-914.

就可能发不出去，政府就会破产。例如，美国、日本就有地方政府破产的例子，其他国家也有中央政府破产的例子。

美国、日本等国的经验和教训

发达国家都有政府债务。下面我们主要讨论两个债务问题最严重的发达国家——美国和日本。美国的国债数量是世界上最大的，而日本的债务率（政府债务占 GDP 的比重）是发达国家中最高的。

美国为了弥补由于战争、经济衰退和减税政策形成的财政赤字，发行了巨额国债。图 4 显示了 1929—2009 年美国财政赤字占 GDP 比重的变化情况。1929 年经济危机爆发，财政危机随之出现，1931—1936 年美国财政开始出现赤字。1937—1941 年的五年中都有财政赤字，但规模不是太大。但第二次世界大战期间，美国财政赤字大大增加。1946—1969 年，美国经济强劲增长，财政或者有盈余（如 1969 年）或者赤字规模很小。20 世纪 70 年代石油危机后，美国经济进入衰退，美国的财政状况又开始恶化。20 世纪 80 年代，军费开支增加，政府开始积极推行减税政策。1970—1997 年，美国财政一直是赤字。20 世纪 90 年代末，在信息技术革命的推动下，美国经济高涨，税收大增。1998—2001 年，美国财政在赤字近 30 年后重新出现盈余。然而，随着科技股票泡沫的破裂，美国经济很快陷入衰退。2002 年至今，美国财政赤字仍居高不下。2009 财年（2008 年 10 月 1 日到 2009 年 9 月 30 日），美国财政赤字达到第二次世界大战以来的最高水平，总额为 1.4 万亿美元，相当于美国 GDP 的 10%。2010 年美国财政预算赤字更高，达到 1.6 万亿美元。据估计，未来 10 年美国财政赤字总额将达 9 万多亿美元。巨额的财政赤字成为美国面临的重大问题。国债激增，更是使美国成为世界上债务最多的国家。图 5 显示了 1929—2009 年美国债务余额占 GDP 比重的变化情况。该比重 1940 年为 52.4%，1950 年为 94.1%，1960 年为 56.1%，1970 年为 37.6%，1980 年为 33.3%，1990 年为 55.9%，2000 年为 58%，2008 年为 70.2%。据估计，2009 年美国债务余额占 GDP 的比重为 83.3%，2010 年将达到 94.3%！

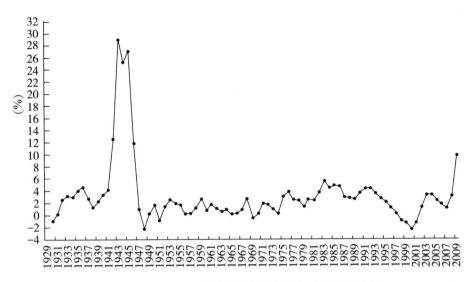

图4　1929—2009年美国财政赤字占GDP的比重

资料来源：美国商务部经济分析局网站，http：//www.bea.gov/national/nipaweb。

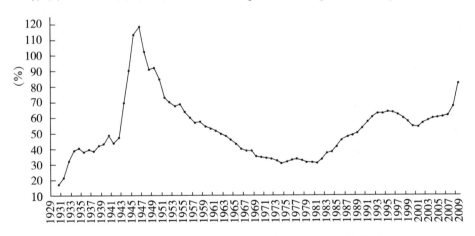

图5　1929—2009年美国债务余额占GDP的比重

资料来源：美国政府支出网，http：//www.usgovernmentspending.com/federal_debt_chart.html。

长期以来，美国的债务绝大部分由本国居民或机构持有，但目前这种情形已经发生了改变。2009年年底，美国26%的债务由外国持有。中国目前是美国国债最大的持有者，2009年年底持有美国国债达8 948亿美元，占外国持有美国国债总额的24.24%；日本居第二位，占20.74%；英国居第三位，仅占4.88%。①美国国债高筑，如果美元贬值，则会使所有以美元度量的有价证券贬值。

高额的债务吸纳了大量的民间储蓄，阻碍了资金进入民间资本市场，从而影响了资本积累。随着政府债务的增加，美国的经济增长速度呈下降趋势。半个世纪以来，美国GDP增长较快的年份有：1966年（6.5%），1984年（7.2%），1997年（4.5%），2004年（3.6%）。可见美国的经济增长速度在下降。巨额的政府债务迫使美国每年以大量的税收收入偿还利息，没有更多的财力从事其他公共事业。尤其是大量的国债被外国持有，使得美国的国家税收不断外流。美国国债的另一困扰是它威胁着美元的信誉。高额的债务可能引发通货膨胀，造成美元贬值，损害美元作为世界货币的特殊地位。近年来，美国经济学界和一些主要贸易国家（包括中国）要求美国降低财政赤字和政府债务的呼声不断增大。

日本政府债务占GDP的比重是发达国家中最高的。债务是赤字的积累。日本的财政赤字主要从20世纪70年代开始。20世纪50年代和60年代，日本经济高速发展，财政状况良好。20世纪70年代开始，能源危机席卷全球，各国出现经济衰退，而此时日本开始大量投资于基础设施建设，财政支出大大高于财政收入，导致巨额财政赤字出现。财政赤字是财政支出减去税收收入和其他收入后的余额。图6显示了1970—2008年间日本财政赤字占GDP的比重。1975—1985年，日本财政赤字占GDP的比重从未低于3%；1987—1992年，日本财政状况略有好转，财政赤字占GDP的比重低于2%；1997年以后，财政赤字又大大增加。

为了弥补财政赤字，日本政府大量发行债务。据日本官方统计，1970年日本政府债务占GDP的比重为9.6%，1975年为21.1%，1980年为48%，1985年为62.6%，1990年为59.1%，1995年为82.6%，2000年为128.1%，2005年为150.7%，2009年为157.5%。②图7显示了1970—2009年日本中央政府、地方政府，以及中央和地方政府债务之和占GDP的比重。

---

① 见美国财政部网站，http://www.ustreas.gov/tic/mfh.txt。
② 2009年的债务和GDP数据是估算出来的。

图6　1970—2008年日本财政赤字占GDP的比重

资料来源：日本财政部网站，https://www.mof.go.jp/english/budget/statistics/200910/index.html。

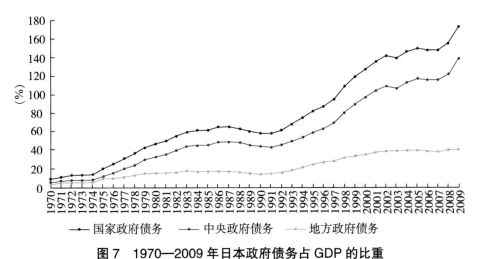

图7　1970—2009年日本政府债务占GDP的比重

资料来源：日本财政部网站，http://www.mof.go.jp/zaisei/con_07.html。

日本经济经历了20世纪50年代和60年代的辉煌发展时期，经济增长率非常高。1973年的世界石油危机导致日本经济衰退，经济增长率下降。习惯了高增长的日本为了保持高增长率，不断地采取扩张性财政政策。从1975年到1997年，在财政赤字的刺激下，日本经济增长率从未出现过负数，然而增速已明显减慢。1997年，亚洲金融危机爆发；1998年及1999年，日本财政赤字持续增加，债务规模进一步扩大。2000年日本经济复苏，经济增长率为

大国财税改革：构建普惠式经济增长的基石

2.9%，2004年达到2.7%，2007年为2.4%。但好景不长，2008年金融危机爆发后，日本经济再次陷入衰退，2008年经济出现负增长，2009年经济增长率甚至为-5.6%！面临巨额政府债务，日本政府对经济的刺激显得十分无力。20世纪70年代以来，日本经济一直呈现下滑趋势。日本经济出现这种局面，沉重的债务负担是一个重要原因。如果对日本过去30年（1979—2009年）的债务规模与GDP增长率做个简单的回归分析，一定会发现两者之间呈明显的负相关。

此外，发达国家的政治制度在财政方面存在一个问题，即政治人物为了争取选票，总是向选民保证要增加政府支出，降低人民的税负。这样，财政赤字和政府债务就会进一步扩大。这也是美国和日本财政赤字和政府债务居高不下的原因之一。

除美国和日本外，欧洲发达国家也面临着严重的财政问题。在尚未摆脱金融危机的阴影时，以希腊为首的欧元区成员国就出现了财政危机。欧元区成员国在应对金融危机时，无法使用货币政策，只能使用财政政策。2009年，许多欧元区国家的财政赤字庞大。例如，2009年希腊财政赤字占到GDP的13.6%，远超过欧盟规定的3%的警戒线。希腊政府面临破产的威胁，新债发行遇到极大困难。由于希腊的财政危机关系到欧元的前途和命运，德国、法国等国出手相救。除希腊外，葡萄牙、爱尔兰、意大利、西班牙等国也存在严重的财政问题。巨额的财政赤字和政府债务已成为这些国家经济发展的沉重包袱。

总结与政策建议

历史经验告诉我们，在短期内政府可以通过财政赤字使经济增长率提高。然而，GDP的增长不能反映出人们对环境的破坏程度以及对资源的开采程度，不能反映债务水平，也不能准确地反映人民的生活水平。所以，在重视GDP增长的同时，更应该重视国民财富的增加，其中包括对自然资源和环境的开发与保护等。国际经验表明，积累债务容易，偿还债务难。应该指出的是，美国、日本在第二次世界大战后高增长的年代里虽有短暂的财政盈余，但此后的长期财政赤字仍会严重影响经济的发展。中国应防患于未然，不要积累大量债务,重蹈美国、日本和欧洲一些国家的覆辙,要为以后的发展留有余地。

在制定财政政策时,我们应该注意以下几点:

第一,树立长期平衡预算的理念。财政赤字应该是反周期的,也就是说,财政赤字应在经济衰退时出现,在经济高增长时消失。多年来,各级政府都把经济增长目标放在首位,即使在经济高增长的年份也实行赤字财政政策,使得政府债务逐年增加。我们应该树立长期平衡预算的理念,不要在经济高速增长时搞赤字财政,以避免积累大量债务。

第二,在不得不实施赤字财政政策时,应该严格控制赤字规模。为摆脱2008年的金融危机,中国政府做出了极大的努力,2009年中国财政预算赤字打破历史纪录,并实现了经济的高增长。目前世界经济正在复苏,中国应该尽量减少财政赤字,不然,很快又会出现经济过热。在经济增长稳定后,要争取实现平衡预算。有人认为,中国赤字尚未达到GDP的3%,政府债务尚未达到GDP的60%,可以继续扩大赤字和政府债务。但我们不能等达到了欧盟的警戒线时再采取行动。美国、日本在经济高速增长时期,财政常有盈余,赤字和政府债务大都是在经济衰退时期形成的。中国改革开放前没有政府债务,为现在发债留下了余地。经过二十多年的债务积累,如今中国的政府债务规模已经相当可观,我们应防患于未然,为经济的长远发展留下余地。

第三,在经济衰退、实施赤字财政政策时,要防止片面强调扩大政府支出的观念,应该重视减税和民间资本在经济发展中的作用。诚然,中国合并了内、外资企业的所得税,把投资部分从增值税税基中扣除,这些都是制度性改革,而不是临时性的财政政策。然而,我们在减税方面的政策力度仍然不够。中国的企业所得税税率本来就高,当前又面临着全球性经济衰退,企业尤其是民营企业困难重重,政府应该出台更多减少企业税收的措施,这对刺激经济增长、促进就业和实现经济的长远发展都有好处。

第四,要提高政府支出的效率。中国的财政赤字主要源于政府支出的快速增加,而非税收的缓慢增长。因此提高政府支出的效率十分关键。一是要把资金投放到对国民经济发展和人民生活至关重要,而民营企业又不愿意或无力投放资金的领域,如基础设施、义务教育、医疗、扶贫等。二是要优化投资量,投资过多或者过少都不利于实现投资效率的最大化。要减少公共基础设施的重复建设,使地区间公共品的提供趋于均等。三是要有长远、合理的规划。防止今天建,明天拆,或者建起来后缺乏维修以至于很快折旧的情况发生。

第五,在发行债务搞建设时,要考虑到当代人和后代人之间的利益分配。有些项目是造福于子孙后代的,而且是现在非建设不可的,即使是资金不足也应该借债完成。有的项目是造福于当代人的,则应该依靠征税完成,不要为了当代人的利益而把债务留给子孙后代。政府在制定政策时要从长计议,这样才有利于中国经济的持续健康发展。

(原载于《经济科学》,2010年第3期,收录于本书时有改动)

财政赤字货币化的实质是征收铸币税

当财政支出大于财政收入时,就会出现财政赤字。政府可以通过两种渠道弥补赤字:发债或者印钞。财政赤字货币化就是中央银行直接印钞来弥补赤字。还有一种情况是,虽然财政部名义上通过向中央银行直接借钱来弥补赤字,但永远借新债还旧债,而且不支付利息。这实际上和直接印钞的效果是一样的。财政赤字货币化的实质是征收铸币税,历史上许多国家都这样做过。财政赤字货币化会影响货币供应量和物价水平,导致财富的再分配和财政支出的增大,并且会影响经济增长和社会稳定。笔者认为,虽然中国的财政赤字规模在扩大,债务在增加,而且面临较低的通货膨胀率,但是仍然不宜采用财政赤字货币化这一手段。

历史上的财政赤字货币化

历史上,财政赤字货币化常常发生。这里讲讲历史上财政赤字货币化的典型例子。以第一次世界大战结束后的德国为例,当时战争赔款的阴云笼罩着这个国家,政府通过印钞来支撑其庞大的支出,通货膨胀率达到天文数字。德国马克迅速贬值,从1919年的1美元兑4.2马克,贬值到1923年11月的1美元兑4.2万亿马克!同年12月,德国政府发行新的货币,终止让中央银行直接印钞来弥补财政赤字,通货膨胀才被控制住。

中国在20世纪60年代初也曾经出现过严重的通货膨胀。后来中国银行实行货币回笼,控制住了通货膨胀,平抑了物价。1965年后到改革开放前,中国既无内债也无外债,但多年都有财政赤字。财政赤字主要是通过印钞的方式弥补了。但因为当时的财政赤字不是太多,所以没有出现很明显的通货膨胀。

最近的例子就是委内瑞拉。委内瑞拉出产石油,曾经"富得流油"。政府在医疗和住房方面实行高福利政策,导致了庞大的财政支出。当石油价格骤降时,财政赤字剧增,政府不得不大量印发货币弥补财政赤字,导致了物价的飞涨。

财政赤字货币化的实质是征收铸币税

政府通过印钞来弥补财政赤字,实际上是通过通货膨胀征税,这种税叫做"铸币税"。这种税是隐形的。交税的人就是那些拥有货币(现金或银行储蓄),或者非防通货膨胀债券的人。政府通过印钞得到的实际收入叫做铸币税收入。

理论上讲,如果人们不改变真实货币持有量(货币能够买到的商品量),那么铸币税的税率就等于通货膨胀率,税基就是真实货币持有量;如果人们改变真实货币持有量,那么铸币税的税率就不等于通货膨胀率。人们的货币持有量越少,缴纳的铸币税就越少。比如,如果人们拒绝使用法定货币了,政府就征不到铸币税了。20世纪40年代末,国民政府改革货币,发行金圆券,但是因为通货膨胀严重,货币快速贬值,人们拒绝接受金圆券,政府也就得不到铸币税了。

财政赤字货币化的影响

发行国债弥补财政赤字就是政府通过借款,使企业和个人手中的货币转移给政府使用,并不改变货币总量,因此不会增加货币供给,不会引起通货膨胀。财政赤字货币化就是财政直接从中央银行拿钱弥补赤字,如果银行不相应紧缩其他方面的贷款,货币发行量就会增加,就会出现过多的货币追逐过少的商品,进而导致通货膨胀。

关于货币对经济的影响的讨论由来已久。哈耶克认为货币是中性的,即货币增加只会引起工资和物价的上升,不会影响实际产量和就业。根据凯恩斯主义经济学的观点，增加货币供给会增加需求，增加产量和就业。弗里德曼认为，货币在短期内对经济有影响，在长期中没有影响。卢卡斯的理性预期理论颠覆了凯恩斯主义经济学的观点，根据他的研究，货币不仅在长期中是中性的，甚至在短期内也是中性的。后来的实证分析发现，高通货膨胀和低经济增长率相关。这就更加引起政府对通货膨胀的警惕。

通货膨胀对各个收入阶层的影响不同。高收入人群有各种投资渠道，例如投资实业、持有房产和艺术品等，能够抵御通货膨胀。工薪阶层的工资是固定的，通货膨胀会使其实际收入减少，从而受通货膨胀的影响较为严重。中低收入人群缺乏投资渠道，没有足够的时间和能力管理自己的财富，只能将本来就少的钱存入银行，通货膨胀会使他们的财富贬值。所以通货膨胀可能会加大贫富差距。

财政赤字货币化容易造成财政支出的盲目扩大。财政支出受到财政收入的限制，财政收入包括税收收入和非税收收入。财政支出大于财政收入时，政府就必须通过发行国债填补赤字。而债务是要偿还的，而且还要支付利息，这意味着政府在将来必须获得更多的财政收入。所以，政府对发行国债很谨慎，这就对财政支出构成了一定的约束。而如果通过发行货币弥补财政赤字，则政府可以立即得到铸币税收入，从而容易造成财政支出的盲目扩大。

当前财政赤字货币化没有必要

中国于1995年通过《中华人民共和国中国人民银行法》，规定中国人民银行不得对政府财政透支，不得直接认购、包销国债和其他政府债券。但中国人民银行可以代财政部发行政府债券，把政府债券卖出去。

世界上许多国家都禁止财政部门直接从中央银行借款。这样做的目的就是避免政府支出的过度增加。例如，美联储于1913年成立，起初可以直接购买财政部的债券。1935年美国国会通过法律，禁止美联储直接购买国债。1942年，美国国会给了财政部战时有条件的例外，战后不时也有例外，但在1981年彻底取消了例外，财政部不再直接向美联储出售债券。美联储可以代理财政部发行债券，但不能直接购买政府债券，只能通过在公开市场上买卖政府债券影响货币供给量。美国政府债务很高，如果政府通过发行货币还债，那么全世界的美元持有者都要遭殃,都得交铸币税。

近年来,不时有人提议将财政赤字货币化。但笔者认为,财政赤字货币化会造成财政支出的扩大,会引起通货膨胀,所以这一招不到万不得已时不要使用。目前情况下,中国没有必要实行财政赤字货币化。中国的政府债务还不是很高,中央政府债务和地方政府债务加起来还不到 GDP 的 60%。财政部可以发行债券,让企业、金融机构和个人购买。中国政府债券的信誉还是比较高的,人们愿意购买(当然,这并不意味着政府可以任意发债)。

有人要问:中国现在的通货膨胀率很低,实行财政赤字货币化可以使通货膨胀率高一点,这不是更好吗?这不见得更好。一是因为央行可以通过各种手段控制货币发行量和通货膨胀率,不需要财政部直接介入。中国人民银行可以通过在公开市场上买卖政府债券来影响货币发行量和通货膨胀率。二是因为财政赤字货币化可能引起政府支出的盲目扩大,造成经济效率损失。中央银行控制货币发行量,新发行的货币将进入企业和个人手中;实行财政赤字货币化,新发行的货币将进入政府手中。两种方式的差别就在这里。不管采用上述哪种方式,增发货币都会影响通货膨胀率。但货币进入政府手中与进入企业和个人手中的效果会不同。还是应该让货币进入民间,政府如果需要花钱,可以公开透明地征税或者向民间借。

(2020 年 5 月 20 日写于北京大学)

控制地方债很有必要，更有办法

最近一段时间，一些国内外投资者总在担忧我国的地方政府债务问题。为了经济的健康发展，我们需要正视这一现实，改革地方财政，解决地方债务问题。

根据中国审计署公布的数据，截至 2010 年年底，全国省、市、县三级地方政府债务余额为 10.7 万亿元，占 GDP 的比重为 26.7%。根据审计署 2013 年公布的对 36 个地方政府本级政府性债务情况的抽查结果，这 36 个地方政府在 2012 年年底的债务余额比 2010 年增长了 12.9%。[①] 如果全国地方政府债务也增长 12.9%，那么 2012 年年底全国地方政府债务的余额就会超过 12 万亿元。2012 年全国 GDP 为 519 322 亿元，债务占 GDP 的比重约为 23.3%。2012 年，我国中央政府内债余额占 GDP 的比重为 15%，地方政府债务比中央政府内债还要高得多。

为什么地方政府债务问题会引起人们的担忧呢？主要有以下两个原因：首先是债务已进入集中还款高峰期，前几年借的旧债需要借新债偿还，新的投资也需要借债，这些都导致债务总量明显增加。其次是债务不平衡。据统计，2012 年，有 9 个省会城市本级政府负有偿还责任的债务率（债务余额与当年可支配财力之比）超过 100%；如果加上政府负有担保责任的债务，债务率最高的达 220%。很多地方政府担心银行不再贷款，而银行则担忧地方政府无力

[①] 宋晓亮. 36 个地方政府债务 3.8 万亿元 [N/OL]. 中国经济时报，2013-06-13[2013-07-19]. http://finance.sina.com.cn/china/hgjj/20130613/134715777073.shtml.

偿债。

地方债务问题凸显的原因包括以下几个方面：

一是地方政府财力不足。1994年税制改革后，地方财权减弱，事权增加。2010年地方政府财政收入占总财政收入的48.9%，财政支出占总财政支出的82.2%。依照法律，我国地方政府本级不允许有赤字，所以账面上每年都是平衡的。地方政府每年都依靠巨额的中央财政转移支付来填补收支缺口。但是，中央财政转移支付远远不能满足地方政府的支出需求。

二是地方政府不能做到量入为出。地方政府是中国经济增长的重要推手。对地方政府官员来说，经济增长快，政绩就突出。不少地方城市建设缺少长远规划，大拆大建，贪大求洋，寅吃卯粮。这样虽然当年GDP增长了，但财富未必积累多少。

三是"土地财政"越来越难以为继。近年来，许多地方政府过度依赖"土地财政"。地方政府出售城市国有土地，获得财政收入，并从农民手中低价征买土地，高价向开发商出售。开发商将土地成本加到房价上，转嫁给购房者。可见，这种"土地财政"收入来自土地差价，剥夺的是农民和房屋购买者的利益。随着城市周边土地越来越少，"土地财政"难以持续。

四是地方政府对中央的依赖。我国地方财政赤字由中央政府弥补，有些地方政府总认为中央政府最终会"救场"，所以存在依赖心理，只管借债，而很少考虑偿还问题。

总体来看，我国政府债务规模已经不小。政府不是企业，提供的大都是公共品，债务一般要靠税收收入偿还，而征税无论何时何地都非易事。所以解决地方债务问题还需要综合治理：

一是给地方政府更多的财权。中国新一轮的财税改革不是要使财政规模更大，而是要合理划分各级地方政府的财权和事权。首先是要增加地方政府的税收份额，其次是要逐步设立新的地方税种。

二是控制地方政府支出。对地方政府的支出权力必须加以制约，真正"把权力关进笼子里"。要限制地方政府支出规模，提高政府支出的效率。要探索建立以公共服务、民生、经济增长等为主要内容的干部政绩考核体系。

三是努力发展经济。政府要用借来的资金做好基础设施建设，同时有必要大力扶持民营经济的发展。经济总量扩大了，政府财力增加了，债务就会相对减少。

四是提高地方财政的透明度，加强对地方财政的监督。财政要公开透明，应该允许地方政府公开发行少量债务，把隐性债务显性化，这样便于监督管理。要充分发挥地方民众对政府的监督作用，同时发挥地方同级领导之间的互相监督作用。目前，一些地方政府权力过于集中，这样不利于形成监督制约机制。

总之，只有推进财税体制及其相关领域的改革，控制地方政府的债务规模，才能消除国内外投资者的担忧，促进我国经济持续健康发展。

（原载于人民网，2013年7月20日，收录于本书时有改动）

大国财税改革：构建普惠式经济增长的基石

希腊债务危机的深层原因：税收规模与结构

引言

希腊债务危机震动了整个世界。2009年10月初，希腊政府宣布，2009年希腊的财政赤字会达到GDP的12.7%，政府债务会达到GDP的113%，远超欧盟《马斯特里赫特条约》中规定的3%和60%的警戒线。全球主要信用评级机构随即调低希腊的主权信用评级，希腊债务危机由此开始。2009年年底，希腊的外债余额达到2 147亿欧元，占GDP的90%。[①] 欧盟统计局认为，2009年希腊的财政赤字达到323亿欧元，占希腊GDP的13.6%。希腊的内外债务余额占GDP的比重将从2008年的99%增长到2009年的115%，2010年预计达到123%，而2011年预计达到135%！2010年5月19日，希腊必须偿还到期的约90亿欧元的政府债务，急需欧盟与国际货币基金组织的救援。希腊承诺将把2010年的预算赤字削减到GDP的8.7%，宣布实施一系列的紧缩性财政政策，例如提高税收，削减政府雇员薪金，等等。希腊的债务问题从财政领域波及整个经济领域，从希腊扩散到欧洲和整个世界。欧元随后贬值，欧元与美元的汇率从2009年12月3日的1欧元兑1.51美元下降到2010年5月7日的1欧元兑1.2706美元。希腊股市连连暴跌，拖累欧洲及全球股市。希腊政府支出的减少引发了民众的大规模暴力示威活动。为防止希腊债务危机蔓延，欧盟成员国财政部长于2010年5月10日达成总额为5 000亿欧元的

---

① 希腊中央银行网站，http://www.bankofgreece.gr。

救助方案，国际货币基金组织也将提供 2 500 亿欧元的救助，两者共计 7 500 亿欧元（约 1 万亿美元），用以帮助可能陷入债务危机的欧元区成员国，希腊的债务危机暂时得到缓解。但是，这些借款都是要偿还的。由于信用评级下降，希腊政府需要支付极高的利率来获得贷款。例如，2010 年 4 月 23 日，希腊 10 年期政府债券的利率已经达到 8.92%，高于德国政府债券 5.85 个百分点；2 年期和 3 年期的政府债券利率超过 10%。[①] 希腊还本付息的痛苦还在后边。

希腊债务危机引起世界各国政府和经济学家的关注。目前，对于希腊危机发生原因的分析还不深入。一种观点认为，希腊的债务问题在于支出不当，比如对退休人员及其家属的社会福利支出过高，公务员奖金过高，官员腐败，等等。毫无疑问，每个政府都应该节约开支。但事实上，希腊的政府支出占 GDP 的比重低于欧盟的平均水平。另一种观点认为：希腊自从加入欧元区，就放弃了独立的货币政策，在经济衰退时只能运用扩张性财政政策，从而导致赤字增加，政府债务膨胀；另外，希腊也无法通过汇率调整达到贸易平衡。这种看法有一定道理。与非欧元区的发达国家，如美国、英国、日本等国相比，希腊确实受到货币政策的限制。曾任里根经济顾问委员会主席的哈佛大学教授马丁·费尔德斯坦（Martin Feldstein）认为希腊应该暂时退出欧元区，重建自己的货币体系。然而，诺贝尔经济学奖获得者保罗·克鲁格曼（Paul Krugman）认为这是不可能的。[②] 不过，丧失货币政策独立性的国家并非希腊一家，德国、法国及其他欧元区国家为什么没有出现问题呢？

第二次世界大战以后最严重的债务危机大都发生在发展中国家。20 世纪 80 年代初，墨西哥等国发生债务危机，数千亿美元的债务偿还期被推延。1989 年美国财政部长尼古拉斯·布雷迪（Nicholas Brady）的"布雷迪计划"，通过减债、减息、提供新的贷款等措施减轻债务严重国家的负担。20 世纪 80 年代的债务危机的起因有三点：恶化的外部环境、错误的国内政策，以及国

[①] Granitsas A, Chen A, Thomas A, and McGroartry P. EU sees wider greek deficit, roiling markets[N]. The Wall Street Journal, 2010-04-23.

[②] Krugman P. Feldstein's euro holiday[N]. New York Times, 2010-02-17.

大国财税改革：构建普惠式经济增长的基石

际信贷机构的失策。[①]20 世纪 70 年代，国际商业银行吸收了大量的石油输出国的存款，在西方发达国家经历危机、需求不足时，银行将大量的资金贷给发展中国家，忽视了风险。1981 年美国利率上升到 16%，这些债务国的借款利率都是浮动的，因此利率上升导致了债务国的利息支出大大增加。不少债务国财政赤字严重，依靠借债弥补。同时，墨西哥等债务国实行固定汇率，高估本币价值，加剧了外贸赤字，降低了外债偿付能力。直到 20 世纪 90 年代初，大多数国家的债务问题才基本得到解决。20 世纪 90 年代，阿根廷政府外债大幅增加，2002 年阿根廷宣布对其债务违约，2005 年其绝大多数债务获得减息或延期。以上每一次债务危机都有其特殊的背景和原因。一般来说，发展中国家是为了寻求发展，盲目举借大量外债，最后无力偿还，从而导致了危机。而希腊属于发达的市场经济国家。那么希腊债务危机的深层原因是什么？此外，希腊的债务问题目前只是得到缓解，并没有真正得到解决。本文将探讨希腊债务问题的根源，找出解决途径，并总结教训，这对于希腊以及包括中国在内的其他国家都是很有意义的。

本文将从税收角度深入分析研究希腊债务危机的根源。第一，希腊的政府税收收入严重不足。希腊政府支出占 GDP 的比重与其他发达国家相比并不算高，但希腊的税收收入占 GDP 的比重却是发达国家中最低的。第二，希腊政府的税收结构不利于税源稳定。希腊的所得税和财产税占 GDP 的比重是发达国家中最低的。所得税的税源比较稳定，因为在经济衰退时，人们的工资一般不会降低，这样来自工资的税收收入也不会降低。但希腊政府严重依赖增值税和销售税，而这些税种受经济危机的影响最大，因为税收收入会随着生产和销售的下降而下降。税收收入不足造成了多年的财政赤字，积累了大量的债务；过度依赖增值税、销售税等商品和服务税，使得税收收入在经济衰退时波动较大，加剧了财政的困难程度。第三，希腊政府的国防支出和利息支出高。希腊与土耳其有领土争端，军费开支占财政支出的比重在欧洲发达国家中最高。希腊国债利息支出占总支出的比重在欧洲发达国家中是第二

---

① Perkins D, Radelets S, and Lindauer D. Economics of development[M]. 6th ed. New York: W.W. Norton & Compony, 2006; Sachs, J D ed., Developing country debt and economic performance[M]. Cambridge, MA: the University of Chicago Press.

高的，仅次于意大利。这些支出与民生没有太大关系，只会增加财政赤字和政府债务。

本文主要采用欧盟统计局、国际货币基金组织以及希腊财政部发布的希腊和其他主要发达国家1998—2009年的数据。全文结构如下：第一部分为引言，第二部分分析希腊政府过去十余年来的财政赤字和政府债务，第三部分分析希腊政府债务形成的深层次原因，第四部分总结全文并讨论希腊债务危机的启示。

希腊财政赤字和政府债务

希腊属于最穷的发达国家之一。[①] 希腊的债务问题由来已久。多年来，希腊财政赤字占GDP的比重是欧洲工业化国家中最高的。表1显示了主要发达国家1998—2009年间财政赤字（或盈余）占GDP的比重。表中包括的国家有：欧盟15国、欧元区15国、比利时、丹麦、德国、爱尔兰、希腊、西班牙、法国、意大利、卢森堡、荷兰、奥地利、葡萄牙、芬兰、瑞典、英国、冰岛、挪威、美国以及日本。根据欧盟的定义，净借债或净贷出指的是政府收入与政府支出之差，相当于财政赤字，包括中央政府和地方政府的赤字以及社会保障账户的赤字。

2000—2008年，在以上所有发达国家中，希腊的财政赤字每年都是最高的，并远远高于欧盟各国的平均水平。例如，2000年欧盟15国的平均财政盈余占GDP的比重为0.8%，芬兰财政盈余占GDP的比重为6.9%，卢森堡为6%，瑞典为3.7%，英国为3.6%，而希腊的财政赤字高达GDP的3.7%。2001—2008年希腊的财政赤字占GDP的比重如下：2001年为4.5%，2002年为4.8%，2003年为5.6%，2004年为7.5%，2005年为5.2%，2006年为3.6%，2007年为5.1%，2008年为7.7%。2008年欧元区15国的财政赤字占GDP的比重平均为2%。2008年，挪威的财政盈余占GDP的比重为19.1%，芬兰为4.2%，丹麦为3.4%。事实上，挪威、丹麦、芬兰在2000—2008年间政府每年都有

[①] 2009年希腊人口为1 126万，人均GDP为21 100欧元；而2009年德国人均GDP为29 400欧元，英国为25 400欧元，美国为33 200欧元，意大利为25 200欧元。

高额的财政盈余。2009年经济形势发生巨大变化,各国都采取了扩张性财政政策,财政赤字大幅增加,希腊财政赤字更是增加到13.6%。值得注意的是,2004年希腊举办了奥运会,当年财政赤字就急剧增加。

表1　主要发达国家财政赤字或盈余占GDP的比重(1998—2009)　　单位:%

	1998	1999	2000	2001	2002	2003	2004	2005	2006	2007	2008	2009
欧盟15国	-1.8	-0.8	0.8	-1.2	-2.3	-3.0	-2.8	-2.4	-1.3	-0.8	:	:
欧元区15国	-2.3	-1.4	0	-1.8	-2.5	-3.1	-2.9	-2.5	-1.3	-0.6	-2.0	-6.3
比利时	-0.9	-0.6	0	0.4	-0.1	-0.1	-0.3	-2.7	0.3	-0.2	-1.2	-6.0
丹麦	0.1	1.5	2.4	1.5	0.3	0.1	2.0	5.2	5.2	4.8	3.4	-2.7
德国	-2.2	-1.5	1.3	-2.8	-3.7	-4.0	-3.8	-3.3	-1.6	0.2	0	-3.3
爱尔兰	2.4	2.7	4.8	0.9	-0.4	0.4	1.4	1.7	3	0.1	-7.3	-14.3
希腊	:	:	-3.7	-4.5	-4.8	-5.6	-7.5	-5.2	-3.6	-5.1	-7.7	-13.6
西班牙	-3.2	-1.4	-1	-0.6	-0.5	-0.2	-0.3	1.0	2.0	1.9	-4.1	-11.2
法国	-2.6	-1.8	-1.5	-1.5	-3.1	-4.1	-3.6	-2.9	-2.3	-2.7	-3.3	-7.5
意大利	-2.8	-1.7	-0.8	-3.1	-2.9	-3.5	-3.5	-4.3	-3.3	-1.5	-2.7	-5.3
卢森堡	3.4	3.4	6.0	6.1	2.1	0.5	-1.1	0.0	1.4	3.6	2.9	-0.7
荷兰	-0.9	0.4	2.0	-0.2	-2.1	-3.1	-1.7	-0.3	0.5	0.2	0.7	-5.3
奥地利	-2.4	-2.3	-1.7	0	-0.7	-1.4	-4.4	-1.6	-1.5	-0.4	-0.4	-3.4
葡萄牙	-3.4	-2.8	-2.9	-4.3	-2.8	-2.9	-3.4	-6.1	-3.9	-2.6	-2.8	-9.4
芬兰	1.6	1.6	6.9	5.0	4.1	2.6	2.4	2.8	4.0	5.2	4.2	-2.2
瑞典	1.1	1.3	3.7	1.6	-1.2	-0.9	0.8	2.3	2.5	3.8	2.5	-0.5
英国	-0.1	0.9	3.6	0.5	-2.0	-3.3	-3.4	-3.4	-2.7	-2.8	-4.9	-11.5
冰岛	:	:	:	:	:	:	:	4.9	6.3	5.4	-13.5	-9.1
挪威	:	:	:	13.5	9.3	7.3	11.1	15.1	18.5	17.7	19.1	9.7
美国	0.9	1.5	2.3	0.2	-2.9	-3.7	-3.3	-2.0	-1.1	-1.5	-4.7	-9.8
日本	-3.1	-6.2	-6.5	-6.1	-7.1	-7.1	-6.2	-5.4	-4.9	-3.1	:	:

资料来源:欧盟统计局网站,http://epp.eurostat.ec.europa.eu;美国商务部经济分析局网站,http://www.bea.gov;日本财政部网站,http://www.mof.go.jp。

注：1. ":" 表示资料不存在。
2. 欧盟成员国 1995 年增加到 15 国，包括法国、德国、意大利、荷兰、比利时、卢森堡、英国、丹麦、爱尔兰、希腊、西班牙、葡萄牙、奥地利、瑞典和芬兰。
3. 欧元区 2008 年扩大到 15 国，包括奥地利、比利时、芬兰、法国、德国、希腊、爱尔兰、意大利、卢森堡、荷兰、葡萄牙、西班牙、斯洛文尼亚、塞浦路斯和马耳他。

图 1 显示了部分发达国家 1998—2009 年间财政赤字占 GDP 的比重，用以比较希腊与其他国家的财政赤字。图 1(a) 显示了葡萄牙、意大利、希腊和西班牙四国的财政赤字变化情况。希腊是这四国中财政赤字最严重的，除 2005 年财政赤字占 GDP 的比重（5.2%）低于葡萄牙（6.1%）外，其余各年份财政赤字率均居这四国之首；希腊也是欧美发达国家中财政赤字率最高的国家。西班牙多年来财政赤字一直不高，2005—2007 年还连续三年出现过财政盈余，其财政问题主要出在 2008 年和 2009 年。2008 年和 2009 年西班牙的财政赤字分别占 GDP 的 4.1% 和 11.2%，虽相当高，但仍然低于英国。所以，在这四国中，财政赤字问题最严重的是葡萄牙、意大利和希腊。

图 1(b) 显示了芬兰、挪威和爱尔兰 1998—2009 年间的财政赤字变化情况。芬兰和挪威是在财政上最为谨慎的国家。从 1998 年到 2008 年，两国每年都有大量的财政盈余。即使到了世界经济出现衰退的 2009 年，挪威财政盈余还占到 GDP 的 9%，当然石油工业的发展对挪威财政的帮助很大。芬兰、挪威和丹麦的政府支出占 GDP 的比重相当高，然而它们的税收更高，不搞赤字财政。图 1(c) 显示了英国、德国和法国的财政赤字。这三个大国的财政状况的变化趋势非常相似。2001 年以前，英国的财政状况明显比德国和法国好，1999—2001 年连续三年有财政盈余。2005 年以后，德国的财政赤字远远低于英国和法国，这就难怪德国在希腊债务危机发生后对希腊的救助中扮演着最为积极的角色。

图 1(d) 显示了美国和日本 1998—2009 年间的财政赤字变化情况。1998—2000 年，当科技泡沫出现、经济过热的时候，美国财政出现过盈余，此后就是一路赤字。日本在 1998—2009 年间每年都有高额财政赤字，财政赤字率有时甚至比希腊还高。但为什么日本没有爆发债务危机呢？本文第三部分将分析日本和希腊的差别。

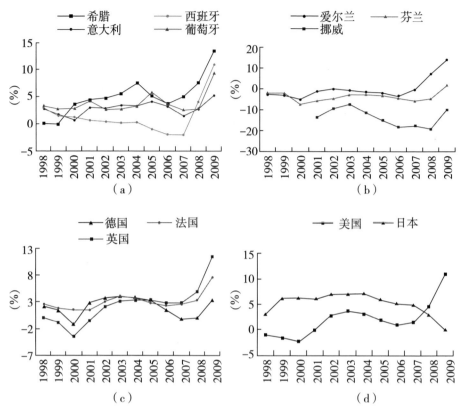

图1 部分发达国家财政赤字占 GDP 的比重（1998—2009）

资料来源：同表1。

长期以来，希腊政府一直掩盖其赤字的真实情况。1992年，欧盟在荷兰签订的《马斯特里赫特条约》规定：欧盟成员国的预算赤字不得超过该国 GDP 的3%，而政府债务总额不得超过 GDP 的60%。1997年欧盟16个加入欧元区的国家在《稳定与增长公约》里重申了这两条警戒线，并宣布对违反者予以追查。希腊政府用做假账的方式守住3%的预算赤字上限，曾经将巨额的军事开支和医疗债务排除在外。比如，希腊经济与财政部2008年经济预算报告中列示：2005年、2006年和2007年财政赤字占 GDP 的比重分别为5.1%、2.5%和2.7%①，而欧盟统计局核算的2005—2007年希腊财政赤字占 GDP 的

---

① Greece Ministry of Economy and Finance. Presentation of the Greek state budget for 2008 [EB/OL]. (2008-11-20) [2010-05-30]. http://www.mnec.gr/export/sites/mnec/en/economics/2008_Budget_at_a_glance/2008Budget_eng.pdf.

比重分别为 5.2%、3.6% 和 5.1%！经欧盟统计局重新计算后，希腊 2005—2007 年间每年的预算赤字占 GDP 的比重都远远超过 3% 的上限。多年来，欧盟对希腊的财政问题也监管不力，没有及时发现问题并纠正错误。

2009 年财政赤字率大大超过欧盟警戒线的国家还不止希腊。2009 年，西班牙财政赤字占 GDP 的比重为 11.2%，爱尔兰财政赤字占 GDP 的比重约 14.3%，而美国财政赤字占 GDP 的比重为 9.8%。面对经济衰退，每个国家都采取了扩张性财政政策，所以也无须过度指责希腊。但是，希腊的财政赤字高达 GDP 的 13.6%，的确是发达国家中除爱尔兰之外最高的，这种状况令人担忧。

连年的财政赤字使得希腊政府债务不断增长，居高不下。表 2 显示了主要发达国家 1998—2009 年间政府债务占 GDP 的比重。根据欧盟的定义，政府债务包括中央政府和地方政府的债务。债务以面值为准，外债通过年终汇率折算为本国或地区货币。希腊政府债务占 GDP 的比重，1998 年为 94.5%，1999 年为 94%，2000 年为 103.4%，2001 年为 103.7%，2002 年为 101.7%，2003 年为 97.4%，2004 年为 98.6%，2005 年为 100%，2006 年为 97.8%，2007 年为 95.7%，2008 年为 99.2%，2009 年为 115.1%。希腊政府债务占 GDP 的比重在 2003 年以前低于比利时，2004 年之后高于比利时。在欧洲发达国家里，希腊政府债务占 GDP 的比重在 1998—2009 年间一直很高，2004 年之后仅仅低于意大利——另一个被债务缠身的欧元区国家。巨额的债务意味着大量的利息支出。我们将在第三部分探讨希腊的财政支出时，探讨希腊惊人的利息支出。

表 2　主要发达国家政府债务占 GDP 的比重（1998—2009）　　单位：%

	1998	1999	2000	2001	2002	2003	2004	2005	2006	2007	2008	2009
欧盟 15 国	68.0	67.1	63.2	62.2	61.6	63.0	63.3	64.1	62.8	60.4	:	:
欧元区 15 国	73.1	71.8	69.3	68.3	68.1	69.2	69.6	70.3	68.5	66.2	69.7	79.0
比利时	117.4	113.7	107.9	106.6	103.5	98.5	94.2	92.1	88.1	84.2	89.8	96.7
丹麦	60.8	57.4	51.5	48.7	48.3	45.8	44.5	37.1	32.1	27.4	34.2	41.6
德国	60.3	60.9	59.7	58.8	60.4	63.9	65.7	68.0	67.6	65.0	66.0	73.2
爱尔兰	53.6	48.5	37.8	35.6	32.2	31.0	29.7	27.6	24.9	25.0	43.9	64.0

（续表）

	1998	1999	2000	2001	2002	2003	2004	2005	2006	2007	2008	2009
希腊	94.5	94.0	103.4	103.7	101.7	97.4	98.6	100	97.8	95.7	99.2	115.1
西班牙	64.1	62.3	59.3	55.5	52.5	48.7	46.2	43	39.6	36.2	39.7	53.2
法国	59.4	58.9	57.3	56.9	58.8	62.9	64.9	66.4	63.7	63.8	67.5	77.6
意大利	114.9	113.7	109.2	108.8	105.7	104.4	103.8	105.8	106.5	103.5	106.1	115.8
卢森堡	7.1	6.4	6.2	6.3	6.3	6.1	6.3	6.1	6.5	6.7	13.7	14.5
荷兰	65.7	61.1	53.8	50.7	50.5	52.0	52.4	51.8	47.4	45.5	58.2	60.9
奥地利	64.8	67.2	66.5	67.1	66.5	65.5	64.8	63.9	62.2	59.5	62.6	66.5
葡萄牙	52.1	51.4	50.5	52.9	55.6	56.9	58.3	63.6	64.7	63.6	66.3	76.8
芬兰	48.2	45.5	43.8	42.3	41.4	44.4	44.4	41.8	39.7	35.2	34.2	44.0
瑞典	69.1	64.8	53.6	54.4	52.6	52.3	51.3	51.0	45.7	40.8	38.3	42.3
英国	46.7	43.7	41.0	37.7	37.5	38.7	40.6	42.2	43.5	44.7	52.0	68.1
冰岛	:	:	:	:	:	:	:	26.0	27.9	29.1	57.4	:
挪威	:	:	29.2	36.1	44.3	45.6	44.5	55.3	52.4	49.9	43.7	
美国	62.8	60.5	57.0	56.5	58.5	60.9	62.2	62.8	63.5	64.0	69.2	83.3
日本	109.8	120.2	128.1	136.4	142.5	140.1	147.0	150.7	149.0	148.6	154.6	157.5

资料来源：欧盟统计局网站，http://epp.eurostat.ec.europa.eu；美国政府支出网，http://www.usgovernmentspending.com；日本财政部网站，http://www.mof.go.jp。

注："："表示资料不存在。

图2显示了部分发达国家1998—2009年间政府债务规模（政府债务占GDP的比重）的变化情况。图2(a)显示了葡萄牙、意大利、希腊和西班牙四国的政府债务规模的变化情况。意大利是欧美发达国家中政府债务问题最严重的国家，政府债务占GDP的比重在1998—2009年的12年间都在100%以上。希腊紧随其后，成为欧美发达国家中债务规模第二大的国家。葡萄牙的政府债务与GDP之比1998年为52.1%，并不算高，但是一直呈上升趋势，2004年为58.3%，2005年为63.6%，2009年为76.8%。西班牙的政府债务与GDP之比从1998年到2007年一直下降，1998年为64.1%，2007年下降到为36.2%。2008年金融危机全面爆发后，西班牙的政府债务急速增加，2008年政府债务与GDP之比为39.7%，2009年为53.2%，但仍远远低于希腊、意大

利和葡萄牙的水平，也低于欧盟60%的警戒线。所以，西班牙的债务问题不是太大，真正有问题的是希腊、意大利和葡萄牙，前两者的债务规模一直很高，后者的债务规模则上升很快。

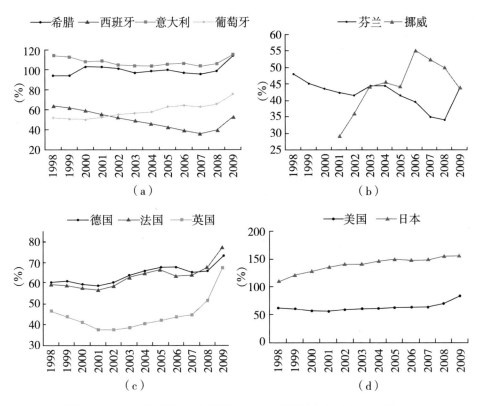

图2　部分发达国家政府债务占GDP的比重（1998—2009）

资料来源：同表2。

图2(b)显示了芬兰和挪威的政府债务规模的变化情况。从1998年到2008年，两国的政府债务占GDP的比重都较低。尤其是芬兰，在财政方面是非常克制的国家。

图2(c)显示了德国、法国和英国的政府债务规模的变化情况。德国和法国的债务规模和变化趋势非常相像，1998—2002年政府债务与GDP之比一直在60%左右，从2003年起超过欧盟警戒线，并一直在上升。2009年法国的政府债务与GDP之比为77.6%，德国为73.2%。与德国和法国相比，英国

的政府债务规模在1998—2007年间低得多。1998年英国债务与GDP之比为46.7%，2002年为37.5%。金融危机后英国债务形势发生了巨大变化，2008年政府债务占GDP的比重上升到50%，2009年进一步上升到68.1%，上升幅度在欧洲各国中最大。

图2(d)显示了美国和日本的政府债务规模的变化情况。美国的政府债务绝对数量世界最高，但是由于美国的GDP规模也是世界最大，长期以来，其债务与GDP之比并不是特别高。美国从20世纪五六十年代到七八十年代政府债务规模一直在缩小，1950年政府债务与GDP之比94.1%，1960年为56.1%，1970年37.6%，1980年为33.3%。20世纪80年代后美国开始减税，政府债务占GDP的比重一直在上升，1990年为55.9%，2000年为57%，2005年为62.8%，2007年为64%，2008年为69.2%。据估计，2009年美国债务占GDP的比重为83.3%，2010年将为94.3%！多年来，美国为债务焦虑不安，削减债务的呼声很高。日本在经济高涨的20世纪五六十年代，财政状况极佳。据日本官方统计，1970年日本政府债务占GDP的比重为9.6%。然而，20世纪70年代的大规模基础设施建设，以及以后各年的支出扩大和税收不足造成了日本政府债务规模的不断膨胀。1975年日本政府债务占GDP的比重为21.1%，1980年为48%，1985年为62.6%，1990年为59.1%，1995年为82.6%，2000年为128.1%，2005年为150.7%，2009年为157.5%。日本成为世界发达国家中政府债务规模最大的国家，解决债务问题也成为日本政府面临的最大挑战。

值得注意的是，希腊外债近年来一直迅速增长。2002年希腊政府的外债与GDP之比为51.80%，2003年为58.31%，2004年为67.10%，2005年为74.34%，2006年为73.49%，2007年为78.21%，2008年为80.28%，2009年为90.40%。① 希腊政府外债与GDP之比确实是太高了。1980—1997年间，拉美国家的长期债务与GDP之比最高时达到60%，2003年为38%。1980—1997年间，所有发展中国家的长期债务与GDP之比最高时达到43%，2003年为30%。墨西哥政府外债与GDP之比1983年为65.8%，1984年为

---

① GDP数据来自欧盟统计局网站，http://epp.eurostat.ec.europa.eu；外债数据来自希腊银行网站，http://www.bankofgreece.gr。

56.4%，1985 年为 55.1%，1986 年为 77.3%；[①] 泰国政府债务与 GDP 之比 1997 年为 74.6%，1998 年为 97.2%，1999 年为 81.3%，2000 年为 66.0%。[②] 与发生过债务危机的国家相比，希腊出现债务危机就不足为奇了。另外，希腊也没有很好地利用外债来从事一些与经济长远发展紧密相关的重大项目。

希腊债务危机的深层次原因：税收规模与结构

希腊债务危机的起因看上去很明显：过去举债太多，现在需要借新债偿还到期的旧债；由于政府借款数额太大，人们对政府的偿还能力产生怀疑，不愿意购买希腊政府债券，从而使希腊政府面临因拖欠债务或者因无法偿还债务而宣布破产的危险。那么，希腊政府为什么会积累如此巨大的债务呢？当然是因为财政支出大大超过财政收入，出现了赤字，政府不得已才发放债券。那么，到底是希腊的财政支出规模过大，还是财政收入太少？与其他欧盟发达国家相比，希腊的财政支出规模并不算很大。归根结底，希腊的问题主要在于财政收入太少。那么，到底是哪种税收收入太少呢？下面我们就分析一下希腊的税收规模与结构。

1. 希腊的财政支出规模

财政赤字是财政支出与财政收入的差额。让我们先分析希腊的财政支出。希腊的财政支出规模（财政支出占 GDP 的比重）在欧盟国家里并不算大。如表 3 所示，1998—2008 年间，除 2000 年以外，希腊的财政支出占 GDP 的比重都低于欧盟的平均值。例如，1998 年欧盟 15 国财政支出占 GDP 的比重为 47.5%，而希腊为 44.3%；2008 年欧盟 15 国财政支出占 GDP 的比重为 47.3%，而希腊为 46.8%。1998—2007 年间，希腊财政支出占 GDP 的比重稳定在 45% 上下；从 2008 年开始，像其他国家一样，希腊财政支出占 GDP 的比重大大增加，2009 年增加到了 50.4%。财政支出规模最大的国家当数丹麦、

[①] Sachs, J D. Developing country debt and economic performance[M]. Cambridge, MA: the University of Chicago Press, 1980.

[②] The World Bank. Global development finance 2005[R]. Washington, D. C.: World Bank Group, 2005.

法国和瑞典。2009 年丹麦财政支出占 GDP 的比重为 58.6%，瑞典为 56.5%，法国为 55.6%。财政支出规模相对小的国家包括爱尔兰、西班牙、德国、卢森堡、挪威和瑞士。2009 年卢森堡财政支出占 GDP 的比重为 42.4%，属于欧洲发达国家中最低的。

表 3 欧洲主要发达国家财政支出占 GDP 的比重（1998—2009）　　单位：%

	1998	1999	2000	2001	2002	2003	2004	2005	2006	2007	2008	2009
欧盟 15 国	47.5	47	45.4	46.4	46.8	47.5	47.1	47.2	46.6	46.1	47.3	51.2
欧元区 15 国	48.5	48.1	46.3	47.3	47.6	48.1	47.6	47.4	46.7	46.1	46.9	50.8
比利时	50.4	50.2	49.1	49.2	49.8	51.1	49.4	52.2	48.6	48.4	50.0	54.2
丹　麦	56.3	55.5	53.7	54.2	54.6	55.1	54.6	52.8	51.6	50.9	51.8	58.6
德　国	48.0	48.1	45.1	47.6	48.1	48.5	47.1	46.8	45.4	43.7	43.7	47.6
爱尔兰	34.5	34.1	31.3	33.2	33.5	33.2	33.5	33.9	34.4	36.6	42.0	48.4
希　腊	44.3	44.4	46.7	45.3	45.1	44.7	45.4	43.8	43.2	45.0	46.8	50.4
西班牙	41.1	39.9	39.1	38.6	38.9	38.4	38.9	38.4	38.4	39.2	41.1	45.9
法　国	52.7	52.6	51.6	51.6	52.6	53.3	53.2	53.4	52.7	52.3	52.8	55.6
意大利	49.2	48.2	46.2	48.0	47.4	48.3	47.7	48.2	48.7	47.8	48.8	51.9
卢森堡	41.1	39.2	37.6	38.1	41.5	41.8	42.6	41.5	38.3	36.2	37.2	42.4
荷　兰	46.7	46.0	44.2	45.4	46.2	47.1	46.1	44.8	45.5	45.2	45.9	51.6
奥地利	54.0	53.7	52.1	51.6	51.0	51.5	54.0	50.2	49.5	48.7	49.0	51.8
葡萄牙	42.8	43.2	43.1	44.4	44.3	45.5	46.6	47.6	46.3	45.8	46.1	51.0
芬　兰	52.9	51.7	48.3	47.8	48.9	50.1	50.0	50.2	49.0	47.3	49.5	55.6
瑞　典	58.8	58.6	55.6	55.5	56.7	57.0	55.6	55.2	54.1	52.5	53.1	56.5
英　国	39.5	38.9	39.1	40.2	41.1	42.1	42.9	44.1	44.1	44.2	47.3	51.7
冰　岛	41.3	42.0	41.9	42.6	44.3	45.6	44.1	42.2	41.6	42.3	57.8	51.5
挪　威	49.1	47.7	42.3	44.1	47.1	48.2	45.4	42.1	40.5	41.1	40.2	45.8
瑞　士	35.8	34.3	35.1	34.8	36.2	36.4	35.9	35.3	33.5	32.2	:	:

资料来源：欧盟统计局网站，http://epp.eurostat.ec.europa.eu。
注：":"表示资料不存在。

图 3 比较了 1998—2009 年间希腊与欧洲其他一些国家财政支出规模的变化情况。图 3(a) 显示了葡萄牙、意大利、希腊和西班牙四国以及欧盟 15 国的

财政支出规模的变化情况。希腊、葡萄牙和西班牙的财政支出占GDP的比重都低于欧盟15国的平均值。在这四个国家中，西班牙财政支出占GDP的比重最低，2000—2007年间一直低于40%；意大利财政支出占GDP的比重最大，每年都高于欧盟15国的平均水平。1998年意大利财政支出占GDP的比重为49.2%，2007年为47.8%，2008年为48.8%，2009年为51.9%，该比重在2008年金融危机期间变化不大。葡萄牙财政支出占GDP的比重大大高于西班牙，且增长很快。希腊财政支出占GDP的比重低于欧洲发达国家的平均值，但明显呈上升趋势。

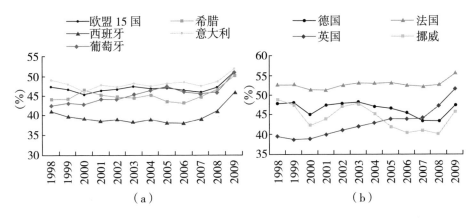

图3 欧洲主要发达国家财政支出占GDP的比重（1998—2009）

资料来源：欧盟统计局网店，http://epp.eurostat.ec.europa.eu/。
注："：" 表示资料不存在。

图3(b)显示了德国、法国、英国和挪威1998—2009年间财政支出规模的变化情况。法国的财政支出规模最大，在50%上下，但呈现下降趋势。挪威财政支出规模浮动较大，自2005年之后属于这四国中最低者，总体呈现下降趋势。德国的财政支出规模大大低于法国，并且呈现下降趋势。英国的财政支出规模在1998—2007年间一直低于45%，但是上升趋势极为明显。1998年英国财政支出占GDP的比重为39.5%，2007年上升为44.2%，2009年上升为51.7%！

从以上分析可以看出，希腊的财政支出规模与其他欧洲发达国家相比并不是很大，低于欧盟的平均水平。2008年金融危机以来，各国政府都为刺激经济而扩大财政支出规模，希腊也不例外。2009年希腊财政支出规模与2007年相比，提高了5.4个百分点。

2. 希腊的税收规模

希腊的问题在于税收规模与支出规模不匹配，具体表现在财政收入占GDP的比重大大低于欧盟的平均值。表4显示了欧洲主要发达国家1998—2009年间财政收入占GDP的比重。表中包括的国家有：欧盟15国、欧元区15国、比利时、丹麦、德国、爱尔兰、希腊、西班牙、法国、意大利、卢森堡、荷兰、奥地利、葡萄牙、芬兰、瑞典、英国、冰岛、挪威以及瑞十。表中的财政收入指的是中央和地方政府的收入，包括税收收入、非税收收入以及社会保障账户收入。

表4 欧洲主要发达国家财政收入占GDP的比重（1998—2009） 单位：%

	1998	1999	2000	2001	2002	2003	2004	2005	2006	2007	2008	2009
欧盟15国	45.7	46.1	45.8	45.1	44.5	44.5	44.3	44.8	45.2	45.3	45.1	44.4
欧元区15国	46.2	46.7	46.2	45.4	45.0	45.0	44.6	44.9	45.4	45.5	45.0	44.5
比利时	49.5	49.5	49.1	49.5	49.7	50.9	49.0	49.4	48.7	48.2	48.8	48.2
丹麦	56.2	56.8	55.8	55.4	54.8	55.0	56.4	57.8	56.6	55.7	55.3	55.8
德国	45.9	46.6	46.4	44.7	44.4	44.5	43.3	43.5	43.7	43.9	43.7	44.3
爱尔兰	36.8	36.7	36.1	34.2	33.2	33.6	34.9	35.5	37.4	36.7	34.7	34.1
希腊	40.5	41.3	43.0	40.9	40.3	39.0	38.0	38.5	39.3	39.7	39.1	36.9
西班牙	37.8	38.4	38.1	38.0	38.4	38.2	38.5	39.4	40.4	41.1	37.0	34.7
法国	50.1	50.8	50.2	50.0	49.5	49.2	49.6	50.4	50.4	49.6	49.5	48.1
意大利	46.2	46.4	45.3	44.9	44.4	44.8	44.2	43.8	45.4	46.4	46.2	46.6
卢森堡	44.4	42.6	43.6	44.2	43.6	42.2	41.5	41.5	39.7	39.8	40.1	41.6
荷兰	45.8	46.4	46.1	45.1	44.1	43.9	44.3	44.5	46.1	45.7	46.6	46.3
奥地利	51.5	51.3	50.3	51.4	50.1	49.9	49.5	48.4	47.9	48.1	48.4	48.3
葡萄牙	39.4	40.5	40.2	40.1	41.4	42.5	43.1	41.6	42.3	43.2	43.2	41.6
芬兰	54.4	53.2	55.1	52.8	52.8	52.4	52.1	52.7	52.9	52.5	53.6	53.2
瑞典	60.1	59.8	59.3	57.2	55.3	55.8	56.1	57.2	56.5	56.3	55.5	55.7

（续表）

	1998	1999	2000	2001	2002	2003	2004	2005	2006	2007	2008	2009
英国	39.4	39.8	40.4	40.7	39.1	38.8	39.6	40.8	41.4	41.5	42.5	40.3
冰岛	40.9	43.2	43.6	41.9	41.7	42.8	44.1	47.1	48.0	47.7	44.2	42.4
挪威	52.4	53.7	57.7	57.4	56.3	55.5	56.6	57.2	59.0	58.9	59.3	55.5
瑞士	33.8	33.8	35.2	34.7	35.0	34.6	34.2	34.6	34.3	33.9	:	:

注："："表示资料不存在。

资料来源：欧盟统计局网站，http://epp.eurostat.ec.europa.eu/。

希腊财政收入占 GDP 的比重在欧盟国家中一直较低。如表 4 所示，1998—2009 年间，希腊财政收入占 GDP 的比重每年都大大低于欧盟的平均水平。

在欧洲发达国家里，希腊、西班牙和爱尔兰是财政收入占 GDP 比重最低的三个国家，其中，爱尔兰最低。但爱尔兰财政支出占 GDP 的比重也低。爱尔兰受新古典经济学派的影响最大，崇尚小政府、低税率，多年来被经济学界和国际组织称为欧洲经济发展的典范。欧洲国家中财政收入占 GDP 比重最高的当数丹麦、挪威、瑞典和芬兰。瑞典财政收入占 GDP 的比重，1998 年为 60.1%，2009 年为 55.7%；丹麦财政收入占 GDP 的比重，1998 年为 56.2%，2009 年为 55.8%。从长期看，欧洲大部分发达国家的财政收入都有减少的趋势，希腊也是如此。

图 4 比较了 1998—2009 年间希腊与欧洲其他一些国家财政收入规模（财政收入占 GDP 的比重）的变化情况。图 4(a) 显示了葡萄牙、意大利、希腊和西班牙四国以及欧盟 15 国的财政收入规模的变化情况。如图所示，希腊、葡萄牙和西班牙的财政收入规模都基本上低于欧盟 15 国的平均值。西班牙和希腊是 2002 年之后财政收入占 GDP 比重最低的两个国家。葡萄牙财政收入占 GDP 的比重大大高于西班牙和希腊，并且呈上升趋势。希腊财政收入占 GDP 的比重明显呈下降趋势。图 4(b) 显示了德国、法国、英国和挪威的财政收入规模的变化情况。其中，挪威的财政收入规模最大，2000—2009 年间一直在 50%～60% 之间；法国的财政收入规模也很大，在 50% 上下，但呈下降趋势。德国的财政收入规模比法国小，并且呈下降趋势。英国的财政收入规模在这四个国家中最小，2009 年以前呈上升趋势，与其财政支出规模的上升趋势相对应。

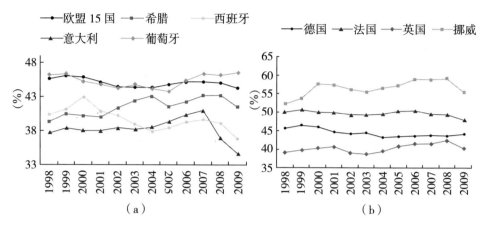

图 4 欧洲主要发达国家财政收入占 GDP 的比重（1998—2009）

资料来源：欧盟统计局网站，http://epp.eurostat.ec.europa.eu/。

从以上分析中可以看出，希腊的财政收入规模远远小于欧洲发达国家的总体水平，并且呈下降的趋势。在这种情况下，如果财政支出高，必然会出现财政赤字。我们前面讲过，挪威的财政支出规模在欧洲国家中不算很大，但挪威却是世界上财政收入规模最大的国家之一，这就是挪威多年来有巨大的财政盈余的原因。芬兰、瑞典等国的财政支出规模非常大，但是财政收入规模也很大，因此，其财政多年来也呈现盈余。财政支出规模大，财政收入规模就必须大，否则就会出问题。

3. 希腊的税收结构：所得税比重低，商品和服务税比重高

究竟是什么原因造成希腊财政收入规模较小呢？下面我们仔细分析希腊的税制结构。

（1）所得税和财富税

希腊政府的所得税、财富税占 GDP 的比重是欧洲发达国家中最低的。表 5 列出了欧洲主要发达国家所得税和财富税占 GDP 的比重。如该表所示，希腊的所得税和财富税占 GDP 的比重在 1998—2009 年中的任何一年都是欧洲发达国家中最低的。例如，2009 年，欧盟 15 国所得税、财富税占 GDP 的比重平均值为 12.5%，欧元区 15 国的平均值为 11.4%，丹麦为 30.1%，挪威为 19.2%，冰岛为 17.1%，瑞典为 17%，芬兰为 16.3%，英国为 15.7%，爱尔

兰为 10.3%，西班牙为 9.6%，葡萄牙为 9.2%，而希腊只有 8%。不仅如此，2000 年之后，希腊的所得税和财富税占 GDP 的比重还呈现出下降趋势。

表 5　欧洲主要发达国家所得税、财富税占 GDP 的比重（1998—2009）　单位：%

	1998	1999	2000	2001	2002	2003	2004	2005	2006	2007	2008	2009
欧盟15国	13.4	13.7	14	13.6	13	12.6	12.6	13	13.6	13.8	13.5	12.5
欧元区15国	12.1	12.5	12.7	12.3	11.8	11.4	11.3	11.6	12.1	12.5	12.3	11.4
比利时	17.3	16.9	17.0	17.2	17.1	16.6	16.7	16.9	16.5	16.3	16.6	15.3
丹麦	29.9	30.1	30.3	29.3	29.1	29.4	30.2	31.7	30.5	29.9	29.7	30.1
德国	11.3	11.8	12.3	10.9	10.6	10.4	10.1	10.2	10.8	11.2	11.3	10.8
爱尔兰	13.6	13.7	13.3	12.6	11.5	11.8	12.3	12.2	13.0	12.6	11.4	10.3
希腊	8.5	8.8	9.7	8.6	8.6	7.8	8.0	8.5	8.0	7.9	7.7	8.0
西班牙	10.0	10.0	10.2	10.0	10.4	10.1	10.2	10.9	11.7	12.9	10.8	9.6
法国	11.4	12.0	12.0	12.1	11.3	10.9	11.1	11.3	11.7	11.4	11.5	9.7
意大利	14.3	14.9	14.4	14.7	13.9	13.4	13.3	13.3	14.4	15.1	15.3	14.6
卢森堡	16	14.8	14.9	15.2	15.3	14.6	13.0	13.6	12.9	13.0	13.4	13.9
荷兰	11.9	11.8	11.6	11.4	11.4	10.7	10.4	11.4	11.5	11.9	11.6	11.9
奥地利	13.7	13.3	13.2	15.0	13.9	13.7	13.5	12.9	13.0	13.5	14.0	12.7
葡萄牙	8.9	9.3	9.8	9.4	9.3	8.6	8.5	8.4	8.8	9.8	9.9	9.2
芬兰	18.9	18.5	21.1	19.0	18.8	17.8	17.5	17.5	17.3	17.6	17.5	16.3
瑞典	21.0	21.7	21.9	19.5	17.5	18.2	19.0	19.9	19.9	19.0	17.4	17.0
英国	16.2	16.1	16.4	16.6	15.5	14.9	15.1	16.1	16.9	16.6	16.7	15.7
冰岛	14.1	15.3	16.1	16.5	16.5	16.8	16.9	18.3	18.7	18.9	18.2	17.1
挪威	15.7	16.8	20.0	20.1	19.7	19.4	21.0	22.3	22.9	22.0	22.5	19.2
瑞士	14.4	14.0	15.0	14.4	14.8	14.5	14.5	14.9	15.0	15.0	:	:

资料来源：欧盟统计局网站，http://epp.eurostat.ec.europa.eu/。

所得税是政府较为稳定的税收来源。因为工资通常是合同事先约定的，具有一定的刚性，即使在经济衰退时，企业和机构一般也不会降低雇员的工资。

由于有工会组织的存在,企业和机构的工资还可能会根据以往谈判的结果持续增加。工资不降低,税负就不会降低,政府来自这部分人的税收收入就不会减少。当然,在经济衰退时,企业也会通过裁员减少工资支出,从而减少政府的所得税收入。这也就是我们经常讲到的税收对经济的"稳定器"作用——经济衰退,税收减少,从而刺激经济恢复。工资的刚性使得所得税稳定经济的力度减弱,但它对稳定财政收入仍起着很大的作用。财富税也具有一定的抗跌性。例如在经济衰退时,房地产等财富还在,所有者还得交税,尽管房地产的市场价值可能会下降。希腊的数据就支持了这一论点。2009年经济衰退时,希腊的所得税和财富税占GDP的比重反而从7.7%上升到了8.0%,丹麦、卢森堡和荷兰的所得税和财富税占GDP的比重也上升了。当然,GDP的大幅下降会使这些税收占GDP的比重增加。然而,希腊的总税收占GDP的比重却从2008年的39.1%下降到了2009年的36.9%。可见,还是所得税和财富税的抗跌性更强。所得税和财富税占GDP的比重低,表明希腊缺乏稳定的税收来源。

图5比较了希腊与其他一些国家1998—2009年间所得税和财富税占GDP比重的变化情况。图5(a)显示了葡萄牙、意大利、希腊和西班牙四国以及欧盟15国的情况。希腊、葡萄牙和西班牙的所得税和财富税占GDP的比重都低于欧盟15国的平均水平,然而希腊最低,且呈现下降趋势。意大利的所得税和财富税占GDP的比重高于欧盟15国的平均水平。图5(b)显示了德国、法国、英国和挪威四国的情况。其中,挪威是所得税和财富税占GDP比重最高的国家,2006年两种税占GDP的比重高达22.9%,2008年以前呈增长趋势。英国的所得税和财富税占GDP的比重低于挪威,但高于欧盟15国的平均水平,比法国和德国高得多,2006年为16.9%。法国和德国的所得税和财富税占GDP的比重较低,低于欧盟15国的平均水平,也呈现下降趋势。2008年,德国的所得税和财富税占GDP的比重为11.3%,法国为11.5%。

总之,希腊的所得税和财富税占GDP的比重多年来是所有发达国家中最低的。由于工资具有刚性,所以所得税的税收收入不容易下降,这对稳定财政收入有好处。而所得税和财富税的占比低意味着希腊缺乏稳定的财政收入来源。

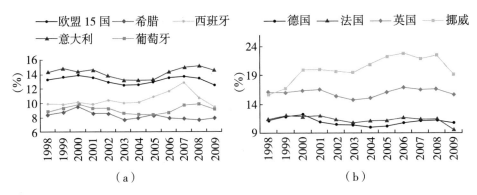

图 5　欧洲主要发达国家所得税和财富税占 GDP 的比重（1998—2009）

资料来源：欧盟统计局网站，http://epp.eurostat.ec.europa.eu/。

（2）增值税、销售税和其他流转税

希腊的财政收入严重依赖增值税、销售税和其他流转税。比如 1998 年，希腊来自商品和服务的税收占中央税收总额的 54.78%，远高于其他发达国家。其中，增值税和销售税占中央税收总额的 33.25%，也远高于其他发达国家。[①] 希腊的标准增值税税率为 21%，最低税率可低至 5%。德国的增值税税率为 19%，法国为 19.6%，英国为 17.5%，西班牙为 16%，意大利为 20%，挪威为 25%，芬兰为 22%。[②]

增值税和销售税包含在商品和服务税之中，因此，希腊来自商品和服务的税收也非常高。表 6 显示了主要发达国家政府各项税收占 GDP 的比重。这些税收包括：（1）所得税、利润税和资本利得税；（2）工资单和工作税；（3）财产税；（4）商品和服务税；（5）国际贸易税；（6）其他税。表 6 还显示了总税收、社会保障收入、赠与以及其他收入分别占 GDP 的比重。

[①] International Monetary Fund. Government finance statistics yearbook 2001[R]. Washington, D. C.：International Monetary Fund, 2001：4-5.

[②] Wikipedia. The free encyclopedia[Z/OL]. （2010-05-01）[2010-05-30]. http://en.wikipedia.org/wiki/Value_added_tax#Tax_rates.

表6 主要发达国家政府各项税收及其他收入的构成 单位：%

国家	年份	各项税收占GDP的比重							其他收入占GDP的比重			占总税收的比重	
		所得税、利润税、资本利得税	工资单和工作税	财产税	商品和服务税	国际贸易税	其他税	总税收	社会保障收入占GDP的比重	赠与占GDP的比重	其他收入占GDP的比重	所得税、利润税、资本利得税	商品和服务税
美国	2008	11.65	—	3.13	4.35	0.20	—	19.33	6.89	—	5.99	60.27	22.50
加拿大	2008	15.42	0.65	2.99	6.63	0.73	0.78	27.21	4.41	—	7.47	56.67	24.37
澳大利亚	2008p	16.81	1.28	2.50	6.99	0.49	—	28.07	—	—	5.57	59.89	24.90
日本	2006	8.87	…	0.30	2.58	0.19	…	18.22	10.90	—	6.04	48.68	14.16
新西兰	2007p	20.97	—	1.67	9.78	1.03	—	33.46	0.06	—	6.43	62.67	29.23
奥地利*	2007p	12.85	2.40	0.58	11.81	—	—	27.64	15.86	0.23	4.40	46.49	42.73
比利时*	2008p	16.03	—	3.12	10.53	—	0.17	29.86	16.17	0.12	2.76	53.68	35.26
芬兰*	2008p	16.72	—	1.10	12.73	—	—	30.56	12.10	0.21	10.08	54.71	41.66
法国*	2008p	10.45	1.25	4.37	10.53	0.01	-0.23	26.38	17.92	…	…	39.61	39.92
德国*	2008	12.65	—	0.81	10.43	—	—	23.89	16.40	0.17	3.30	52.95	43.66
希腊*	2008	7.34	—	1.20	11.26	—	0.29	20.09	14.72	0.34	5.34	36.54	56.05
爱尔兰*	2008p	11.04	—	0.94	—	0.01	0.92	26.67	6.86	…	…	41.39	38.94
意大利*	2008p	14.92	—	0.67	11.68	—	1.83	29.10	13.66	0.18	3.09	51.27	40.14
卢森堡*	2008	13.75	—	1.43	12.04	—	—	27.21	11.72	0.20	3.98	50.53	44.25
荷兰*	2008p	10.65	0.09	1.53	11.81	—	—	24.07	15.21	0.04	7.26	44.25	49.07
葡萄牙*	2008p	9.57	—	1.14	12.91	—	0.90	24.53	12.95	1.48	…	39.01	52.63
西班牙*	2008p	10.29	—	2.33	8.35	0.01	—	20.98	13.06	0.38	2.35	49.05	39.80
丹麦	2008p	28.79	0.51	2.51	14.95	—	0.32	47.08	1.83	…	…	61.15	31.75
冰岛	2008	17.84	0.15	2.17	13.21	0.40	0.15	33.92	2.82	0.10	7.43	52.59	38.94
挪威	2008p	21.24	—	1.19	10.74	0.10	0.01	33.28	8.91	—	16.52	63.82	32.27
瑞典	2008p	17.11	4.43	1.06	13.02	—	—	35.62	11.94	0.08	7.95	48.03	36.55
瑞士	2007	13.25	—	2.36	6.34	0.20	—	22.16	6.74	—	7.93	59.79	28.61
英国	2008	14.38	—	5.48	10.37	—	0.05	30.28	8.45	0.35	3.48	47.49	34.25

资料来源：International Monetary Fund. Government finance statistics yearbook 2009[R]. washington, D. C.: International Monetary Fund, 2009: Table W4.

注："*"指欧元区国家；"—"表示数据很小；"…"表示数据不存在；"p"表示数据是初步计算的。

此外，表 6 还显示了所得税、利润税、资本利得税占总税收的比重，以及商品和服务税占总税收的比重。2008 年，希腊的所得税、利润税、资本利得税占全国税收总额的比重在所有发达国家中最低，为 36.54%。同年，葡萄牙的这些税收占全国税收总额的比重为 39.01%，意大利为 51.27%，西班牙为 49.05%，德国为 52.95%，法国为 39.61%，挪威为 63.82%，美国为 60.27%。2008 年，美国仅个人所得税收入就占总税收的 39.54%。①

2008 年，希腊的商品和服务税占全国税收总额的比重为 56.05%。同年，葡萄牙的商品和服务税占全国税收总额的比重为 52.63%，意大利为 40.14%，西班牙为 39.80%，爱尔兰为 38.94%，德国为 43.66%，法国为 39.92%，挪威为 32.27%，美国为 22.5%。商品和服务税占希腊全国税收总额的比重远高于其他发达国家。②

顺便提一下，2008 年，中国个人所得税占 GDP 的比重只有 1.24%，占总税收的比重只有 6.86%！中国的企业所得税不低，2008 年中国企业所得税占总税收的比重为 20.6%。③ 与希腊政府相似，增值税和营业税也是中国政府的主要税源。2008 年中国增值税占总税收的比重为 33.19%，营业税占总税收的比重为 14.06%。

与所得税及财富税不同，商品和服务税在经济危机时波动较大。以增值税、销售税、营业税为例，经济衰退时，企业投资下降，产量减少，这三类税的税基会减少，相应的税收收入也会相应减少。

表 7 列示了用生产法计算的希腊 2001—2009 年的 GDP 总量和增长率。表中清楚地列出了 GDP 总增加值和产品税的变化情况。2009 年希腊的产品税收入从 2008 年的 2 961 000 万欧元下降到 2 573 800 万欧元，下降幅度为 13%。产品税下降的同时，对产品的补助则增加了 11.9%。同期，希腊政府总税收仅下降了 5.6%（由表 4 计算得来）。可见经济衰退对产品税的影响之大。

---

① OECD.Tax on personal income, 2000-2018. Revenue statistics: Comparative tables [DB/OL]. [2020-05-30]. https://data.oecd.org/tax/tax-on-personal-income.htm#indicator-chart.

② International Monetary Fund. Government finance statistics yearbook 2001[R]. washington, D. C. : International Monetary Fund, 2001: 4–5.

③ 国家统计局. 中国统计年鉴 2009[M]. 北京：中国统计出版社，2009.

表7 用生产法计算的希腊2001—2009年GDP总量和增长率

	2000	2001	2002	2003	2004	2005	2006	2007	2008	2009
GDP总量（百万欧元，现价）：										
商品和服务产值（基本价格）	216 062	231 102	249 131	268 157	287 448	301 913	319 233	345 800	359 761	354 464
中间产品消耗（购买价格）	95 680	102 134	110 015	113 854	120 368	126 742	133 188	145 998	149 037	141 375
总增加值（基本价格）	120 382	128 969	139 115	154 303	167 080	175 171	186 045	199 802	210 724	213 089
产品税	18 518	19 526	20 262	20 784	21 590	22 758	25 472	27 679	29 610	25 738
产品补助	2 619	2 067	2 762	2 656	2 857	2 563	1 058	1 043	1 192	1 334
GDP增长率（指数，上年为100）：										
商品和服务产值（基本价格）		104.1	105.3	104.0	104.3	101.4	102.7	104.9	99.7	97.9
中间产品消耗（购买价格）		104.8	106.8	100.9	102.8	100.1	102.1	105.6	96.5	95.4
总增加值（基本价格）		103.6	104.1	106.4	105.3	102.3	103.2	104.3	102.0	99.7
产品税		104.6	101.4	100.3	100.3	99.7	107.8	104.9	102.8	86.4
产品补助		78.2	126.3	89.2	113.2	87.5	43.8	92.5	114.9	111.2

资料来源：希腊统计局网站，http：//www.statistics.gr。

4.希腊的支出结构：债务利息支出和国防支出比重高

希腊政府的利息支出极为庞大。表8显示了主要发达国家政府各项支出占GDP的比重。2008年，希腊政府利息支出占GDP的比重为4.59%，仅次于意大利（5.12%）。2008年利息支出占GDP比重较高的其他国家依次为：比利时（3.83%），加拿大（3.81%），冰岛（3.35%），葡萄牙（2.98%），法国（2.80%），美国（2.77%），德国（2.70%），日本（2.48%），荷兰（2.13%）。让人吃惊的是，尽管日本的债务规模最大，但其债务利息支出并不算高。因为利息支出与债务规模和利率呈正相关，债务规模大，利息支付少，说明日本政府债务的利率低。而希腊政府债务的利率显然很高。如前所述，为了筹集到急需的资金，希腊政府最近的政府债务都是在极高的市场利率下发行的。比如，3年期国债的年利率已超过10%，10年期国债的年利率甚至曾达到12%！希腊政府今后的债务和利息负担之重不堪设想。

表8 主要发达国家政府各项支出占GDP的比重　　　　单位:%

国家	年份	雇员工资及其他补偿	商品和服务使用	固定资本消耗	利息	补助	赠与	社会福利	其他
美国	2008	10.17	8.65	1.45	2.77	0.37	0.32	12.87	0.93
加拿大	2008	11.59	9.49	1.96	3.81	1.05	2.66	7.52	0.41
澳大利亚	2008	8.71	6.03	1.28	1.28	1.30	0.21	9.45	2.97
日本	2006	6.18	3.30	3.15	2.48	0.63	0.08	17.87	1.96
新西兰	2007	8.94	11.35	1.77	1.40	0.28	0.69	10.01	1.01
奥地利*	2007	9.15	4.29	1.16	2.87	3.29	0.93	23.44	3.78
比利时*	2008	12.08	3.69	1.68	3.83	2.07	1.13	23.33	2.32
芬兰*	2008	13.27	9.39	2.22	1.46	1.32	1.09	17.55	1.99
法国*	2008	12.70	4.99	2.61	2.80	1.40	….	23.25	….
德国*	2008	6.92	4.29	1.58	2.70	1.13	0.85	24.41	2.10
希腊*	2008	11.48	4.97	1.82	4.59	0.13	0.91	19.07	4.04
爱尔兰*	2008	11.07	5.84	1.08	1.03	0.48	….	13.85	….
意大利*	2008	10.89	5.43	1.86	5.12	0.91	0.89	20.42	2.85
卢森堡*	2008	7.67	3.55	1.67	0.32	1.59	2.33	19.39	1.82
荷兰*	2008	9.14	7.40	2.53	2.13	1.21	1.43	20.18	1.19
葡萄牙*	2008	12.88	4.35	1.81	2.98	1.18	….	19.93	….
西班牙*	2008	10.74	5.46	1.71	1.57	1.07	0.94	14.94	2.13
丹麦	2008	17.26	9.21	1.85	1.43	2.14	….	16.40	….
冰岛	2008	14.64	11.61	1.84	3.35	1.85	0.24	6.08	15.58
挪威	2008	12.04	5.85	1.74	1.43	1.86	0.91	13.63	1.18
瑞典	2008	14.94	9.68	2.21	1.68	1.45	1.47	18.23	2.62
瑞士	2007	10.31	5.21	….	1.33	4.54	0.31	8.68	1.05
英国	2008	11.05	12.28	0.92	2.30	0.65	0.33	13.17	5.46

资料来源:International Monetary Fund. Government finance statistics yearbook 2009[R]. Washington, D. C.:International Monetary Fund, 2009, Table W5.

注:"*"指欧元区国家;"…."表示数据不存在;"p"表示数据是初步计算的。

除此之外,希腊的国防支出很大。希腊和其邻国土耳其长期以来有领土争议,数次险些出现军事冲突。在欧盟国家中,希腊的国防支出占GDP的比重一直很高。希腊1998年中央政府国防支出占总财政支出的比重为8.4%，是欧洲发达国家中最高的。英国1999年的这一比重为7.1%，挪威1997年为6.21%，瑞典1999年为5.59%，瑞士2000年为4.63%，芬兰1998年为4.47%，丹麦2000年为4.07%，荷兰1997年为3.86%，西班牙1997年为3.19%，爱尔兰1997年为2.9%，美国2001年为15.46%。[①] 如果希腊的国防支出下降，其财政赤字会大大减少。庞大的国防支出给希腊财政带来巨大的压力，迫使其政府缩减其他方面的开支。

最近，人们一直在批评希腊的政府公务员工资高，奖金发放多。其实，表8显示希腊的雇员工资及其他补偿占GDP的比重并不是特别高。2008年，希腊的该项支出占GDP的比重为11.48%，丹麦为17.26%，瑞典为14.94%，冰岛为14.64%，芬兰为13.27%，葡萄牙为12.88%，法国为12.70%，比利时为12.08%，加拿大为11.59%。但在同年，德国的雇员工资及其他补偿占GDP的比重仅为6.92%，卢森堡为7.67%，荷兰为9.14%，西班牙为10.74%，意大利为10.89%，爱尔兰为11.07%，美国为10.17%，英国为11.05%。可见，在财政收入大大低于财政支出的情况下，希腊减少雇员工资及其他补偿的余地还是很大的。在税收收入给定，且利息支出和国防支出在短期内不容易减少的情况下，雇员工资及其他补偿占GDP的比重每降低1个百分点，财政赤字率就会降低1个百分点。

希腊债务危机的启示

2008年，当金融危机爆发时，人们满怀信心地希望用财政手段把世界经济从金融危机中解救出来。而希腊债务危机提醒我们，财政手段不能滥用，否则就会出现财政危机。希腊的债务问题是长期形成的，是实行不负责任的财政政策的后果。欧盟和国际货币基金组织提供了总额为1万亿美元的救助方案，以此帮助希腊和其他可能陷入债务危机的欧元区国家。这些救助能缓解希腊等国面临的短期问题，然而其债务问题并没有得到真正解决，因为根

---

① International Monetary Fund. Government finance statistics yearbook 2002[R]. Washington, D. C. : International Monetary Fund, 2002.

源没有去除。希腊和欧元区其他债务严重的国家将在今后很长一段时间内面临着债务偿还的问题。希腊政府应该改变以往错误的财政政策，世界各国也应该从希腊的债务危机中吸取教训。

希腊债务危机再次告诫人们，应该树立起长期平衡财政预算的思想。在经济衰退时，政府不得不采取扩张性财政政策，从而引起债务规模扩大；在经济高涨时，政府应该有财政盈余，以减小债务规模，为今后的发展留下余地。

希腊债务危机提醒各国政府要量入为出。希腊财政支出占 GDP 的比重虽然比欧盟的平均水平低，但仍然很高。欧洲许多国家的政府规模可谓巨大。在西方民主体制下，政府为了赢得选民支持，一方面承诺增加政府支出，另一方面承诺减税。在西方国家，国有企业很少，且都不是在赢利的行业，国家的财政收入主要来源于税收。高额的支出和与其不相称的税收必然导致财政赤字，增加政府债务；政府债务的增加又增加了政府的利息支出，并引起政府债务的进一步增加，从而形成恶性循环。前面讲过，希腊是欧洲发达国家中政府利息支出占总支出比重最高的国家之一。从长期来讲，希腊应该减少政府支出，缩小政府规模，欧洲其他国家也应如此。

希腊债务危机表明，建立合理的税制极为重要。合理的税制标准包括：有利于经济发展，有利于收入分配公平，保证足够的税收收入，等等。希腊必须改革税制。首先，如果目前的政府支出行为无法大规模改变，那就必须增加税收收入。希腊是欧美发达国家中税收收入最低的国家，为了减少赤字，偿还债务，减少未来的利息负担，必须提高税收收入。其次，调整税收结构，提高所得税占总税收的比重。希腊政府严重依赖增值税和销售税等产品税，而其所得税、利润税和资本利得税占总税收的比重在欧美发达国家中最低。所得税是政府稳定的税收收入来源，也是调节收入分配的有效手段。中国也应该从希腊的债务危机中吸取教训，优化税制结构，增加个人所得税占总税收的比重，以保证税源的稳定，以及对收入分配的有效调节。

希腊债务危机也再次警告各国政府，举借外债一定要谨慎，要控制外债的规模，提高外债的使用效率。希腊的外债余额已达到 GDP 的 90% 以上，确实是太高了。另外，其外债也未能得到有效利用。希腊应该设法提高企业的竞争力，增加出口，以减少外贸赤字，并逐步缩减外债。

（北京大学中国公共财政研究中心内部讨论稿 No.10，2010 年 5 月）

大国财税改革：构建普惠式经济增长的基石

《新京报》访谈：
中国财政收入不应再扩大

《新京报》：您在课堂上提过，预计到 2055 年中国人均 GDP 将超过美国，这个数字是怎么推算出来的？今年是林毅夫的《中国的奇迹》一书出版 20 周年，本月十多位知名经济学者针对林毅夫的观点进行了讨论。对此您怎么看？您对中国经济的未来走势持何种态度？为什么？

林双林：2013 年中国的人均 GDP 为 6 629 美元（按照官方汇率折算），该年美国的人均 GDP 为 51 248 美元。如果中国的经济增长率一直比美国高 5 个百分点，那么中国的人均 GDP 将在 2055 年赶上美国；如果中国的经济增长率比美国高 4 个百分点，那么中国的人均 GDP 将在 2065 年赶上美国。这些结果用简单的增长公式很容易就可以计算出来。总之，中国的经济增长速度比美国快得越多，中国的人均 GDP 就能越早赶上美国。当然，这是一个漫长的过程，我们需要长期持续的快速增长，而不是短期的快速增长。

近年来，中国经济增长放缓，2010 年经济增长率为 10.4%，2011 年为 9.3%，2012 年为 7.8%，2013 年为 7.7%，2014 年上半年降到 7.4%。面对这种情况，大家对中国经济的未来有各种看法。林毅夫对中国经济增长的前景持乐观态度，他长期研究中国和世界经济发展，他的观点有自己的理由。也有一些人对中国经济发展的前景持悲观态度。其实，中国经济增长放缓是经济发展方式变化的结果。过去，我们过于强调速度和规模，对环境和资源保护强调得不够，过度地使用扩张性财政政策；而现在我们讲质量，讲环保，讲资源节约，讲财政的可持续性，讲经济的长远发展。经过一段时间的调整，中国经济必将稳定下来，持续以较快的速度增长。目前，世界发达国家的经济正在恢复。中国经济增长的潜力还很大，未来应该可以以 7%～8% 左右的速度增长。我的理由如下：

第一，中国储蓄率极高。据世界银行资料，2012 年中国储蓄率为 51%，新加坡为 46%，韩国为 31%，俄罗斯为 30%，德国为 24%，日本为 22%，美国为 17%，英国为 11%。储蓄可以转化为投资，而投资是经济增长的重要动力。第二，中国有大量的人力资本。近年来，中国受过高等教育的人数比重在不断增加。据统计，中国高等教育毛入学率达到 30%，15 岁以上人口平均受教育年限达到 9 年以上。目前中国人口老龄化问题还不及欧美和日本严重。据联合国预测，2015 年中国 65 岁及以上人口占总人口的比重为 9.5%，日本为 26.2%，美国为 14.6%，印度为 5.4%。第三，中国科技在进步。近年来，中国政府和企业的科技投入都不断加大，同时也在不断引进国外的先进技术。生产技术的不断提高会促进经济增长。物质资本、人力资本、劳动力和生产技术被认为是经济增长的决定性要素，而这几个要素在中国都没有出大问题，所以中国经济增长没有急剧下滑的理由。第四，体制改革可以提高效率。诺贝尔经济学奖得主道格拉斯·诺斯（Douglass North）发现，制度在经济发展中起重要作用。中国正在深化改革，改革后的体制将更能提高投资、劳动、创新的积极性。第五，中国正在工业化和城市化的进程中，投资和消费的需求都很高。

总之，中国储蓄率高，人力资本丰富，科技在进步，市场改革在深化，城市化在推进，因此经济增长的潜力仍很大，我们切勿坐失良机。中国要坚持改革开放，保护个人合法财产，鼓励民营经济发展，将更多的储蓄转化为投资，完善基础设施，改善生态环境，发展服务业，重视科技创新，增加高附加值产品出口，这样经济就能持续健康发展，国民财富就会不断增加。

《新京报》：2013 年中国财政收入占 GDP 的比重达到 36%，这个数字是否过高？国际上其他国家是什么水平？应该怎么衡量这个比重？财政收入占 GDP 的比重高，对中国经济发展有何影响？据许善达计算，2014 年上半年中国财政收入占 GDP 的 44%。这个数字引发了诸多争论，对此您怎么看？如果该数字属实，应该如何解读？

林双林：根据中国刚通过的《中华人民共和国预算法》（以下简称《预算法》），财政收入包括预算内收入、政府基金收入、社会保障收入、国有资产收益。2012年中国政府预算内财政收入占GDP的22.6%，政府基金收入占7.2%，社会保障收入（除去政府补贴）占4.8%，国有资产收益占0.3%，非预算收入估计占1%，以上几项总共约占GDP的36%。这个水平已经很高了。

2013年，美国财政收入占GDP的比重为30.7%，俄罗斯为35.8%，新加坡为22.8%，越南为22.1%；2012年，德国财政收入占GDP的比重为44.7%，英国为36.8%，法国为51.8%，比利时为51%，芬兰为54.5%，日本为31.8%，马来西亚为25.9%，泰国为24.1%。可见，中国财政收入占GDP的比重比美国、日本、新加坡、泰国、马来西亚、越南等国高，但比欧洲发达国家低。

中国自1978年改革开放后，财政收入占GDP的比重一直在下降，1995年该比重仅为10.3%，加上预算外收入（5.5%），总共才15.8%。财政收入不足严重影响了基础设施建设投资。1978—1998年间，中国基础设施建设进展缓慢，这个时期公路里程增长率仅为1.8%。1994年中国开始改革税制，扩大税基，提高部分税种的税率，税收收入开始高速增长。增加的税收收入为基础设施建设提供了资金，中国基础设施建设开始突飞猛进，1998—2017年间公路里程年均增长率达到6.9%。基础设施建设带动了经济的快速增长。

中国正在城市化的进程中，城市公共基础设施建设投资需求大。另外，中国政府在社会保障（包括医疗保障）、教育、扶贫等民生方面的支出尚不足，需要更多的财力。还有，近年来中国中央和地方政府已经积累了大量的债务，需要还本付息。在这种情况下，中国减税的余地有限，政府规模不应再扩大。

《新京报》：单纯看数字，中国政府的负债比率似乎并不大，但有学者认为，考虑到中国目前的经济发展水平，与处在这个水平时的美国相比，中国的债务水平已非常高。对于这个问题您怎么看？中国政府的负债比率是否过大？应该如何调整？

林双林：据国家统计局数据，2013年地方政府债务占GDP的比重已达33%，中央政府债务占GDP的比重达到15%，加上社会保障个人账户缺口和铁路总公司、事业单位、中央部门和所属单位的债务，中国政府总债务已约占GDP的55%。

2008年全球金融危机后，许多国家采用扩张性财政政策，政府债务迅速膨胀。2012年，希腊政府债务占GDP的比重为156.9%，意大利为127%，德国为81%，美国为102.4%。经历了20世纪80年代和90年代的多次债务危机后，发展中国家在借债上都变得更为谨慎。在2008年的金融危机中，发展中国家并没有出现债务危机。2013年，俄罗斯政府债务占GDP的比重仅为13.4%，南非为45.2%，巴西为66.3%，印度为66.7%。此外，泰国、印度尼西亚、菲律宾等国的政府债务也不高。可见，中国政府债务规模比许多发达国家小，但仍比许多发展中国家大。

应该指出，中国的政府债务是在经济高速增长期形成的。一般来说，经济高速增长期税收增长快，政府会有财政盈余，债务会减少。例如，日本在经济高速增长期债务规模就很小，1970年日本政府债务占GDP的比重仅为10%。第二次世界大战结束时美国政府债务占GDP的比重达120%，战后美国经济增长迅速，至1980年其政府债务仅占GDP的30%。我们不能和社会福利已经很高的欧洲国家的现在比，而要和它们的经济高速增长期比，和它们经济发展的初级阶段比。这样看问题就会认识到，我国政府债务的规模不容忽视。我在1999年时就建议不要盲目扩大政府债务规模，现在仍然坚持这个观点。中国不应再扩大政府债务规模，应努力发展经济，降低政府债务占GDP的比重。

政府债务总是要还的，所以，债务的利用效率至关重要。如果通过发债得到的资金能得到有效利用，债务的收益比成本高，那么举债就是值得的；否则就不应举债。另外，政府债务在未来偿还，会将负担转移给下一代。所以，如果债务收入用于惠及下一代的工程，那么由后代还债也理所当然；如果债务收入用于当代人的福利，那么就不应该将债务向后代转嫁。

《新京报》：2014年8月，素有"经济宪法"之称的《预算法》终于实现了20年来的首次大修。您认为新《预算法》和原来的《预算法》之间的最大区别是什么？目前不少人认为，地方政府负债过高与中国目前的预算不合理有关。您认为目前中国财税方面最核心的问题是什么？对比其他国家，应

大国财税改革：构建普惠式经济增长的基石

该怎样进行改善？

林双林：新《预算法》赋予了地方政府发行债务的权力，这与原来的《预算法》有着重大区别。多年来，我国地方政府没有发行债务的权力，地方政府预算表面上是要平衡的，也就是说收入等于支出。入不敷出时，中央提供决算补助。目前地方政府的大部分债务是在预算以外通过融资平台形成的，这些债务并不公开透明，这就是审计署花很多时间来清查这些债务的原因。

许多大国的地方政府都有发行债务的权力。例如，美国和日本地方政府就有独立的发债权。美国在建国初期的六十多年里，州政府发债最多；后来的近一百年里，市、县政府发债最多；只有到了1933年以后，联邦政府才成为政府债务的主要发行者。目前，美国地方政府债务普遍很低，最高的是加利福尼亚州，2010年其政府债务占GDP的13%，在纽约州，政府债务占GDP的11%；在一半州里，政府债务占GDP的比重在1%以下，例如，怀俄明州仅为0.1%，内布拉斯加州仅为0.2%。一般来说，地方政府更加了解地方情况，知道如何借债搞建设；另外，地方政府自己借债，自己负责偿还，因此在资金的使用上也会更谨慎，从而债务的利用效率更高。

中国目前存在的一个主要问题，就是地方政府的财权和事权不匹配。1994年税制改革后，没有一个省份在哪一年有过本级财政盈余。每个省份，包括富裕的省份，都严重依赖中央财政转移支付。2013年，地方政府承担85%以上的财政支出，但只享有53%的财政收入。中央财政转移支付存在不确定性和任意性，也容易产生寻租和腐败。因此，未来中央政府应该承担更多的支出责任，应该给地方政府更多的税权。

（原载于《新京报》11周年特刊《看2015》，2014年11月18日，原标题为"政府财政收入不应再扩大"，收录于本书时有改动）

《凤凰周刊》访谈：关于地方债和盘活财政"沉睡资金"两个话题

《凤凰周刊》：财政部要求 2015 年 1 月 5 日前各省上报存量地方债数据，现在是否有一些情况可供读者了解？

林双林：《地方政府性存量债务清理处置办法（征求意见稿）》（以下简称《办法》）已于 2014 年 10 月下发至各省级财政部门。《办法》规定：截至 2014 年年底的存量债务余额应在 2015 年 1 月 5 日前上报；将存量债务分类纳入预算管理；统筹财政资金优先偿还到期债务；2015 年 12 月 31 日之后只能通过省级政府发行地方政府债券方式举借政府债务。目前，具体债务数据尚未公布。

《凤凰周刊》：我们应如何了解地方债的实际状况？

林双林：审计署在 2011 年和 2014 年对地方政府债务进行了两次核查，将全国数据和地方数据都公之于众。据审计公告，2010 年全国地方政府债务为 107 175 亿元，占 GDP 的 26.7%。2013 年 6 月底，全国地方政府债务为 178 909 亿元，占 GDP 的 33.2%；中央政府的各种债务加起来占 GDP 的 23%；中央和地方政府各种债务加起来占 GDP 的 56.2%。从 2010 年到 2013 年 6 月底，债务年均增长率约为 14.6%。按照这个速度，到 2014 年年底，地方政府债务就将达到 219 487 亿元。而统计局公布的 2014 年的 GDP 为 636 463 亿元。这样，2014 年地方政府债务占 GDP 的比重就会达到 34.5% 左右，债务负担明显在增加。根据欧盟的规定，政府债务余额不应超过GDP的60%。如果加上中央政府的各种债务，我国目前政府债务水平应该已经达到欧盟的警戒线了。我国在经济高增长时期积累了大量的债务，这就限制了在经济真正遇到困难时财政政策的回旋余地。

《凤凰周刊》：新一届中央政府上任后，最近两年地方债的演变有什么特点？

林双林：新一届中央政府上任后，对地方政府债务问题很重视，加大了对地方债务的管控力度，把债务多少作为考核地方政府官员政绩的一个标准，同时还强化了地方政府官员对所举债务的责任。十八届三中全会决议就强调了地方债务风险的管控。2014年9月，国务院印发《国务院关于加强地方政府性债务管理的意见》，强调建立"借、用、还"相统一的地方政府性债务管理机制，有效发挥地方政府规范举债的积极作用，切实防范化解财政金融风险，并提出了一系列具体措施，包括加快建立规范的地方政府举债融资机制，对地方政府债务实行规模控制和预算管理，控制和化解地方政府性债务风险，等等。

新一届中央政府上任后，我国地方政府债务的演变有以下特点：一是债务的增长速度放缓。根据审计署公布的数据计算，从1997年到2002年，我国地方政府债务的增长速度为31%；从2002年到2010年，我国地方政府债务的增长速度为25.4%，其中2009年增长61.9%；从2010年到2013年6月，我国地方政府债务的增长速度为14.6%。二是债务占GDP的比重仍在增加。地方政府债务占GDP的比重，1996年为3.4%，2002年为11.7%，2010年为26.7%，2013年6月底为33.2%。三是债务结构发生变化，融资平台公司的债务下降。2010年融资平台公司的债务占总债务的比重为47%，到2013年6月底下降为37%。中央政府要求最终彻底取消地方政府通过融资平台借债。四是县级政府的债务负担加重。县级政府债务占GDP的比重，2010年为32.7%，2013年6月底为36.4%；省级政府债务占GDP的比重，2010年为18.9%，2013年6月底为16.3%；市级政府债务占GDP的比重，2010年为48.4%，2013年6月底为44.5%。县级政府是财政最困难的一级政府，其债务比重增加应引起重视。

《凤凰周刊》：地方债形成的根源是什么？哪些因素会使得地方债风险加重甚至"引爆"债务危机？哪些近期因素需要特别注意？

林双林：地方政府主要的融资渠道包括融资平台贷款、城投债、信托融资等。地方债的形成有以下原因：一是地方政府的支出需求大于财力。1994年税制改革后，地方财权减弱，事权增加。2013年，地方政府财政收入占总财政收入的53.4%，财政支出占总财政支出的85.4%。依照法律，我国地方政府本级不允许有赤字，所以地方政府每年都靠巨额的中央财政转移支付来填补收支缺口，账面上每年都是平衡的。但中央财政转移支付远远不能满足地方政府的支出需求。二是"土地财政"越来越难以持续。近年来，许多地方政府过度依赖"土地财政"。地方政府出售城市国有土地，获得财政收入；从农民手中低价征买土地，高价向开发商出售，开发商将土地成本加到房价中，转嫁给购房者。随着城市周边的土地越来越少，"土地财政"难以持续。三是部分地方官员不负责任地盲目扩建。地方政府是中国经济增长的重要推手，对地方政府官员来说，经济增长快，政绩就突出，就可能被提拔。在不少地方，城市建设缺少长远规划，大拆大建，贪大求洋，寅吃卯粮。四是地方政府对中央政府的依赖。我国地方财政赤字由中央政府弥补，有些地方政府认为中央政府最终会"救场"，存在依赖心理，因此只管借，很少考虑偿还问题。

哪些因素会使得地方债风险加重甚至"引爆"债务危机？我认为有以下几个因素：一是地方政府支出增加过快。中央政府已经三令五申，不以GDP论英雄，把债务多少作为考核地方政府官员政绩的一个标准，再加上反腐力度的加大，当前地方政府盲目扩建、搞劳民伤财政绩工程的势头已经大大收敛。但是，由于有许多在建项目需要后续资金，地方政府支出压力很大。二是地方财力增加过慢，需要借更多的债务。目前，银行怕地方政府还不起债，地方政府怕从银行借不到债。三是"土地财政"收入减少。因为政府当时借债时就指望用土地出售收入还贷款，所以如果房地产不景气，房子卖不出去，土地出售收入减少，将影响地方政府的还债能力。四是在建项目完不了工，很多"半拉子"工程缺乏后续资金，不能投入使用，无法产生回报。五是建成项目的回报低。一些项目兴建时就没有做好成本效益分析，建成了之后效益低下、入不敷出。如果地方政府真的还不起贷款，银行会停止给地方政府贷款，这样就可能发生债务危机。

关于如何管控地方债务，政界和学界已经做了很多讨论。我认为，近期最需要注意的是发展地方经济。我国经济增长率连年下降，2014年已经下降到7.4%，这是自1991年以来最低的水平。对中国来说，经济发展仍然是最重要的。目前，一些地方政府不作为，容易出现"一抓就死"的状况，应该引起充分注意。地方政府应该在不盲目发债的情况下，积极发展地方经济。地方经济发展了，经济总量增加了，地方政府偿还债务的能力提高了，地方政府债务占GDP的比重就会下降。

《凤凰周刊》：各级政府财政收入增速下滑，是否会成为地方债的"引爆点"？

林双林： 据官方资料，2014年全国一般公共财政收入比2013年增长8.6%。其中，中央财政收入增长7.1%，地方财政收入（本级）增长9.9%；财政收入中的税收收入增长7.8%。2013年全国一般公共财政收入比2012年增长10.1%。其中，中央财政收入增长7.1%，地方财政收入（本级）增长12.9%；财政收入中的税收收入增长9.8%。财政收入增长率的下降主要是由地方财政收入减少引起的。据国家统计局公布的数据，2014年CPI（居民消费价格指数）上涨2%，除去通货膨胀因素，2014年全国财政收入增长率仅为6.6%，低于7.4%的经济增长率，为20年来的最低水平。这个结果还是各级政府加大征缴、追缴的力度才得来的。而在过去20年里，全国财政收入增长率往往两倍于经济增长率。例如，2007年全国财政收入增长率为30.3%，除去通货膨胀率4.8%，真实增长率为25.5%！一般来说，财政数据比较准确，"真金白银"，不容易作假。因此，财政收入大幅下降的现状必须引起重视。

财政收入的下降当然会加重地方债务，因为一些原来可利用税收收入来做的事情可能不得不通过举债来完成。目前来看，财政收入下降"引爆"地方政府债务危机的可能性不大。原因是，地方政府债务是在预算外形成的。按照中国过去的《预算法》，地方政府不允许有财政赤字和债务，地方本级财政收入在得到中央财政转移支付后仍然不足时，中央政府用决算补助来填补所有赤字。因此，地方预算内财政收入的减少对地方债务的冲击还不是很大，因为当时地方政府借债时就没有打算用地方预算内财政收入偿还。

《凤凰周刊》：能否介绍一下您对某地政府债务情况的评估样本？（包括融资平台公司）对其有怎样的分析结果？提出了何种应对方案？

林双林：我没有一个具体的样本，地方政府一般也不愿我们的研究把它们作为样本。根据公布的资料，我国各地债务规模不平衡，债务主要集中在较为贫困的地区。2013年6月的数据显示，贵州地方政府债务规模最大；接下来是重庆、云南、甘肃、海南，地方政府债务均占到GDP的50%以上；北京、上海、陕西的地方政府债务规模也很大，占到GDP的40%以上；债务规模较小的省份包括山东和广东，地方政府债务远低于GDP的20%。所以，中央在制定政策时不应"一刀切"，各地在发展上应该因地制宜。债务高的省份应该评估债务融资项目的效益，切勿盲目扩张；债务较低的省份应该积极有效地利用债务发展当地经济。

《凤凰周刊》：区域性债务危机一旦发生，该如何应对？我们有哪些预案？回旋空间在哪里？

林双林：所谓债务危机，就是政府无力偿还债务，发生违约。巨额的债务曾使有些国家的中央和地方政府机关和政府设施关闭，无法提供公共服务，等等。但这种情况在中国发生的概率很小。中国不会像美国一样出现地方政府破产的情况。中国地方政府仍然有大量的政府资产，可以用来还债。另外，一旦发生危机，中央政府绝不会袖手旁观。因为中央政府对地方政府债务的形成和膨胀负有一定的责任。这主要体现在以下几个方面：一是地方官员一般都是由中央政府任命的。二是2008年中央政府4万亿元的投资计划，要求地方政府筹集1万多亿元的配套资金，地方政府由于没有税收立法权和独立发债的权力，只能千方百计举债。三是中央政府也有能力对地方政府提供援助。四是中国储蓄率极高，总储蓄达到GDP的50%以上，政府有能力借到款。所以，对于地方债务，大家不必过度恐慌。当然，地方政府应当自律，尽量缩减债务，减少资金浪费，提高债务资金的利用效率。

《凤凰周刊》：地方债风险主要集中在市级、县级政府。这两级政府应如何应对风险？

林双林：这两级政府应对债务风险的能力很弱。中国的财政状况是，层级越低的政府，财政越困难。根据新的《预算法》，从2015年1月1日起，省政府有了发行债务的权力，市级、县级政府则没有发行债务的权力。我国正处于城市化进程之中，人口正在向大城市转移。市级、县级政府一定要认清形势，量力而行，切勿盲目扩张在建项目。债务收入的使用要更为谨慎，要提高使用效率。要有长远规划，"借、用、还"统筹考虑，不能只管借不管还。要建立债务预警机制，防患于未然。最重要的是，地方政府要努力支持地方经济发展，靠经济发展解决债务问题。

（原载于凤凰网，2015年5月，收录于本书时有改动）

《政对面》访谈：
应给地方债务划定一条明确的警戒线

《政对面》：一直以来，关于PPP（Public-Private Partnership，政府和社会资本合作）的讨论都比较热烈。财政部近期公布PPP项目库的清理情况之后，外界认为清理的力度是超出此前预期的。如何看待这一轮的清理？同时，如何让PPP步入一个规范的、可持续发展的阶段？

林双林：PPP就是指吸引民间资本进入基础设施建设。近年来中国地方政府债务很高，现在已接近GDP的35%，所以中央政府这几年加强了对地方政府债务的监管。地方政府发债速度慢了，或者向银行借款的速度慢了，那么基础设施建设怎么搞呢？于是就想到了吸引民间资本进入基础设施建设。

但是后来发现PPP方式有很大的问题，那就是民间资本一般不愿意进入基础设施建设，因为投资太大，回报期太长。有的地方政府为了吸引PPP项目，就给民间资本做担保，因此实际上民间资本的贷款就与地方政府债务具有同样的性质，所以国家就开始控制PPP项目。PPP项目现在已经很多了，但落地的项目并没有那么多。我们现在要把PPP落到实处，要真正吸引民间资本进来，而不是由地方政府为民间资本和私人资本做担保。

《政对面》：您刚刚谈到地方政府债务已接近GDP的35%左右，这样一个债务水平放到历史的维度来看，是不是已经达到最高水平了？你认为未来会有什么样的潜在风险？

林双林：这个数字包括地方政府负有偿还责任的、担保的，或者负有救助责任的债务，所有这些债务加起来接近 GDP 的 35%，是历史上最高水平。1996 年地方政府债务才占 GDP 的 3%，但后来不断上升。

另外，地方政府债务呈现出地区间不平衡的情况，例如广东、江苏等地的地方政府债务规模比较小，而贵州和青海等地的地方政府债务规模特别大。所以现在可以采取的办法是：有一些地方不允许借债或者只能少借，有一些地方还要放开。国家应该制定一条债务警戒线。如果地方政府债务超过警戒线，就要少借一点；如果地方政府债务是在警戒线以下，可能还有借债的余地。总之，不要"一刀切"。

《政对面》：有人预计在 2018 年会出现一波违约潮，不仅是企业、金融机构等的违约潮，还可能会出现地方政府的违约潮。对此您有什么看法？

林双林：中国地方政府不太可能发生违约。因为地方政府信誉还是比较高的，另外地方政府拥有大量的国有资产，所以还是有能力还款的。此外，对于地方政府的债务，中央政府也负有责任。比如之前的 4 万亿元投资计划，中央要求地方政府筹集配套资金，但地方政府又没有税收立法权，所以就只能借款。人们经常有一种错觉，认为地方政府债务过高是因为中央政府从财政收入里拿的份额太大。其实地方政府债务都是在预算外形成的，不是在预算内的。

预算内的缺口中央政府都给填补了，所以地方政府的预算内账户是平衡的。但是为什么会有地方债呢？因为地方政府想自由地发展，所以利用融资平台去贷款来搞基础设施建设，而且规模相当大。这些年来，我国的财政体系实际上是分权的，20 世纪 80 年代以来中央就给地方政府自主权，让其创收，取得的财政收入可以自己用，所以地方政府产生了很多预算外收入。20 世纪 90 年代初的时候，地方政府的预算外收入就比预算内收入多了，但当时存在乱收费现象，需要加以控制。2011 年实行"费改税"，就把地方政府的预算外收入去除了。其实地方政府始终是有自主权的，虽然在 1994 年时，表面上看起来是财政体系又倾向于集权，中央政府拿了很多，但这只是预算内收入，中央政府拿了以后还要返还给地方政府，虽然在返还过程中可能效率不高，但地方政府在预算外还是有大部分收入的。

预算之外的收入，过去是乱收费，后来设立了许多基金，基金现在被纳入预算了，并占很大的一部分，其中主要是土地出让金。还有一部分是地方政府的债务收入，地方政府通过融资平台向银行贷款来从事基础设施建设。中国地方政府的投资规模是相当大的，政府预算规模已经不小了，预算内收入本来就有很大一部分用于经济建设，如果再加上预算外的土地出让金和贷款，这个规模会相当惊人。

《政对面》：按这种状况发展，对于有些地方政府来说，2018年的日子就不太好过了，防风险、调杠杆已经从金融机构蔓延到了地方政府，因此地方政府现在借款没那么容易了。在房地产投资以及基础设施建设等方面，地方政府似乎也开始捉襟见肘了。这种状况如果进一步发展，会对2018年中国的总体经济造成什么样的影响？

林双林：过去中央给地方政府很大的自主权，现在中央对地方政府加强了控制力度，比如审计署从2011年就开始审计地方政府的债务，所以当前地方政府借债也受到限制了。加之在土地出让金方面，卖地不像以前那么容易了，乱收费也停止了。如今我们面临的问题是地方政府自主权的"度"该如何把握。给地方政府适当的自主权有助于地方经济发展，但经济发展之后容易出现"一放就乱"的现象，现在又有点"一管就死"的趋势。

实际上，中国经济这一波下行有各种各样的原因。如果从财政角度来看，主要原因就是地方政府的自主权被限制了，所以现在的问题在于怎么赋予地方政府适当的自主权，以使地方经济保持活力。比如，可以通过税制改革让地方政府享有更高比例的税收收入，以增加其积极性；或者通过设立新的税种，让地方政府能够有自己的财政收入，做其想做的事情。总之，我的看法是应该多给地方政府一些自主权。

（原载于凤凰网，2018年8月3日，收录于本书时有改动）

第四篇
中央政府与地方政府的财力分配

　　1994年分税制改革以来,地方政府的财政压力不断增大。一方面,地方政府的支出责任越来越大。随着城市化进程的加快,对水电交通设施、卫生设施、娱乐设施、体育设施、学校等地方性基础设施的需求越来越大。近年来,地方政府财政支出占到财政总支出的85%以上。另一方面,税制改革后地方政府的财政收入减少,严重依赖中央财政转移支付。中央财政转移支付占到地方财政收入的45%以上,严重影响了经济效率和区域间财力分配的公平。

　　本篇将探讨如何正确处理中央和地方的财政关系,如何进一步完善中央和地方的事权与财权的划分,使事权和财权相匹配。中央政府应承担更多的支出责任,如承担养老、医疗、扶贫等社会保障项目。同时,应该增加地方政府在税收收入中的份额,减少中央对地方的转移支付。另外,应该给地方政府更多的财政自主权,允许地方设立新税种。

健全地方财政收支平衡的政策体系

财政能力一般定义为政府获取收入的能力，有时也定义为政府获取收入的潜在能力与实际支出需求之比。对我国来说，地方政府的决策权也影响着财政能力。据统计，2007 年全国总财政收入增长率为 32.4%，地方财政收入增长率为 23.2%。该比率 2008 年为全国 19.5%，地方 25.7%；2009 年为全国 11.7%，地方 21.9%；2010 年为全国 21.3%，地方 17.8%；2011 年为全国 25.0%，地方 21.6%；2012 年为全国 12.9%，地方 15.3%；2013 年为全国 10.2%，地方 11.3%。2014 年全国一般公共财政收入增长 8.6%，地方一般公共财政收入增长 9.9%，增长率均为 20 年来最低。若除去通货膨胀因素（CPI 增长率为 2%），2014 年全国总财政收入增长率仅为 6.6%，低于 7.4% 的经济增长率，这个结果还是各级政府加大征缴、追缴的力度才得来的。2015 年 1 月至 2 月，全国一般公共财政收入比 2014 年同期增长 3.2%，其中税收增长率仅为 0.8%。而过去 20 年里，财政收入增长率往往两倍于经济增长率。所以当前财政收入的大幅下降会严重影响地方政府的财政能力。

收支不平衡是地方财政能力下降的主要原因

经济增长放缓。我国近期地方财政收入下降的主要原因是经济增长放缓。我国 GDP 的增长率 2010 年为 10.4%，2011 年为 9.3%，2012 年为 7.8%，2013 年为 7.7%，2014 年下降到 7.4%，是 1991 年以来的最低水平。增值税是我国第一大税，该税是按比例征收的。因此，经济增长放缓会直接影响财政收入。我国经济增长放缓与财政政策的调整有关。首先，中央政府对地方政府债务的清查和控制，使地方政府难以通过借债来扩大基础设施建设投资。长期以来，地方政府的基础设施建设是中国经济增长的主要推手之一。地方政府积极推进城市化，加大基础设施建设，带动了房地产、钢铁、水泥、能源开发以及服务业的发展。然而，一些地方政府缺乏长远和全面规划，城市建设盲目扩张，重视数量却忽视质量，许多项目不计成本，造成地方债务急剧上升。近年来中央政府不断清查地方政府债务，要求地方政府对其债务负偿还责任，导致一些地方官员不愿作为。其次，债务扩张受限，短期内影响了地方政府的财力，也导致地方政府难以作为。地方政府的不愿作为和难以作为共同导致了中国经济增长放缓。

地方政府的支出责任增大。一般来说，地方政府更加了解地方情况，地方性的公共品由地方政府提供效率更高。近年来，地方财政支出占总支出的比重在上升。1993年，地方财政收入占总财政收入的比重为78.0%，地方财政支出占总财政支出的比重为71.7%。1994年税制改革后，地方财权减弱，事权增加。2013年，地方财政收入占总财政收入的53.4%，地方财政支出占总财政支出的85.4%。另外，目前中国的社会保障基本上由地方政府提供，如果算上由地方政府管理的养老和医疗保障，地方财政支出占总财政支出的比重会更高。此外，我国正处在需要地方政府发挥重大作用的时期：城市化进程意味着农村人口不断进入城市，对水电系统、交通设施、卫生设施、娱乐设施、体育设施、学校等地方性基础设施的需求不断增加。建设更多、更好的地方性基础设施，需要地方政府发挥更大的作用。

地方政府税收收入短缺，严重依赖中央财政转移支付。地方财政支出占总财政支出的比重在增加，但是地方政府本级财政收入占总财政收入的比重在下降，地方政府严重依赖中央财政转移支付。资料显示，我国中央财政转移支付占地方财政收入的40%以上。许多国家的中央政府都向地方政府进行转移支付，例如美国联邦政府向地方政府的转移支付占州及地方财政收入的20%左右，且都是专项转移支付。但我国中央财政转移支付比重显然过大，我国地方政府的财政自给率近年来在57%左右。

地方债务问题影响到财政能力的提升。为了从事基础设施建设、发展地方经济，不少地方政府利用融资平台举借债务。目前，我国地方债务数额很大，一些省、市的政府债务占 GDP 的比重达到 50% 以上，个别地区甚至达到 90%。总体上来说，我国地方政府债务是中央政府债务的两倍多。与此形成对照的是，虽然目前美国联邦政府债务占 GDP 的比重超过 100%，但州和地方政府债务占 GDP 的比重很低。

提高地方财政能力应以减轻地方财政压力为前提

我国已经允许地方政府公开发行债务，这无疑会提高地方政府的短期财政能力。但是，要从根本上提高地方政府的财政能力，还要靠改革财税体制和发展地方经济。具体来说，我们应该给地方政府更多的税收权，增加中央政府的直接支出，扶持民营经济，促进经济发展。

一是取消税收返还，提高地方政府在增值税收入中的份额。增值税是我国第一大税种，中央分享 75%，地方分享 25%。中央政府按基数和税收增长率给予地方政府返还。目前，税收返还占中央财政转移支付总量的 10% 左右。现行返还机制严重依赖基数，造成地区人均税收返还差距扩大，况且地方政府在增值税收入中的份额也会随着时间推移而减少。所以未来应该取消增值税返还，提高地方政府在增值税收入中的份额。过去我们担心提高地方增值税分成比例会导致地方政府为增加增值税收入而不顾一切地追求产量、破坏环境、浪费资源。但在反腐力度加大、法治建设逐步推进、环境保护日益受到重视的今天，这种担忧可以适度减轻。提高地方在税收收入中的份额可以降低中央财政转移支付，某种程度上还可以解决"跑部钱进"、分配不公、弄虚作假、贪污腐败等问题。

二是设立新税种，如财产税、遗产税和资本利得税。以美国为例：财产税曾是美国最主要的税种，直到 20 世纪 30 年代初仍占美国财政收入的 40% 以上。后来，由于个人所得税在总税收中的比重上升，财产税的比重有所降低，但它至今仍是美国地方（县和市）政府的主要财政收入来源。财产税可提供财政收入，并有利于调节财富分配。当然，财产税必须建立在对个人财产强有力保护的基础上。除了财产税，许多国家还征收遗产税和资本利得税。不过，在设立新税种的时候，应该降低现有税种的税率，不要再扩大财政收入规模。

三是中央政府应承担起更多的支出责任。目前，我国中央政府的直接财

大国财税改革：构建普惠式经济增长的基石

政支出还不到总财政支出的15%。相比之下，2012年美国联邦政府的直接支出占总财政支出的57%，其中约65%用于养老保障、医疗保障、社会福利保障、教育、扶贫等。我国也应该增加中央政府在社会保障方面的直接支出。由中央政府提供社会保障可提高劳动力的流动性，增强全国人民的向心力。一旦中央政府的直接支出增加，地方政府的直接支出就会减少，地方政府的财政能力就会提高。

四是给地方政府更多的财政自主权。发展地方经济、提供地方公共品是地方政府的责任。中国是一个大国，疆土辽阔，各地资源状况不同，经济发展水平差异很大，公共基础设施建设的需求不同，地方政府的财力也不同。地方政府比中央政府更了解当地情况，因此应该给地方政府更多的权力，让地方政府因地制宜地发展经济。目前，地方政府有调整部分税率的权力，例如医疗保障缴费率等。可以试行让地方政府根据当地情况确定当地征收的税种，地方把应该交给中央的税交上来即可，地方的税让地方管。当然，权力通常和责任相联系，在增加地方政府自主权的同时，必须明确地方政府的责任。

五是努力发展地方经济。我国这轮经济增速的下降与世界经济关系不大，因为美国经济强劲复苏、欧洲经济恢复、石油价格大跌，这些都有利于中国经济的增长。我们要利用有利的国际形势，让中国经济再上一个台阶。过去依靠发行政府债务、搞粗放式发展的模式不能持续，我们必须有新思路。当前，地方政府不再大量举债搞基础设施建设，大型国有企业又面临诸多问题，一时难以为经济增长做出大的贡献。所以支持和鼓励民营经济发展是当务之急。我们要重视个人财产保护，从税收、银行贷款、市场准入等方面给予民营企业公平待遇，支持它们做好、做强。经济发展了，地方财政能力自然就会提高。

总之，近年来我国财政收入增长率大幅下降，而支出需求增速不减，地方财政压力巨大。我们必须提高地方政府的财政能力，包括：提高地方政府的财政收入分成比例，大力发展地方经济，设立新税种；在提高地方财政能力的同时，加强对地方政府的监督。此外，要采用现代化的管理手段，使地方财政收支和债务状况逐步公开透明；在依靠中央政府监督地方政府、依靠上级政府监督下级政府的同时，充分发挥地方民众在监督地方政府方面的作用。

（原载于《国家治理》，2015年第12期，收录于本书时有改动）

增加地方政府财力势在必行

地方政府发挥重要作用的时期已经到来

面临全球金融危机，我国经济增速开始下滑。中国政府已酝酿实施新一轮的扩张性财政政策以刺激经济持续高速增长，加大公共基础设施投资已不可避免。一般人谈及基础设施投资，就会提倡投资于大型公共投资工程，如公路、铁路、桥梁、水库等。近些年来，国家在基础设施建设方面投入巨额资金，建成了许多跨省市的高速公路、铁路、输气管道。如今，中国最缺少的是地方性公共基础设施，如公共交通设施、公用水电系统、公共卫生设施、学校、医院等。

近些年来，由于地方财政困难，地方性公共基础设施建设不足。目前，我国许多城市的公共基础设施，如公共交通设施、公用水电系统、公共卫生设施、公共娱乐设施等还不完善。即使在北京，乘着奥运会的"东风"，在公共交通方面投资已经很大，人们仍普遍希望多修地铁，改进现有公交车的舒适程度，对公共交通基础设施的需求依然很大。别的条件差的地区就更不用说了。地方性公共基础设施不仅直接关系到当地生产的发展，而且关系到人民生活水平的提高。投资地方性公共基础设施，短期内可以解决内需不足、失业增加和经济下滑的问题；长期中可以加快城市化进程，保持中国经济持续快速增长。

地方性基础设施投资需要由地方政府来做。从经济角度讲，地方政府更

大国财税改革：构建普惠式经济增长的基石

了解当地情况，因此地方性的公共品由地方政府提供效率更高。据考证，在美国早期（1790—1842年）的经济发展中，州政府扮演着投资基础设施、促进经济发展的重要角色。州政府主要从事交通运输等基础设施的建设，如修运河、修道路、修铁路等。这一时期美国州政府财政收入的来源主要靠卖地和兴办公司，同时也发行了大量债务。到19世纪30年代末期，美国州政府债务大约是联邦政府和地方政府债务总和的8倍。而从19世纪40年代开始到20世纪30年代初期，美国地方政府（县、市、镇政府）提供了大量的公共品，包括公共交通设施、公用水电系统、公共卫生设施等地方性公共基础设施，这个时期地方财政收入主要来自财产税和发行公债。1929年经济危机前夕，美国地方政府的税收达到全国税收的一半以上，所发行的公债比联邦政府第一次世界大战时期遗留下来的债务还要多。直到20世纪30年代后，美国联邦政府才开始在公共财政中扮演主角，成为政府债务的主要发行者。目前美国联邦政府财政收入主要依赖个人所得税，其债务已达到GDP的70%以上。

目前我国正处在城市化的进程中，未来几十年里，农村人口会不断涌入城市，将对公共交通设施、公用水电系统、公共卫生设施等地方性公共基础设施产生巨大的需求。据联合国预测，2005年我国城市居民人口占总人口的40%，2020年这一比重将达到53%，2030年将达到60%。从绝对量上讲，我国城市人口将从5.3亿上升到8.8亿。今后二十多年，中国必须为新增的3亿人提供在城市居住的基础设施，因此，地方政府在基础设施建设方面的任务十分艰巨。

地方政府税收短缺

地方基础设施的建设需要大量的投资，但是我国地方政府的财政十分困难。1994年税制改革后，中央财政收入增加，地方财政收入减少，没有一个地方政府在任何一年，本级财政出现过盈余，即地方政府年年是赤字，而且赤字规模越来越大。当中央政府本级财政盈余不断增加时，地方财政收入却十分短缺。与此同时，地方财政收入占总财政收入的比重在下降，例如，1993年地方财政收入占总财政收入的比重为78%，到2007年降到46%，但是地方财政支出占总财政支出的比重却在增加。而地方政府没有税收立法权力和发行公债的权力。

地方财政收入短缺。地方政府严重依赖中央财政转移支付（主要是税收返还）。资料显示，地方政府约40%的支出靠中央财政转移支付来解决。中央的补助，级别越低的政府越难得到，这就是乡镇政府财政极其困难的原因。为了弥补财政收入不足，地方政府管辖的行政与事业单位曾经营过企业，但多因经营不善而关闭。地方政府曾出现的"乱收费""乱罚款""乱摊派"行为，在招致"民怨沸腾"后，被中央政府制止。近年来，地方政府依靠城市土地出让收入填补财政缺口。高额的土地出让金推高了城市房价，在一定程度上形成了地方政府与房地产开发商在抬高房价方面的利益一致性。实际上，房地产商依赖高房价牟利，地方政府利用高房价向购房者征收隐性税。然而，土地是有限的，"土地财政"是不可持续的。在房地产市场低迷的今天，土地的出让变得格外困难，地方政府的日子可想而知，难怪它们在呼吁救房市。同时，地方财政收入的短缺造成地方性公共基础设施如城市交通、垃圾处理、污水处理、空气净化、公共环境卫生设备、社区公园等方面的投资严重不足。

地方财政支出占总财政支出的比重在增加。1993年地方财政支出占总财政支出的比重为72%，2007年为77%。在事权的划分上，地方政府主要负责义务教育、公共医疗、社会保障、地方基础设施、环境保护等。由于财政困难，这些方面的投入难以保证。例如，我国政府教育投资占GDP的比重不到3%，低于5%的世界平均水平。再如，政府的医疗支出占GDP的比重，发达国家一般在5%～7%，中国只有2%左右。2006年我国地方政府医疗支出占医疗总支出的98%。由于地方财政困难，政府医疗支出占医疗总支出的比重从1985年的38.6%下降到2005年的18%，个人医疗支出占医疗总支出的比重从1985年的28.5%上升到2005年的52.2%。地方基础设施建设有赖于地方财政。我国的财政收支中没有包括由地方政府管理的社会保障收支，若包括社会保障，地方政府负责的事务就更多了。

地方政府没有税收立法权，也没有发行公债的权力。许多地方政府只好向地方银行借款，或通过其他渠道融资。早在2000年，就有人估计地方政府的债务达到2 000亿元，现在肯定比那时高多了。但这种信息并不公开，我们也很难知道准确数字。人们历来都是指责地方政府，但其实地方政府的有些行为是由财政税收制度决定的。不少贫困地区政府拖欠工资，靠东借西借度日，根本没有余力提供必要的地方性公共品。

解决地方财政困难的问题

解决地方财政困难要靠改革财政税收制度，比如增加中央政府的直接支出，提供更多的公共品；或者增大地方政府的财力。从 2007 年中央和地方的财政支出结构（中央 23%，地方 77%）看，政府提供的地方性公共品远远多于全国性的公共品。中国幅员辽阔，各地情况差别大，让中央直接为各地提供地方性公共品和服务，成本将会很高。目前采取的办法是中央通过转移支付拨款给地方，让地方提供公共品。在改革转移支付体系的同时，应该考虑设立新的地方税种，并赋予地方政府发行公债的权力，让地方政府自己解决一部分财政困难问题。

取消增值税返还，提高地方政府在增值税中的份额

目前的转移支付制度存在一定问题——转移支付的主要部分是增值税返还。根据公开的数据，2002 年增值税返还占总转移支付的 41%，但是现行返还机制严重依赖基数，造成地区间人均税收返还差距无限扩大的趋势。由于增加值增长率提高，税收返还就增加，所以越富裕的地区得到的增值税返还越多；另外，当增加值增长率提高时，地方政府在增值税中的份额实际会下降，即使增长率不变，地方政府在增值税中的份额也会随着时间推移而下降，目前已直逼 25%。现在政府的税收返还基于现价，并受通货膨胀情况变化的影响，通货膨胀时中央政府的增值税份额增加，通货紧缩时中央政府的增值税份额减少。综上所述，笔者建议取消增值税返还，直接提高地方政府在增值税中的份额，这样中央转移支付的规模也就缩小了。

改革转移支付体制，更好地发挥转移支付调节各地财力的作用

除了增值税返还，目前转移支付的另一个重要组成部分是专项补助。这一部分往往需要地方政府的配套资金。2002 年专项补助占总转移支付的

32.7%。许多贫困地区的政府不喜欢专项补助,因为配套资金难以筹措。转移支付中还包括一般性财力补助,2002年这部分资金占总转移支付的22%。每个地方政府都想得到更多的一般性财力补助。贫困地区希望中央扶贫,富裕地区希望中央奖励先进。为了得到中央的补助,各地政府都绞尽脑汁,花费大量人力物力。从理论上讲,转移支付有两个主要功能:一是纠正外部性。一个地区治理风沙可能给另一个地区带来好处,这叫作正的外部性。但治沙地区无法向受益地区要钱,中央政府可以通过转移支付让受益地区补偿治沙地区。二是调节地区间财力。我国贫困省份财政很困难,应该更好地发挥转移支付调节各地财力的作用。

设立新税种

我国在20世纪30年代进行了一系列财税改革,例如,引入累进的所得税和遗产税等直接税。1950年我国就设置了房产税和地产税等税种,后来这两个税种被废除。财产税在美国一直存在。个人所得税在南北战争的时候被引入美国,后因违宪而被取缔,直至20世纪初才得以合法化。此后,美国税收中所得税的比重不断提高,财产税的比重不断下降,两者互补,调节收入再分配。直到20世纪30年代初期,财产税还占美国税收总额的40%以上。20世纪40年代中期,美国个人所得税在税收总额中的比重大幅上升,占到55%以上,相应地,财产税的比重大幅下降。但至今财产税仍是美国地方(县和市)政府的主要财政收入来源。除财产税外,美国还征收遗产税和赠与税。美国联邦政府遗产税的税率2008年为45%,豁免额为200万美元,2011年最高税率为55%,豁免额为100万美元。联邦政府赠与税的税率与遗产税差不多。面对沉重的税负,许多富人都将大量财产无偿捐赠给社会。中国目前尚未开征个人财产税和遗产税,个人所得税在总税收中占的比重很小,收入分配很难通过税收得到调节。征收财产税有助于缩小贫富差距,增加税收收入,解决地方财政收入困难的问题,同时还有助于解决房地产业中的泡沫问题。从长远来看,土地财产税有助于解决土地集聚问题。因此,我国税制改革的方向应该是提高个人所得税的比重,考虑开征财产税等税种,降低企业税负。

允许地方政府适度发行债务

目前,我国地方政府没有发行公债的权力,由中央政府代地方政府发行一些债务。世界上不少国家(如美国、日本、加拿大、德国)的地方政府都有发行公债的权力。日本的地方政府原来不能发行地方公债,第二次世界大战之后日本修改宪法,允许地方政府通过发行债券融资。中国是一个大国,一个省的规模相当于一个中等国家。各地发展水平不同,公共基础设施建设的需求不同,财力也不同,地方政府发行公债的权力就显得更加重要。

近年来,不少地方政府已经向地方银行借款,政府隐性债务已经很大。既然如此,不如让地方政府公开发行债务,使隐性债务公开化,以便于监督和管理。另外,地方政府自己发行债务、自己偿还债务,会增强地方政府的责任心,提高债务资金的使用效率。地方政府知道将来的债务要自己偿还,借的时候就会有所收敛,借来的钱在花的时候也会更加小心谨慎。

如果允许地方政府发行债务,最值得担心的问题就是地方政府滥用权力,导致债务发行失控,出现浪费资金、贪污资金的情况。因此,应该采取多种形式,加强对地方政府的监督。要采用现代化的管理手段,使地方财政收支和债务状况逐步公开透明;除了依靠中央政府监督地方政府、上级政府监督下级政府,随着时代的发展,还应该充分发挥地方民众在监督地方政府方面的作用。

(原载于《第一财经日报》,2009年1月5日,收录于本书时有改动)

"营改增"收官在即,"央地"关系如何从"钱"破题

被称为财税改革"收官战"的营业税改增值税(简称"营改增")正在紧锣密鼓地进行。随着2016年5月1日"营改增"全面推行试点的窗口期临近,涉及1.9万亿元的营业税即将成为历史。增值税如何在中央和地方之间划分,成为一个至关重要的问题。

为了防止"营改增"后地方财政出现较大缺口,关于中央和地方收入划分比例的过渡方案正在加快出台,目前已开始征求意见。

值得注意的是,需要规避"营改增"后可能出现的"中央政府请客,地方政府买单"问题。地方财政本来已捉襟见肘,如果不划分好中央和地方增值税的比例,则"营改增"会加剧地方财政困难。

中央和地方间增值税将如何分成?

"营改增"之后,地方政府税收收入的增长会相应减缓。营业税基本上是地方税,改为增值税后,新的增值税全部返还给地方。我国增值税的标准税率为17%;营业税的标准税率是5%,低于增值税税率。"营改增"后,原来的营业税税基减少了,但税率提高了。例如现代服务业,原来的税率是5%,现在的税率是6%。税收收入的增减依赖于税基和税率的变化。如果税基减少一点,但税率提高很多,税收收入就会增加;反之税收收入就会减少。据统计,

大国财税改革：构建普惠式经济增长的基石

这几年地方政府来自营业税和增值税的税收收入的增长率在下降：2011年为20.3%，2012年为14.3%，2013年为14.1%，2014年为8%。这还没有剔除通货膨胀因素的影响。所以，从税收收入角度看，地方政府并没有从"营改增"中得到好处。2016年的政府工作报告强调，要保证所有企业的税负减少，这无疑会减轻原来缴纳营业税的企业的负担，但也可能降低地方政府的税收收入的增长率。

如何合理地确定中央和地方的增值税分成比例？原有的增值税，中央与地方的分成比例为75∶25。实际上，2014年国内增值税收入总额为30 855.36亿元，地方增值税收入占比就达到了31.6%。根据2011—2015年的《中国统计年鉴》，地方营业税和增值税总和占全部营业税和增值税总和的比重，2010年为50.23%，2011年为51.37%，2012年为52.84%，2013年为55.23%，2014年为56.47%。可见，按照2013年和2014年的分成比例，"营改增"后，地方政府分享的增值税比例应该至少是55%，中央政府的比例最多为45%。

目前，中央政府得到增值税后，还会将一部分返还给地方政府。2014年，中央政府返还给地方政府的增值税和消费税占到增值税总税收的3.37%。然而，现有的税收返还存在许多问题。如果在"营改增"的同时，再取消税收返还，则地方政府应该得到更大的增值税份额。所以，如果把增值税在中央和地方之间的分成比例定为50∶50，地方政府恐怕会很难接受。

分税制改革焕发经济新动能

根据目前中央和地方的收入分配关系，营业税中的绝大部分属于地方政府的收入，增值税是中央和地方的共享收入，75%归中央，25%归地方。"营改增"后，如果地方得到55%或更高的增值税分成比例，将会对中央和地方间的财力分配产生巨大影响。地方政府的财力会逐步增强，基础设施建设也会相应加快，我国经济增长也将焕发出长久的活力。

让地方分享更多税收收入的好处有三点：第一，地方政府的财政困难将得到缓解，基础设施建设也会加快。随着城市化进程的加快，大量人员进城务工，要想解决他们的住行、医疗、子女教育等问题，地方现有的基础设施还远远不够。第二，地方政府促进企业发展的积极性会大大提高。企业多，增值额大，增值税收入就会多。为了增加税收收入，地方政府会积极鼓励本地企业发展，并吸引外企入驻。第三，地方政府有了更多的财政收入，就会继续投资于基础设施建设，从而促进中国经济的增长。

增值税分成比例提高后应该注意的问题

地方政府的增值税分成比例提高后，应注意以下问题：

一是要避免盲目引进企业，削弱环境保护意识和资源保护意识。地方政府为了增加增值税收入，可能放松要求和管制，盲目引进高耗能、高污染、低技术的企业，这会加重环境污染，造成资源的野蛮性开采和严重浪费。

二是要避免地方贸易保护倾向。为了鼓励当地企业的发展，地方政府可能致力于销售本地产品，人为地限制外省产品进入本地市场。这不利于分工和专业化，不利于公平竞争，不利于生产技术和产品质量的提高，会降低整个社会的生产效率。

三是要避免盲目建设，浪费资源。钱多了，地方政府花钱可能更"大方"，建设一些不该建的设施。我国目前在城市建设中存在的主要问题是缺乏长远规划，往往是前面建，后面拆，过度扩大城市占地面积。

总之，在当今经济增长放缓的时期，我国应该及早提高地方政府的增值税分成比例，"放水养鱼"，为地方发展注入新的活力；同时，应该防范和减轻增值税改革可能带来的负面影响，保证地方经济的持续健康发展。

（原载于《人民日报》海外网，2016年4月21日，原标题为"营改增收官在即 央地关系如何从'钱'破题"，收录于本书时有改动）

《人民日报》海外网访谈：
规范增值税制度，让地方享有更多"税权"

"营改增"成效斐然，降低企业所得税势在必行

海外网：财政政策一向是两会期间的热点话题。财政部部长肖捷在日前的全国财政工作会议上表示，2017年将继续实施减税降费政策，适度扩大支出规模，促进经济运行保持在合理区间。过去一年"营改增"的成绩如何？今年减税的规模还将继续扩大吗？2017年财政部又会实行哪些新的减税措施？

林双林：根据2017年政府工作报告，2016年共减税5 700亿元，所有企业的税收只增不减，这是对原有企业的减税。然而，新增企业贡献的税收填补了减少的税收，企业总体税收在增加。

另据财政部2017年1月公布的统计数字，2016年1—12月累计，全国一般公共预算收入159 552亿元，同比增长4.5%；税收收入130 354亿元，同比增长4.3%。"营改增"后，增值税增收，营业税减收。将增值税与营业税合并计算，2016年同比增长5.4%。2016年企业所得税同比增长6.3%，其中，金融业企业所得税增长2.7%，工业企业所得税下降1.3%，房地产企业所得税增长26.8%。

2017年减税规模缩小到3 500亿元，减少涉企收费2 000亿元。2016年非税收入29 198亿元，同比增长5%，比税收收入增长快。有些收费项目繁多、不规范，企业意见大，应该予以缩减或免除。

"死亡税率"说法不实,外部环境恶化或为原因

海外网:针对企业税负的话题在2016年被炒得沸沸扬扬,对于民营企业,降低企业所得税是否势在必行?中国企业面临"死亡税率"的说法是否属实?

林双林:我认为降低企业所得税的确势在必行,也是国际大趋势。理论和实证研究都表明,企业所得税是对经济"杀伤力"最大的税种,降低企业所得税会有效地促进中国经济发展。

从世界范围来看,近三十年来各国的企业所得税税率大多呈下降趋势。OECD的相关资料显示,各国企业所得税税率都在下降。例如,从2000年到2016年,英国企业所得税税率从30%下降到20%,德国从52.03%下降到30.18%,瑞典从28%下降到22%,挪威从28%下降到25%,芬兰从29%下降到20%,爱尔兰从24%下降到12.5%,捷克从31%下降到19%。

值得注意的是,美国总统特朗普早前提议将美国企业所得税税率降到15%,美国众议院领袖也将建议将企业所得税税率降到20%,特朗普在竞选时提出,要将美国联邦企业所得税税率降低到15%或20%。目前,美国联邦企业所得税税率很高:最低边际税率为15%;企业所得在10万美元到33.5万美元之间,边际税率为39%;企业所得在1 833.3万美元以上,边际税率为35%。此外,不少州还有企业所得税,个别州的最高边际税率超过10%。如果特朗普兑现自己的减税诺言,美国企业的竞争力将大大增强。其他国家若不相应降低自己的企业所得税税率,其企业的国际竞争力将大大减弱。美国股市最近不断创新高,就是受到减税预期的鼓舞。

最近,我国企业利润下滑,经营困难,有的甚至出现倒闭,这与企业所得税税率有关,但不是税率变化引起的,而是经济环境的变化造成的。

实际上,中国的企业所得税很重,企业所得税占总税收的比重也呈上升趋势,从1995年的14.6%上升到2015年的21.7%。以2014年企业所得税占总税收的比重为例,中国的该比重为20.7%,而OECD国家的平均值仅为7.8%。据OECD统计,2014年企业所得税占总税收的比重,德国为4.2%,法国为4.5%,英国为7.5%,美国为10%,西班牙为5.9%,芬兰为4.4%,匈牙利为3.9%,都大幅低于中国。

大国财税改革：构建普惠式经济增长的基石

此外，目前我国企业所得税的税基也偏大。《中华人民共和国企业所得税法》规定，在计算企业的应纳税所得额时，成本、费用、损失、按照规定计算的固定资产折旧、年度利润总额12%以内的公益性捐款、存货成本等项目可以扣除，而股息、红利、特许权使用费、部分固定资产折旧等项目不能扣除。实际上，我们可以通过扩大企业成本中允许税前扣除的项目范围，缩小税基，降低企业税负；也可以考虑降低税率。

个税改革方向渐明，综合与分类相结合成趋势

海外网：作为与老百姓息息相关的民生问题，个人所得税（简称"个税"）一直都是舆论的焦点。2016年最热门的话题之一便是"年收入12万元以上被定为高收入，将成个人所得税调节重点"。有分析人士表示，按照财税体制改革的进度，2017年个人所得税改革方案将出台，具体方案今年内有望出台。对此您怎么看？个人所得税改革方案出台后，对各收入群体会有什么样的影响？

林双林：我们必须认识到，个人所得税改革很复杂，2017年个人所得税改革方案能否出台依然存在很大的不确定性。我认为，2017年的个人所得税改革方向很清楚，就是实行综合与分类相结合的形式。

目前我国实行的是分类个人所得税。我认为，我国应该建立综合个人所得税制度，考虑家庭因素，使税收更能发挥调节收入分配的作用，政府也可以通过不同的方式实现公平。日本实行综合与分类相结合的个人所得税制度，除利息收入，将所有收入综合在一起征税。美国实行综合个人所得税制度，即将个人的所有收入加总起来，扣除一部分开支，然后再按照累进税率课税。综合收入包括工资收入、利息收入、资本利得、稿酬，等等。扣除项目包括赡养人口固定扣除、房屋贷款利息、个人捐赠、个人部分投资亏损、为提高自身能力的花销（如买书、参加会议），等等。

此外，税率的确定很重要。目前我国个人所得税的最高边际税率已经很高，达到45%，不能再提高了。美国个人所得税的最高边际税率2012年是35%，现在是39.6%。

至于改革方案对各收入群体的影响，这要看改革后的税率和税基。我国个人所得税改革后，可能高收入者的税收会增加，低收入者的税收会减少，

孩子多的群体的税收会减少。

个税起征点应浮动调整，扁平化控制边际税率

海外网：说到个人所得税改革，人们最先想到的问题就是起征点。截至目前，我国个人所得税起征点在2006年、2008年和2011年提高过三次，由800元一路调高至3500元。此次个人所得税起征点是否会迎来第四次调高？调整后的金额可能是多少？在个人所得税的征收模式上会有哪些新变化？

林双林：我想今年个人所得税的起征点有可能会调整。其实我认为，起征点应该每年根据通货膨胀因素上调。我国个人所得税占总税收的比重很低，2016年为7.7%左右，而美国的个人所得税占总税收的50%左右。另外，我国幅员辽阔，各地收入、物价差别很大。在个人所得税的征收上，现在是实行"一刀切"的政策，将来可以考虑各地实行不同的起征点，也可以考虑让地方政府自行征税。

海外网：同时，劳动所得的边际税率过高、征收制度滞后、没有实行自行申报等问题又该如何解决？

林双林：我国个人所得税的最高边际税率为45%。具体来说，月薪超过80000元以上部分的税率为45%。个人所得税实际上是对人力资本征税，因为高工资都是人力资本所得。经济增长研究表明，人力资本是经济发展的关键，增加个人所得税不利于人力资本积累，所以个人所得税也不能过高。我计算了一下，我国个人所得税的平均税率不是特别高。月薪8 000元的人，平均税率为4.3%；月薪12 500元（年150 000元）的人，平均税率为10%；月薪58 500元（年702 000元）的人，平均税率为23.5%；月薪103 500元（年1 242 000元）的人，平均税率为30.4%。

我认为，我国现有的个人所得税档次太多（7档），应该考虑减少档次，降低最高边际税率，使边际税率稍微趋于扁平。此外，我国的个人所得税是按月收入征收的，不像美国按年收入征收；也没有年终的退税与追缴，信息收集也相应落后。

大国财税改革：构建普惠式经济增长的基石

个税专项抵扣要合理，不能让"炒房者"得益

海外网：在您看来，哪些项目可能被纳入个税专项抵扣范围？又有哪些人群将获益？抵扣过程中还需要注意什么原则性问题？

林双林：我认为应该将个人的所有收入加总起来，扣除一部分开支，然后再按照累进税率课税。扣除项目可以包括赡养人口固定扣除、房屋贷款利息、个人捐赠、个人部分投资亏损、为提高自身能力的花销（如买书、参加会议），等等。同时，低收入者、买房付息者、孩子多的群体应该会从中收益。

个人所得税改革的目标是税收公平，是让有能力纳税的人多纳税。但我们需要注意的问题是，抵扣要合理，不能无边界。就房产税而言，用房屋贷款利息抵扣个人所得税时，要对房屋的套数有限制，不要让炒房者得益。

海外网：感谢林老师的精彩分享！今天的采访到此结束。

（原载于《人民日报》海外网，2017年3月14日，收录于本书时有改动）

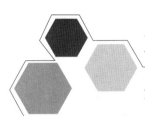

第五篇
基础设施建设

　　基础设施不仅是经济发展的关键,而且对人民生活水平的改善至关重要。我国正处于城市化和工业化的快速发展阶段,社会对基础设施及公共品和服务的需求不断增加。由于基础设施具有公益性,政府就成为其主要提供者。本篇为我国基础设施建设提供了许多政策建议。除了继续做好交通领域和生活领域的基础设施(包括公路、铁路、桥梁、地铁、机场、港口、水电煤气管道、下水道、垃圾处理等)的建设,也要加强诸如多层停车场、过街天桥等城市基础设施的建设;要增加体育设施投资,提高人民的身体素质,降低现在和未来的医疗卫生开支;要增加教育支出,早日普及十二年义务教育;要加大环境保护方面的投资,加大生态保护的力度。另外,基础设施要经过周密规划和设计,要重视质量,加强维修管理。

我国城市急需哪些基础设施？

过去二十多年来，我国在铁路、公路等基础设施建设方面取得了巨大成就。近年来我国经济增长速度下滑，包括煤炭、钢铁、水泥、平板玻璃、铝等在内的许多行业出现产能过剩，"去产能、去库存"已经被列为今年经济工作的重要任务。其实，基础设施建设不仅可以促进经济发展，改善人民生活，而且可以解决当前的产能过剩问题。我国城市化正方兴未艾，还有许多城市基础设施匮乏，许多以往的基础设施由于质量差需要重新修建，可谓百业待兴、百废待举。那么，目前城市急需哪些基础设施呢？

一是立体停车设施。21世纪以来，中国小汽车保有量快速上升，尤其是2008年全球金融危机发生后，国家以补贴形式鼓励汽车消费，私人汽车保有量大大增加。同时汽车价格下降，也进一步促进了汽车的消费。然而，由于各个城市缺乏准备，停车设施的建设并没有跟上汽车保有量增长的步伐，汽车往往"泛滥成灾"，不仅占据校园、小区，妨碍居民正常出入，还经常挤占街道甚至非机动车道和人行道空间，造成交通堵塞。面对快速增长的汽车保有量，修建能充分利用有限空间的立体停车设施是一个好方法。发达国家的立体停车设施就很完善，为了减少对土地的占用，无论大中小城市都修建了很多高层停车场。我国的人地矛盾比许多发达国家还要尖锐，城市本就"寸土寸金"，车辆停泊还占用了不少空间。积极修建立体停车设施，不仅可以改善生活环境、便利居民交通，还可以提高城市空间的利用效率。

二是过街天桥。我国大城市的一大弊病，就是交通秩序混乱，汽车拥堵，行人也"添堵"。有的街上行人太多，过马路时一拥而上，造成拥挤；许多行人过马路时不遵守红绿灯指示，妨碍机动车行驶。要调解人流和车流的冲突，修建过街天桥是一个好方法，特别是在大城市的繁华地带，过街天桥必不可少。新加坡的人口密度高，道路繁忙，于是政府在道路上修建了许多过街天桥，减少红绿灯，使得交通畅通无阻。为了方便行人，新加坡政府还在许多过街天桥上下处安装了自动扶梯。我们也可效仿新加坡的做法。从设施属性来看，过街天桥是公共品，可以大大改善城市生活质量，因此政府更应该积极提供。

三是体育设施。体育锻炼能够丰富人们的生活，增强人们的体质，减少医疗卫生开支。我国人口众多，但是体育设施非常有限，其中又以学校里最为明显。在各个学校，体育馆就算付费使用，也常常人满为患，游泳馆、篮球场、羽毛球场往往"一场难求"。过去电子设备的诱惑不多，学生们业余时间只能跑步、打球，对体育设施的要求不高。现在有很多其他不利于健康的娱乐方式在和体育运动争夺时间，在这种情况下，通过良好的体育设施来增加学生的锻炼时间就显得尤为重要。因此，我国大学里的体育设施还需继续扩充。另外，体育设施更应该走出校园，走进社区。在许多国家如新加坡，除学校之外，社区体育设施也很完善，而我国的社区体育设施相对而言更加缺乏。所以，我们在兴建学校体育设施的同时，还要大力兴建社区体育设施。

四是学校。我国的城市化尚未完成，大量的"新移民"进入城市，他们本身需要继续接受教育，提高知识技能水平，这是提高我国整体文明程度的需要。这些"新移民"的子女也应该受到和城市居民子女一样的教育，但这方面我们目前做得还远远不够。很多进城务工人员的子女离开父母，回到农村上学，成了留守儿童。留守儿童平时得不到父母照顾，通常由祖父母照管，不少要么放任自流，要么被娇惯溺爱，将来很难融入社会，也会带来很多社会问题。所以，我们一定要在城里建学校，让孩子们在父母身边上学，这对个人和社会都有益无害，也是地方政府不可推卸的责任。

五是公共图书馆。公共图书馆便于少年儿童进行课外阅读，便于社区居民提高文化生活水平，更便于知识的传播。美国各个城市里都有许多公共图书馆，藏书丰富，也不乏音像制品，市民可以随意借阅。这些图书馆里还有电脑，供买不起电脑的低收入者使用。我国的城市公共图书馆数量还相对较少，规模也较小，在当前产能过剩的情况下，兴建一些公共图书馆不失为一个好的投资方向。高质量的公共图书馆可以提高少年儿童的知识水平及想象力，丰富成人的文化生活,更是帮助低收入者的一种方式。因为公共图书馆对公众免费开放,低收入者就能有机会接触到更多知识资源。

六是医院及公共卫生设施。目前我国一些医院的硬件设施还不完善。很多县级以上医院里人山人海,普通病房里也人满为患,医疗环境欠佳。很多发达国家的医院设备很齐全,环境和卫生条件很好。随着经济的发展,人们对健康的要求越来越高,医疗卫生支出占比会不断上升。我国不仅需要提高总体医疗支出,而且需要不断改善医疗条件,只有这样才能满足人们日益增长的需求。公共卫生设施怎么改善?有些医院可以盈利,可以由民营企业去办;有些医院不能盈利,政府可在用地等方面给予扶持;政府也可扩建公立医院,改善医院的条件。另外,政府应该加大对公共卫生设施的投资,例如增建和改建公共厕所,修建垃圾清理和处理设施,改变我国的公共卫生面貌。

当然,城市基础设施还有许多方面需要改善,例如雨水排泄系统、污水处理设施、电线穿管埋地工程,等等。可见,城市基础设施建设是一项艰巨而长期的任务。需要强调的是,在进行基础设施建设时,一定要有周密的规划,不要随心所欲,以免浪费人力物力。修建基础设施时要有前瞻性,要改进设计,提高质量。不要再建那些粗制滥造、很快会被淘汰或损坏的设施,这不利于长远的经济效益。发达国家无不重视基础设施的质量,很多有着上百年历史的建筑仍然美观坚固。而在我国,投资效率低是目前基础设施建设的主要问题,我们要从规划、设计和质量方面入手解决这个问题。

基础设施建设的资金从何而来?地方政府可以利用税收收入、基金收入,以及通过发行债务解决融资问题。我国储蓄率极高,资金充足,长期以来有资本净流出。与其让这些多余的资本流出国外,投资于不稳定地区的基础设施,还不如将其留在国内,把国民需要的基础设施先做好。公共基础设施建设的社会效益很高,我们要进行社会成本和社会效益的分析,使社会净效益最大化。基础设施建设可以用债券融资支持,因为许多公共基础设施会惠及后代,让后代承担一些成本也是合理的。当然,我们应该尽量为后代造福,避免过多地留债。

总之,与发达国家比,我国城市建设仍然相对落后,还有许多基础设施急需改善。与此同时,我国又面临钢铁、水泥、玻璃等行业产能过剩的局面。此时地方政府应该有所作为,积极推动城市基础设施建设,消化过剩产能。

在此过程中，我们应该做好城市建设规划，提高基础设施质量，努力建设便利、环保、美丽、文明的现代化城市。

（原载于《中国青年报》，2016年7月1日，收录于本书时有改动）

城市化需要长远规划

城乡隔离思想阻碍着城市化的进程

人类文明进步的一个显著标志就是城市的形成、发展和城市化。中国的城市化经历了艰难的历程。1958年开始实行的户籍制度限制人口的自由流动,直到改革开放前,中国基本实行城乡隔离政策,城市化的进程停滞不前。改革开放以来,中国在经济上取得了巨大成就,城市化的进程也逐步加快。

2009年,中国的城市化水平(城市人口占总人口的比重)为46.6%,低于世界平均水平(50.6%),相当于英国1841年(48.3%)、美国1910年(45.6%)、日本1965年(47.4%)、韩国1975年(48%)的水平。

中国各地的城市化水平差别极大。例如,2008年,北京、上海的城市化率已经达到80%以上,然而,贵州的城市化率只有29%。中国目前仍然是以一家一户的小农经济为主,劳动生产率低下,城乡收入差别很大。

2000年6月13日,中共中央、国务院下发了《关于促进小城镇健康发展的若干意见》,规定"从2000年起,凡在县级市市区、县人民政府驻地镇及县以下小城镇有合法固定住所、稳定职业或生活来源的农民,均可根据本人意愿转为城镇户口,并在子女入学、参军、就业等方面享受与城镇居民同等待遇,不得实行歧视性政策"。改革开放三十余年来,小城镇户籍制度的改革有了一定的进展。

然而,大中城市仍维持着五十多年前建立的二元户籍制度,户籍制度的改革尚未开始。农村劳动力虽然大量涌入城市,从事非农业生产,但身份上仍然是进城务工人员,不能取得城市户口,不能享有与城市居民同等的待遇,他们的子女也不能享受与城市居民子女同等的教育权利,许多进城务工人员最后不得不返乡。他们的子女由于得不到良好的教育,很可能成为"第二代进城务工人员"。城乡差别越大,人们迁徙到城市的愿望就越强烈。中国想实行农村城市化的发展战略,先是建设"新农村",后来又鼓励小城镇化,力图就地解决农民问题,这在某种程度上是以前城乡隔离思想的延续。

发展大城市的好处

为了提高农业劳动生产率,缩小城乡差别,中国必须实行城市化和大农业的发展战略。不仅如此,中国还应该实行"发展大城市"的战略。大城市有许多优越之处,比如有利于提高资源利用率,产生规模效益;有利于信息传播、知识交流和创新;有利于提高人们的文化生活水平。

第一,大城市的土地利用率高,发展大城市有利于节约用地。中国是世界上人口最多的国家。在中国这样一个人口多、耕地少的国家,发展大城市显得极为重要。2005年,世界人均耕地面积为3.35亩,其中澳大利亚人均36.5亩,加拿大人均21.7亩,俄罗斯人均16.8亩,美国人均8.8亩,巴西人均4.9亩,法国人均4.6亩,印度人均2.2亩,德国人均2.16亩,英国人均1.43亩,而中国人均仅1.2亩,耕地相当紧缺。过去由于交通条件的限制,城镇都建在较好的土地上。如果发展小城镇,大量的良田就会被占用,目前这种现象已经出现。因此,为了节约耕地,保证粮食和其他农产品的供给,大城市应该是中国未来发展的方向。

第二,大城市具有规模经济效应。大城市的基础设施和公共服务具有规模效应,许多基础设施的固定投资很大,服务的人数越多,单位产品的成本就越低,如城市的电力、煤气、饮用水、污水处理、公园、道路等。例如,在北京、上海这样的大城市,地铁和公交车都是满负荷的,商店总是人山人海,道路上总是车水马龙,可见基础设施的利用率非常之高。

第三,大城市的教育有规模效应。大城市往往是国家、省市和地区的科技、教育、文化、政治中心,教育条件好,教师水平高,教学质量好。对于一定的教学资源(包括师资、校舍和设备等),利用的人越多,人均成本就会越低。

在中国，大城市是人们向往的地方，教师们愿意留在大城市教书，学生们愿意到大城市去读书。发展大城市能提高教育质量，节约政府的教育支出。

第四，大城市医疗设备利用率高，有利于引进高级设备和高级人才，改善医疗条件。大城市有利于发挥有特长的专家医生的作用，提高他们的劳动生产率。许多小城镇缺医少药，病人们都愿意到大一点的医院去看病，但由于远离城市、远离好的医院，不少病人的病情都被耽误了。

第五，城市的规模扩大有利于分工和协作，有利于服务业的发展。2009年，中国服务业占 GDP 的比重为 42.6% 左右，而发达国家服务业占 GDP 的比重一般在 70% 以上，因此，服务业在中国的发展潜力巨大。大城市的服务业发展快，服务水平也高。

第六，大城市有利于信息传播、知识交流和创造。大城市往往是教育和科研中心，人口集中，信息和知识容易得到传播。大城市也是各种高级人才集聚的地方。高级人才汇集到一起，有利于科学研究和发明创造。

第七，大城市有利于提高人们的文化生活水平。大城市人口多，为体育和文化艺术工作的开展提供了必要条件。专业的体育团体、艺术团体往往都是在大城市（像芝加哥的公牛队、纽约爱乐交响乐团）。小城市由于人口少，这些体育、文艺团体大多难以生存，所以小城市的体育、文艺活动相对较少。

此外，根据中国 2000 年人口普查的数据，上海的人均寿命为 78.14 岁，北京为 76.1 岁，天津为 74.91 岁，这三个大城市的人均寿命都高于全国人口平均寿命（71.4 岁）。这或许可以说明，大城市在提供给人们众多优越条件的同时，也是提高人均寿命的因素之一。

总之，大城市有很多优势，我们不仅应该实行城市化，而且要放远眼光，规划和发展大城市。

国际经验

纵观世界各国的城市化进程，我们可以发现，各国的城市化率都在提高，城市规模越来越大，人口由小城市向大城市汇聚。另外，人口密度越高的国家，城市规模越大，大城市人口占全国人口的比重越高。各国城市化的特征如下：

第一，城市化率在提高。即使是已经完成工业化的国家，城市化率仍然在提高。例如,英国的城市化率在 1950 年为 79%,1970 年下降为 77%,1980 年为 88%,2000 年为 89%,2005 年为 90%;美国的城市化率在 1950 年为 64.2%,1970 年为 73.6%,1980 年为 73.7%,2000 年为 79.1%,2005 年为 80.8%;日本的城市化率在 1950 年为 34.9%,1970 年为 53.2%,1980 年为 59.6%,2000 年为 65.2%,2005 年为 66%;韩国的城市化率在 1950 年为 21.4%,1970 年为 40.7%,1980 年为 56.7%,2000 年为 79.6%,2005 年为 80.8%。上述国家中,只有英国在 1950—1970 年间城市化率有所下降,但之后就急剧上升,成为世界上城市化率最高的国家之一;其他国家的城市化率都在逐年提高,韩国在 1970—2000 年间的城市化速度十分惊人。应当指出,这些国家的城市化率是指居住在城市的人口与全国总人口之比,但住在农村不一定意味着从事农业生产。日本农业人口占总人口的比重为 5% 左右,而美国的这一比重仅为 1%。

第二,城市规模越来越大。据联合国统计,2010 年世界上规模最大的 16 个城市如下:东京,人口 3 686.0 万,占日本人口的 28.7%;德里,人口 2 198.8 万,占印度人口的 1.8%,上海,人口 2031.4 万,占中国人口的 1.5%;墨西哥城,人口 2 013.7 万,占墨西哥人口的 17.2%;圣保罗,人口 1 966.0 万,占巴西人口的 10%;大阪,人口 1 931.3 万,占日本人口的 15%;纽约市,人口 1 836.5 万,占美国人口的 6.0%;孟买,人口 1 825.7 万,占印度人口的 1.5%;开罗,人口 1 689.9 万,占埃及人口的 20.1%;北京,人口 1 644.1 万,占中国人口的 1.2%;达卡,人口 1 473.1 万,占孟加拉国人口的 9.7%;布宜诺斯艾利斯,人口 1 424.6 万,占阿根廷人口的 34.6%;加尔各答,人口 1 400.3 万,占印度人口的 1.1%;卡拉奇,人口 1 261.2 万,占巴基斯坦人口的 9.1%;伊斯坦布尔,人口 1 258.5 万,占土耳其人口的 17.4%;里约热内卢,人口 1 237.4 万,占巴西人口的 6.3%。其中,上海、北京是中国最大的两个城市,人口绝对量分别列世界第 3 位和第 10 位。

第三,人口从小城市向大城市汇聚。从目前的趋势看,人口不仅从农村向城市流动,而且正从小城市向大城市汇聚。以日本为例,日本在城市化过程中形成了三大都市圈:"东京都圈",包括东京都和周围七个县;"名古屋圈",包括名古屋市和周边八个县;"大阪圈"(又称"近畿圈"),包括大阪府和七个县。值得注意的是,在日本总人口减少的情况下,"东京都圈"

的人口却在急速膨胀，许多人从其他城市涌入东京。

第四，人口密度越高的国家城市规模越大，大城市人口占全国人口的比重越高。日本、韩国的人均土地还不到中国的一半，其中日本人均土地为0.512亩，韩国人均土地为0.508亩，所以日本和韩国都实行发展大城市的战略。新加坡的人均可耕地只有0.002亩，所以实行百分之百的城市化。

发展大城市利大于弊

任何事情都是有利有弊，我们不可能完全消除不利的一面，经过权衡利弊之后，只要利大于弊就行了。当然我们要尽量使弊端最小化，利益最大化。大城市会出现如上班地点与居住地相隔较远、交通拥堵、空气污染、犯罪率高等问题，但这些问题都是可以依靠发展来解决的。

交通拥堵可以靠发展公共交通（比如修建地铁），以及进行适当的交通管制来解决。比如，在美国，许多去纽约的人都是将车停在城市以外，坐地铁去纽约市中心；去华盛顿特区的人，在高峰时，车内乘坐多人才可利用捷径。另外，新加坡等城市的公共交通非常发达；东京、大阪如此大的城市，交通也井然有序。大量地铁网络的修建、公共交通的发达，可减少堵车和过多私人汽车的使用，从而减少空气污染。

其实，目前中国污染最严重的城市并不是北京和上海，大部分是小城市。这些污染都是生产性污染，不是消费性污染。2012年上半年全国113个重点监测城市中，空气污染指数PM10最高的十个城市依次是：乌鲁木齐、兰州、北京、成都、铜川、济宁、西安、渭南、开封、西宁。[1]许多中西部不发达的山区，农业条件差，人员又无法流动，只能"靠山吃山"，挖矿、烧石灰、造水泥，粉尘污染极其严重。这些地方在招商引资时，往往只能吸引到那些污染比较严重、已被国外淘汰或禁止的产业。环境污染严重威胁到一些地区人民的身体健康。

另外，随着现代科技手段（如录像、录音等）的采用，对犯罪的威慑和

---

[1] 中华人民共和国生态环境部. 2012年上半年环境保护重点城市环境空气质量状况[R/OL].(2018-08-23)[2020-05-01].http://www.mee.gov.cn/gkml/hbb/bgg/201208/W020120823509623593751.pdf.

遏制力量也在加大。这些高科技手段在大城市更容易被采用，效率更高。

总之，随着经济的发展，大城市的一些问题可以得到解决，大城市的负面影响可以得到控制，大城市的优势可以得到充分发挥。

放眼未来，及早规划

中国目前有13亿人口。据估计，到2020年，中国人口数量会达到14.5亿。中国幅员辽阔，应该发展一批区域性大城市，让每个城市能容纳上千万人口，加上一些小城市，城市人口就能占到全国人口的绝大多数。

发展大城市首先要考虑到自然资源和其他客观条件。日本东京和其他城市能发展起来，主要是因为这些城市有丰富的水利资源。日本是岛国，雨水多，淡水多，这为城市发展提供了必要条件。中国也应该在水利和其他自然条件允许的地方发展大城市。

城市化需要财政的积极支持。为了避免浪费，我们要在城市化的前提下、在发展大城市的长远目标下，安排政府投资，引导民间投资。要防止将过多的资金投入农村和小城镇，造成不必要的浪费。过去政府投资建了一些农村小学，但不少小学如今都是空房，原因是农村学龄儿童正在减少，很多人将孩子送往师资较好的县城上学。我们要谨慎兴建钢筋水泥建筑，过去的土木结构建筑容易腐烂，而大量钢筋水泥建筑将来是需要清理的。美国已经开始清理一些旧工厂的钢筋水泥建筑，但这样做的成本很高。

在确定了城市化发展的大方向后，中国应该对大城市发展做好长远规划。日本政府从1962年开始制定《全国综合开发计划》，以后又进行了多次修改，在全国范围内统筹规划工业分布，开发新的产业集群，合理分工，协调发展。中国也应该动用人力物力，对全国范围内的城市发展进行合理布局，对具有发展潜力的城市进行认真、合理的规划，并提供必要的扶持，使这些城市逐步成长起来，服务于经济发展，造福于人民。

（根据作者2013年12月在北京大学中国公共财政研究中心"2013年中国公共财政论坛"上的发言整理，原载于北京大学国家发展研究院官网，2015年12月29日，收录于本书时有改动）

中国应考虑实行十二年义务教育

过去三十年间，我国在经济上推行市场化改革，实行对外开放，劳动者的积极性得到空前发挥，经济高速发展，取得了举世瞩目的成就。国家从来没有像今天这样强大，人民从来没有像今天这样富裕。随着经济的发展，政府出台了许多惠及民众的政策措施。然而，政府在教育方面的投资还远远不够，未达到1993年《中国教育改革和发展纲要》确定的2000年财政性教育经费支出占GDP 4%的目标，致使公共义务教育不能适应时代发展的要求，直接影响到国家未来的竞争力、国民的素质、社会的公正及和谐。

我国的义务教育发展较慢。我国从2007年开始普及从小学到初中的九年制义务教育，但九年义务教育还不够，实行十二年义务教育在当前已经成为一种全球性的趋势。美国早在第二次世界大战后就已实现十二年义务教育和十六岁以下群体的强制性义务教育。我国人口众多，如果教育水平不高，人口多就会成为负担；如果教育水平提高上去了，人口多就会成为人力资本优势。我国要实现从人口大国转变为人力资本大国的目标，将沉重的人口负担转化为巨大的人力资源，就应该实行十二年义务教育。

义务教育不仅是在培养有知识的劳动者，生产人力资本，而且是在扶贫。实行十二年义务教育可以使贫困家庭的孩子获得同等的受教育机会，使社会更公平、和谐。另外，实行十二年义务教育可以缓解就业市场的压力。目前还有相当一部分初中生毕业后不能上高中或中等职业学校，而直接进入劳动力市场，很多中等职业学校的学生也以实习为名，毕业前一年多就进入劳动力市场。笔者最近所作的一项调查显示，在一些贫困地区，初中毕业后直接进入劳动力市场的人数，占初中毕业生总数的 25% 以上。根据教育部最近公布的数据，全国平均有 15% 的初中毕业生不能进入高中或中等职业学校。伴随着全球范围内的金融危机，我国的失业率也在增加。如果实行十二年义务教育，就可以缓解当前就业市场的压力，使社会更加稳定和谐。所以，国家把钱花在义务教育上可以解决许多重大问题，是最划算的。

我国有财力实行十二年义务教育。只要教育经费支出占 GDP 的比重达到规划的 4%，国家不仅可以解决高中义务教育的经费问题，而且还可以用剩下的资金解决教育方面的其他问题。

教育生产人力资本，提高国民素质

中华民族自古以来就注重教育，认为读书可以使人增长知识、提高道德水平、增强辨别是非和解决问题的能力。在过去，人们认为读书可以做官，民间就流传着不少穷苦孩子通过读书而成为文官武将的动人故事。也有不少百姓认为读书不是为了做官，而是为了明理。过去许多人家的门匾上写着"耕读"二字，激励子孙一边耕田一边读书。那时候，人们不大讲"发展"，认为只要能像以前一样就行。政治家怀念的是古时候的尧舜禹汤，普通百姓最怕的就是一代不如一代。"发展"这个观念是近代才兴起的，这个观念被重视后，教育的作用就大大提高了。

第一，教育生产人力资本，而人力资本被公认为是经济发展的关键因素。亚当·斯密在《国富论》中认为：徒弟向工匠学习是一种投资，这种投资的目的是在未来获得回报。然而，在相当长的一段时间里，人们不敢提人力资本，认为这样就把人与机器一样看待。20 世纪 60 年代，美国经济学家舒尔茨公开提出人力资本的概念；现在人力资本已成为时髦用语。而教育正是获得人力资本的重要途径。世界各国都十分重视教育。20 世纪 80 年代中期，美国总统里根去一所大学演讲，演讲题目就是"今天的教育，明天美国的竞争力"。教育对我国来说又何尝不是如此？我国早在 20 世纪 60 年代末和 70 年代初就着手在农村普及初中教育，建立农业中学，普及七年一贯制教育（小学五年，初中两年），使初中入学率大大提高。当时的人力资本投资无疑对我国改革开放后的经济发展起到了重要作用。

第二，高中时期的教育回报率是相当高的。经济学里有一个概念，叫做回报递减规律，意思是当某种要素投入量较小时，每单位追加投入的回报是会递增的。学生在高中时期所学的都是一些最基本的知识，这些知识很有用。笔者最近的研究发现，高中毕业生越多的省份，人均农业产量越高。我国目前高中阶段涉及的都是一些最基本的知识，应该让所有人掌握。现行教育体制过早地剥夺了一部分人受教育的权利，过早地将他们淘汰了。用经济学的语言，就是在投资的边际回报率还在上升时就不再投资，造成了经济效益的损失。把义务教育推广到高中阶段会提高劳动生产率，促进经济的发展。

第三，教育具有良好的外部效益。一个人受到的良好教育不仅有益于自己，也可以使别人无偿受益。一般来说，和受过良好教育的人在一起，可以增长知识、提高技能、拓展思路、陶冶性格、文明举止。高中毕业生受的教育多，社会从他们那里无偿得到的益处就多。鉴于教育良好的外部效益，世界各国政府都在补贴教育。

义务教育的核心在于扶贫

既然教育很重要，那么强制人们接受教育就行了，为什么还要强调义务教育呢？实行义务教育，主要是考虑到低收入群体的教育负担，是为了扶贫。

加大义务教育投资是一项有力的扶贫措施。政府教育投资不足，家庭就需要加大支出，而教育支出是贫困家庭的沉重负担。由于低收入群体最需要义务教育，政府增加教育支出实际上是在扶贫。实行义务教育会使贫困家庭的孩子有受教育的均等机会。近些年来，我国贫富差距加大，也使得一些人产生了"仇富"心理。一个人若能享受到国家提供的十二年义务教育，对社会的感恩之心自然会增加，对社会的抱怨会大大减少。这样，社会也就会更公正、和谐。

在我国，重男轻女的思想在中国某些农村地区还存在，贫困家庭如果有儿有女，在不能保证所有孩子都上学的情况下，一般更愿意供男孩上学。而许多研究表明，孩子的受教育水平与母亲的受教育水平密切相关，母亲对孩子的影响最大，母亲受到的教育少，可能会影响下一代人的成长。

高中教育机不可失、失不再来。教育是关系到一个人一生的大事。学生初中毕业后如果不继续上学，今后五六十年都是初中文化程度。初中毕业的孩子们身心还没有发育成熟，就开始从事体力劳动，不利于他们健康成长。一般来说，初中毕业生只能打工，干些低附加值的体力劳动，很难摆脱贫困。在美国，经常可以看到中老年人背着书包上大学，但几乎看不到中老年人背着书包和孩子们一起上高中。可见，学生高中毕业后如果不上大学，以后还是有机会的；但高中教育如果错过了，就是一辈子的事。

教育是关系到子孙后代的大事。笔者最近访问一所贫困地区的中学，校园的大标语是："一人身系几代人，今日不搏待何时？"看了很让人感动。校长解释说："书读好了，收入一般会高一些；一个人读好书，就有能力赡养父母；一个人有知识，也有利于教育好子孙后代。"还有一次笔者在对一个少数民族地区调查时，一位年长的农民在座谈会上说："我们不希望孩子再务农了，只要国家把教育和科技培训做好就行了。"可见，普通的农民都已经认识到了教育的重要性。

重视教育，一个国家或地区就会发展和强大

义务教育起源于德国。17世纪初期，德国的学校法令规定父母应送其6—12岁的子女入学，这是最早的义务教育。20世纪初期，德国实行八年义务教育，职业义务教育到18岁，困难家庭还可申请生活补贴；20世纪70年代，德国的义务教育延长到十年；目前德国是实行十二年义务教育，公立学校学费全免，教科书等学习用品费用部分减免。

日本从19世纪末开始实行义务教育。第二次世界大战后，伴随日本经济的复苏和不断发展，日本将义务教育延长为九年，20世纪40年代末普及了九年义务教育。新加坡实行十至十一年基础义务教育，即小学六年，中学四或五年。根据不同情况，中学生毕业后可选择三种继续教育方式：一是进入初级学院，两年后升大学；二是进入工学院，相当于大专；三是进入工艺学院，相当于技工学校。不同层次的人才可以满足社会不同的需求。

美国是世界上教育事业最发达的国家之一。第二次世界大战以后，美国实行十二年义务教育。美国是一个联邦制国家，全国没有统一的教育行政系统，由州政府、地方政府负责教育政策的制定和经费的支出。美国现行初级

和中级教育学制是：小学五年，初中三年，高中四年。义务教育不仅是免费的，而且是强制性的，不满16岁的孩子无故不去学校是违法的，警察会干涉。当然，也有人因种种原因在家里按政府的规划给自己孩子授课。美国孩子6岁入学，16岁时可以学完高中二年级的课程。应该指出，在高中毕业时，美国学生已经学了不少大学的基础课程，如数学、物理、化学、生物、计算机、英文、外语等。在申请一些名牌大学时，他们要提供这些基础课程的全国标准考试成绩，以帮助学校了解自己的知识水平。这些学生被录取后，有的大学还根据这些课程的成绩，允许部分学生免修这些课程，并将其计入大学阶段的学分。美国没有中等职业学校，但大学很多，职业培训一般由公司自行解决。总体而言，美国的教育是很成功的。发达的教育事业为美国提供了源源不断的高级人才，使其在科学研究、技术创新、综合国力等方面远远领先于其他国家。

我国有能力推广义务教育

经过三十多年的改革开放，我国经济发展已经取得巨大的成就。然而，中国的教育事业与美国等发达国家相比还有很大差距，在科学研究和技术创新方面更是如此。如今，靠体力竞争的时代已经过去，我们面临的是智力竞争的时代。

早在1993年，中共中央、国务院制定的《中国教育改革和发展纲要》就要求，到2000年左右，全国财政性教育经费支出要占到GDP的4%。从而实际上，1995年到2008年，我国教育经费的增长速度远低于财政收入的增长速度。根据《中国教育经费统计年鉴》，2007年，中国财政性教育经费支出为8 280.21亿元，占当年GDP（249 529.9亿元）的比重约为3.32%，低于4.24%的世界平均水平。

根据2007年《全国教育事业发展统计公报》，我国高中阶段学生总数为4 527万人，其中，普通高中2 522万人，成人高中18万人，中等职业教育1 987万人。每届高中阶段学生平均约为1 509（=4 527/3）万人。2007年初中毕业生为1 964万人，约有455（=1 964-1 509）万人不再继续上学，约占初中毕业生的23%（=455/1 964）。根据2008年《全国教育事业发展统计公报》，2008年中国1 868万名初中毕业生中，有83.4%以上升入高中阶段教育学校，有837万人进入普通高中，812万人进入中等职业学校；初中毕业生升入普通高中的比率为44.8%；只有16.6%的人不能上高中或中等职业学校。2008年837万名普通高中毕业生中，有73%以上升入高等学校。教育部预计，2009年中等职业学校的招生人数将超过普通高中。初中毕业生数量2008年比2007年减少了96万人，下降率为5.4%。2008年的初中毕业生为1 868万人，如果按照下降5%计算，2009年的初中毕业生应该约为1775万人。

根据教育部2008年的资料，目前有16.6%的初中生不能继续上高中。如果实行十二年义务教育，那么新增的高中生规模每年接近300（=1 775×16.6%）万人。根据《2007年全国教育经费执行情况统计公告》，2007年普通高中生均预算内教育事业费（包括教育事业费、科研经费、基建经费和其他经费）为2 649元，中等职业学校生均预算内教育事业费3 124元，加权平均为约2 858元〔=（2 649×25 220 000+3 124×19 870 000）/（25 220 000+19 870 000）〕。那么，教育规模扩大之后，预算内教育事业经费每年将增加约85.7亿元（=2 858×3 000 000）。也就是说，在目前基础上实行高中义务教育，每年将新增教育投入约257（=85.7×3）亿元。

关于学费方面。以高中三届共约5000万学生计算，假设每人每年3 000元学杂费，总共1 500亿元。加上预算内教育事业经费，每年将增加教育投入257亿元，共计约1 757亿元。

根据国家统计局发布的数据，2008年我国GDP为300 670亿元。而最新公布的财政性教育经费占GDP的比重为3.32%（据《2007年全国教育经费执行情况统计公告》），如果财政性教育经费占GDP的比重提高到4%，要实现1993年《中国教育改革和发展纲要》中提出的目标，以2008年GDP计算，将增加教育投入2 044亿元，完全能够支付普及高中和中职教育所需的1 757亿元新增教育投入和学杂费减免。

根据《2007年世界发展指标》，2005年中下等收入水平的国家的教育支出占GDP的比重为4.3%，中等收入水平国家为4.5%，高收入国家为5.9%。美国公共教育经费支出占GDP的比重为5.9%，英国为5.5%，澳大利亚为4.8%，法国为5.9%，日本为3.7%，俄罗斯为3.7%，德国为4.7%，韩国为4.6%，巴西为4.1%，印度为3.7%。

只要我国的教育经费支出占GDP的比重达到4%，则政府不仅可以解决高中义务教育的费用，还可以用剩下的钱改善教学设备，解决教育欠债，提高办学质量。退一步说，高中教育是为子孙后代谋利益的事情，回报很高，即使通过发行公债搞义务教育，也是符合经济原则的。

关于义务教育的一些误解

有人认为，贫困家庭需要孩子早参加工作赚钱，对于贫困家庭来说，上高中的机会成本太高。十二年义务教育是国家为贫困家庭提供的一种机会，不是强迫的。贫困家庭利不利用这个机会是一回事，政府提不提供又是另一回事。国家应该提供这个机会，让人民做出自己的选择。

也有人认为，应该先把农村的九年义务教育做好，把农村的初中和小学办得像城市里的初中和小学一样好以后，再实行十二年义务教育。实际上由于大环境的差别，农村的初中和小学很难办得像城市里的初中和小学一样好。例如，有的老师宁可在城市教小学也不愿意到农村教中学，这是因为城市有其他方面的优势。农村学校的设备也不可能与城市学校一样好，但这并不意味着应该拖延高中阶段义务教育的实施。其实，只要具备基本的学习条件就行了。

还有人认为，我们应该等到我国收入与高收入国家接近时再实行高中义务教育。但其实如果我们不抓教育，就永远赶不上高收入的发达国家。我们是在和现在的美国及其他发达国家竞争，而不是与过去的它们竞争，因此我们必须通过教育提高自己的竞争力。另外，在一些高收入国家和地区，高中教育费用已不是太大的负担。但对于许多中国人，特别是贫困地区的人来说，高中教育仍然是家庭很大的负担。因此，国家要尤其重视贫困地区的十二年义务教育。

尽早实行十二年义务教育

纵观世界历史，国家的强大源于教育的强大。德国在 20 世纪初期实行八年义务教育，职业义务教育到 18 岁，这为德国日后的强大奠定了基础。日本在六十多年前就实行了九年义务教育，为战后经济的高速发展提供了人力资本保障。美国在第二次世界大战后就实行了十二年义务教育和16岁以前的强制性教育,至今在科技创新和经济实力方面远远地领先其他国家。强制性教育的目的是为国家培养合格的人才,提高国民的整体素质。义务教育的目的是扶持贫困家庭的学生。我国的崛起和强大最终也依赖于教育水平的提高。因此,我国应该实行强制性九年义务教育和十二年义务教育。

我国一些富裕地区已开始自行筹划实行十二年义务教育。这是件好事。然而,落后地区由于财政困难,义务教育往往难以实施,这样会进一步扩大地区间的差别。地区差别和贫富差别已经成为突出问题,而教育能使贫困家庭脱贫,能促进贫困地区发展。国家应该帮助贫困地区实行十二年义务教育,向愿意上学的人提供接受教育的机会。如果实行了十二年义务教育,我国劳动力的整体技能就会大大提高,社会将更公平,国民的整体素质也会进一步提高。

(原载于《改革内参》,2010年第6期,原标题为"实行十二年义务教育,促进中国和谐发展",收录于本书时有改动)

财政支出应首重民生

过去在民生方面的财政支出不足

改革开放后，随着我国经济的快速发展，财政收入自2000年以来，年均增长率几乎达到了20%，财政收入占GDP的比重也已达到近20%，但政府提供的关系民生的公共品还远远不能满足需求。这一方面是因为财政困难，另一方面是因为对公共品的重要性认识不够。

以义务教育支出为例。2006年我国财政性教育经费支出占GDP的2.27%，远低于1993年《中国教育改革和发展纲要》所确定的2000年达到4%的目标。再如公共卫生支出。2006年我国卫生事业费支出只占GDP的0.63%，98%以上的费用由地方政府承担，在纯公共卫生服务方面，供给更是严重不足。另外，公共卫生资源在城乡之间的配置严重不平衡。

在社会保障和社会福利方面亦然。20世纪80年代以来，以养老、失业、医疗、最低生活保障为重点的社会保障改革在全国加快进行。但在改革过程中还存在诸多问题，如社会保障覆盖面不广，用于福利保障性的支出在财政总支出中的占比过低，等等。这里的关键问题是，我国社会保障的主要部分在财政预算收支之外，财政在公共事业和公共服务上处于缺位状态，有待通过改革来理顺关系。

在环境和生态保护方面的投资不足。2006年我国在环境保护和城市水资源治理方面的支出仅占财政收入的0.4%和GDP的0.08%。

财政支出结构合理，支出的效益就高，否则效益就低。我国政府在提供公共品方面存在一定的缺位现象，公共财政建设的步伐应当加快。为解决目前面临的收入差距扩大、环境污染等问题，保持经济持续发展和社会和谐稳定，我们必须改革财政支出的结构。

推进均等化就是要改善民生

一是增加义务教育支出。在事权的划分上，义务教育主要由地方政府负责，但由于地方政府财政困难，义务教育投入往往难以保证。要充分认识义务教育的重要性：教育可以生产人力资本，具有公共品的属性；落实义务教育还可以使贫困家庭的孩子拥有均等的机会。鉴于教育的公共品性质，各国政府都在补贴教育。国家把钱花在教育上可以解决许多重大问题，是最划算的。当前我国应切实落实九年义务教育，同时应考虑实行十二年义务教育。

二是加大公共医疗卫生支出。"看病难"和"看病贵"问题在农村地区尤其严重。近年来建立的新型农村合作医疗（简称"新农合"）制度，在一定程度上缓解了这一问题，但还不够。西方发达国家有公立医院和教会医院，对穷人是完全免费的。我国虽然还不富裕，但也应该尽力提供最基本的医疗保障。

三是增加环境和生态保护方面的投资。政府应该增加支出，加强对环境和生态的保护力度。我们要重视经济增长的质量，重视国家总体财富的积累，防止片面地追求 GDP 增长率。

四是增加公共品支出。公共品包括公共交通设施、垃圾处理、污水处理、公共卫生设施、社区公园等。我国目前公共品严重不足，一些城市的公共设施缺乏维修，不少农村的道路和公共卫生状况较差。由于存在"搭便车"的问题，私人提供的公共品数量达不到最优水平，需要政府的参与。

五是加大社会保障支出。首先，要加大扶贫力度，为贫困人口提供最低生活保障。其次，要把个人养老保障账户做实、做大，向以个人账户为主、国家扶贫为辅的养老保障体制转变。我们现在推广的以社会统筹为主的养老保障制度实际上是在把债务向子孙后代转嫁。做实、做大个人账户实际上是在还债，是有利于子孙后代的举措。

钱从哪里来

要加大民生方面的财政支出，就必须要解决资金问题。具体可从以下几个方面着手：

首先，要减少政府的生产性支出并且减少政府消费，切实加强对国家投资项目的监督。我国的行政机构是计划经济时期形成的，规模不小。改革开放以来，政府雇员和行政性开支大大增加，比人口的增长和总财政支出的增长快得多。庞大的"吃皇粮"队伍，将税收的相当大的一部分"吃"掉。另外，集中到政府的优秀人才过多，造成了人力资本的浪费。政府部门一是要适当减员，二是不要与科研机构和企业争人才，一定要淡化"官本位"。只有把大量的优秀人才引向生产和科研第一线，我国才能实现重大科技的突破和民族复兴。另外，盈利的国有企业也应该做出更多贡献。不少国有企业，尤其是垄断性企业，经营状况已大大改善，国家作为"股东"理应得到回报。

其次，要设立新的税种。关系到民生的公共品大多由地方政府提供。然而 1994 年税制改革后，我国地方政府连年赤字，而且赤字规模越来越大，严重依赖中央财政转移支付。近年来许多地方政府靠租让土地度日，但土地是有限的，解决不了长远问题。我们应该开辟新的财源，譬如考虑征收财产税。

新时期地方政府扮演着提供公共品的主要角色，因此应该考虑在分税体系中加大地方政府分享的税收收入份额。中国幅员辽阔，各地区差别很大，不妨给地方政府有限的税收立法权和发行公债的权力，让它们自己解决一些自己的问题。然而，最令人担忧的是地方政府滥用权力。中国历来靠中央政府监督地方政府，所以应该提高地方财政收支的透明度，把地方政府置于当地人民群众的严格监督之下。只有取之于民、用之于民，才能唤起百姓纳税的自觉性。

最后要强调的是，在进行政府支出结构和税制改革时，一定要防止财政规模膨胀。在设立新税种的同时，我们也应减税，例如减轻企业税负。研究发现，第二次世界大战后政府规模大的国家通常经济增长慢，政府规模小的国家通常经济增长快。如果加上社会保障、预算外账户和国有企业，我国的政府规模已经很大，应该加以控制。

（原载于《人民论坛》，2007 年第 24 期，原标题为"财政支出应首重民生，淡化'官本位'"，收录于本书时有改动）

第六篇
养老和医疗保障制度改革

　　本篇分析我国的养老和医疗保障问题，为养老和医疗保障改革提供政策建议。城镇职工养老目前实行社会统筹和个人账户相结合的体系，由地方政府管理。养老保障账户的缺口严重，子孙后代需要偿还养老保障债务；统筹层次低，管理分散，社会保障基金收益率低，地区之间苦乐不均。应该缩小养老金差别，从节支入手，建立可持续的养老保障体系，保证社会统筹账户在长期内平衡。应该建立全国统筹的养老保障体系，个人账户应该公开透明。我国农村养老体系还不完善。应该增加现有农村老人的养老金，同时提高年轻农民个人账户的缴费数额。

　　医疗保障制度方面，当前存在"看病难""看病贵"，以及医患关系紧张的问题。"看病难"实际上是找好医生看病难，而"看病贵"主要是因为医疗保险水平低及过度医疗。医疗保险水平低，个人付费比例大，并且对药物和医疗设备的报销有严格限制。与此同时，由于医疗服务价格低，部分医院存在增加患者支出的"创收"行为。加上药物和医疗设备在不断改进，其价格也在上升。这些因素都导致了"看病贵"。应该提高医生待遇，吸引优秀人才从事医务工作；加强对医生的培养，提高医务人员水平；提高医疗保险水平，建立大病医疗保险，提高报销封顶线；借鉴国外经验，有效地控制医疗费用。

如何从根本上消除养老金缺口?

养老保障问题历来备受社会关注。多年来,我国职工养老保险社会统筹账户入不敷出,国家动用了个人账户的资金,导致个人账户缺口(即养老保障债务)不断增长。若不及早防范,缺口会越来越大,从而可能引发危机。对于如何填补个人账户缺口,有人认为应该动用财政收入,有人认为应该发行国债,更多的人认为应该动用国有资产,还有人认为应该动用外汇储备。但这些办法都不是长远之计,不能解决根本问题,也不可持续。养老保障体系必须自身达到平衡。

首先,财政和养老账户是各自独立的,财政收入有财政收入的用途。随着财税改革的不断深入,各种税收的用途应越来越清晰。百姓了解了这些以后,纳税意愿就会提高。养老账户的收入应专门用于养老支出,不能长期依赖财政收入。更何况财政也有赤字,政府债务已经不少。绝大多数国家的财政和养老账户是分开的。例如,美国联邦政府财政连年赤字,一般性政府债务超过 GDP 的 100%,然而,其养老社会统筹账户却有占 GDP 近 20% 的资金积累。

通过发行国债填补养老个人账户缺口或偿还养老保障债务,也就是把养老账户的债务变成一般性政府债务,是典型的"拆东墙,补西墙"的做法。这种做法一是"寅吃卯粮",把负担向后代转嫁;二是不可持续,欧洲债务危机和美国的"财政悬崖"都已经给世人敲响了警钟。

动用国有资产和发行国债实质上是一样的,一个是资产少了,一个是债务多了,这两种做法的后果都是国有净资产的减少。常言道,"坐吃山空",可见国有资产也不是用之不竭的,依赖国有资产来填补养老账户缺口解决不了长远问题。

动用外汇储备亦是不可行的。外汇储备从严格意义上说不是国家财政的钱,而是企业和个人从海外赚来的钱,或者外资企业和外国人投放到中国的钱。中国人民银行拿了外币,给出对应数量的人民币。如果不想发生通货膨胀,中国人民银行应该相应地以其他方式(如出售所持有的国债)收回同样数量的人民币。否则,中国人民银行拿了外币,只发行人民币,不收回人民币,就会发生通货膨胀,就相当于向百姓征收了"通货膨胀税"。这笔钱若用于社会保障,就等于通过发行货币来填补社会保障缺口。

那么,如何从根本上解决养老保障账户缺口日益扩大的问题呢?

我们不妨看一下美国的做法,或许其中有可借鉴之处。面对人口老龄化,美国早就未雨绸缪。20世纪80年代初,当"婴儿潮"一代人大规模进入劳动力市场时,美国就逐步提高社会保障税税率,加强社会保障基金的积累。1980年,雇主和雇员缴纳的养老保险税的总税率为10.16%(雇主、雇员各一半),后多次上调税率,1990年总税率达到12.4%。2011—2012年雇员缴纳的养老保险税税率从6.2%暂时下降到4.2%,这也使得养老保险税的总税率降到10.4%。为应对从2010年开始出现的养老账户赤字,奥巴马政府又于2013年将养老保险税税率恢复到12.4%。2012年美国养老统筹账户资金积累超过2.7万亿美元,占GDP的17%。美国的养老金发放水平不高,但比较均等。另外,政府还激励人们延迟退休。过去,按照美国相关法案的规定,62岁为提前退休年龄,此时退休只能领取全额养老金的80%;65岁退休可以领取全额养老金。1983年美国国会通过的法案规定,提前退休年龄不变,逐渐推迟人们的全额养老金退休年龄。例如,1955年出生的人的退休年龄为66岁2个月;1960年以后出生的人的退休年龄就被推迟到了67岁,62岁退休只能领取全额养老金的70%。如果人们到退休年龄后多工作一年,退休后每年养老金增加8%,但对于到67岁才能退休的人,养老金最多只能增加24%。最新预测显示,到2033年前,美国的养老账户不会有资金缺口。

我国应该完善社会保障制度,使其自身具有长期平衡的能力。首先要增加社会保障账户的收入,其次要节约支出。我国目前的养老保险社会统筹账户缴费率已达20%。加上中国正在城市化,缴费的人相对较多,养老账户收入增长很快。据统计,2000年到2011年,养老保险个人账户加社会统筹账户的收入增长率为 17.1%，支出增长率为 15%。尽管如此，我国养老账户缺口仍在不断增加，目前约占 GDP 的 2%。所以必须要完善职工养老保障体系，使之能够积累资金，以填补未来人口老龄化造成的收支缺口。在收入方面，由于养老金缴费率已经很高，再提高难度很大，我们所能做的就是提高养老基金的收益率。在支出方面，应避免过高的养老金发放，缩小养老金差别，并激励人们延迟退休。

其他养老保障体系也应该尽快改革，以保证社会公平和可持续。目前，我国行政事业单位人员的养老金由国家财政负担，替代率高达 90% 以上，与职工养老金替代率相差很大。美国联邦雇员 1984 年以前也加入专门的公务员退休体系，养老金高于普通民众。1986 年美国修改法律，降低公务员的养老金待遇。从 1987 年开始，美国政府要求 1984 年以后参加工作的联邦雇员必须加入全民社会保障体系，同时可以参加联邦养老保障体系，其待遇大幅降低。我国除收入分配差距大，养老金的差距也很大。目前，老百姓在养老问题上主要是"患不均"，所以应该尽快将行政事业单位养老保险纳入全国职工养老保险体系。

近年来，我国还建立了新型农村社会养老保险体系，给农村老人发放为数不多的基本养老金，由国家财政负担。未退休农民的养老缴费都记入个人账户，政府给予补贴。基本养老金加个人账户补贴会使财政负担越来越大。所以新型农村社会养老保险也应该从国家一般性财政预算中剥离，确定自身的资金来源，这样才可持续。

综上，我国应该从长计议，从增收节支入手，建立可持续的养老保障体系，保证社会统筹账户在长期内平衡，使人民老有所养、安居乐业。

（原载于人民网 – 财经频道，2013 年 4 月 7 日，收录于本书时有改动）

我国养老保障账户缺口有多大？

随着人口老龄化问题的日益严重，我国养老保障账户的缺口成为人们普遍关注的问题。有报道称，2013年全国养老金缺口将达到18.3万亿元。还有报道称，2010年年底，我国基本养老保险基金累计结余为1.53万亿元；2011年年末，结余为1.94万亿元。一时间众说纷纭。当前有必要对此问题进行进一步探讨。

我国养老保障有两个账户：社会统筹和个人积累。两个账户的缺口既有区别也有联系。从1997年开始，我国的城镇职工养老保障正式改为以社会统筹为主、个人账户为辅的体系。目前，企业缴纳职工工资总额的20%，进入社会统筹账户；个人缴纳工资的8%，进入个人账户。社会统筹账户实行现收现付制，即用缴来的钱马上发给现有的退休人员。个人账户实行基金积累制，即将个人缴纳的费用积累起来，等缴费者退休后发放。

由于入不敷出，不少地方的社会统筹账户出现赤字。我国的社会统筹账户总体上也是赤字。这个赤字该怎么弥补呢？一是挪用个人账户资金来弥补，二是用财政补贴来弥补。基本养老保险基金累计结存是指社会统筹账户和个人账户的资金，加上政府补贴后积累下来的资金。例如，2010年年底我国基本养老保险基金累计结存金额为1.53万亿元。这个结存额远远低于个人账户应有的累积额。也就是说，为了给现在的退休人员发放养老金，社会统筹账户动用了个人账户的资金。个人账户的缺口是历年以来社会统筹账户用掉的个人账户资金的加总。

个人账户的缺口到底有多大？2012年年初，笔者负责的项目组对全国和各地区的个人账户应有的规模和缺口进行了计算。截至 2010 年，全国个人账户应有规模大约为 2.76 万亿元，当年养老保险基金结余大约为 1.53 万亿元，因此，2010 年个人账户缺口为 1.23 万亿元。2011 年，全国个人账户应有规模大约为 3.32 万亿元，当年养老保险基金结余大约为 1.94 万亿元，因此 2011 年个人账户缺口约为 1.37 万亿元。①2010 年个人账户基金空缺率（个人账户缺口/个人账户应有资金）约为 45%，2011 年约为 41%。2011 年个人账户缺口占 GDP 的比重约为 3%。

从各省情况来看，个人账户缺口占 GDP 的比重在各省之间差异较大，如 2010 年上海市高达 9.1%，辽宁省和黑龙江省也超过了 6%，而浙江省只有 0.8%。这可能受多种因素影响，其中一个重要因素是国有企业的数量，辽宁省、黑龙江省等老工业基地的国有企业数量较多，退休人员多，从而造成养老金个人账户缺口较大。

目前，我国养老金个人账户缺口并没有想象中那么大，这是因为每年社会统筹账户的赤字还不大。其道理很简单。我国社会统筹账户实行现收现付制，如果缴费的人多，社会统筹账户赤字就小，甚至有盈余。目前，我国正处在工业化和城市化的进程中，农村人口通过上学、打工等方式源源不断地进入城市。这些人在城市就业，加入我国城市养老保障体系，他们目前只是缴费，并不领取养老金。因此，目前我国养老金账户缴费的人相对较多，领取养老金的人相对较少，社会统筹账户当然不应该出现巨额赤字，个人账户也就不应该有巨额缺口。所以，我们在这方面的估算应该是可靠的。

然而，现在问题不大，不等于以后问题不大。城市的"新移民"现在缴养老金，将来要领养老金。现在缴费的人多意味着将来领取养老金的人也多。我国今后将面临几个重大问题：一是人口老龄化问题严重；二是农村人口进入城市的速度放缓；三是领取养老金的人口增加。将来年轻人少了，城市"新移民"少了，缴费的人少了，养老金统筹账户的赤字就会增大，就需要挪用个人账户的资金，甚至可能全部挪用了都不够。有预测显示，几十年后，养老保障个人账户的缺口会相当大。

---

① 由于四舍五入，人上账户缺口与当年养老保险基金结余的加总，不等于个人账户应有规模。

面对这种状况该怎么办呢？第一，我们应该尽快做实个人账户，避免缺口越来越大。从目前状况来看，我国的养老保障账户的缺口还是可控的。我们要减少社会统筹账户的赤字，让个人账户的资金到位，以供将来使用。这是很艰难的决策，牵扯到当代人之间的利益分配，以及当代人和后代人之间的利益分配。尽管如此，这个决策必须现在就做。

第二，管理好养老金个人账户，让其保值增值。对于规模日益增大的个人账户基金的管理，省级集中管理模式只是一个过渡模式，个人账户基金最终应该实现全国集中管理，按照专业化的要求构建起个人账户基金投资运营体系，并适时放开个人账户基金的投资范围，提高基金的保值增值能力。

第三，改善教育，改善子孙后代的人力资本。以后年轻人相对少了，把他们培养好，有利于他们未来具有更大的创造力。这样，劳动生产率就会提高，也会对养老保障账户做出更多的贡献。

第四，坚定不移地致力于经济发展，积累更多的财富。财富包括有形的和无形的、人为的和自然的。我国的工业化和城市化进程尚未完成，经济发展的潜力还很大。应该不失时机，致力于经济的持续发展，提高人均收入和国民财富。只有国民财富多了，人民富裕了，解决未来的养老问题才会更容易。

（原载于人民网，2012年7月17日，原标题为"对养老金个人账户缺口应及早决策"，收录于本书时有改动）

精准扶贫，提高农民基础养老金

我国从 2009 年开始向农村老人发放养老金，这的确是件大好事。有研究表明，政府发放的养老金对农村老人的生活状况改善发挥了一定的作用。然而，目前向农村老人发放的养老金金额很少，不足以维持其正常生活。国家现在强调精准扶贫，60 岁以上的农民是最应该扶持的群体之一。国家应该增加农民养老金的发放，让其有尊严地度过晚年。但要做到这一点，还有以下几个问题需要正视：

农村老人养老金水平低

2009 年国家规定，60 岁及以上的农村居民，每人每月最低发放基础养老金 55 元。近年来，基础养老金的最低标准有所提高，2018 年达到 88 元。各省、市、自治区可自行增加。有些省份的发放额高于这个标准，如北京市 710 元，上海市 930 元，天津市 295 元，广东省 148 元，浙江省 155 元，江苏省 135 元，西藏自治区 150 元，青海省 175 元，宁夏回族自治区 143 元，内蒙古自治区 128 元，福建省和山东省 118 元；然而也有发放额较低的省份，如山西省、云南省 88 元，四川省 93 元，吉林省 103 元。

总体来说，目前的农村养老金发放额还是太少。据官方统计，我国农村 60 岁及以上的老人 2016 年为 9 457.5 万人，占全国该年龄段人口的 48.9%。2016 年财政对城乡居民的社会养老保险基金的补助为 1 907.93 亿元。由于政府对城镇居民的养老补助很少，所以我们暂且把上面的补助数字全部看作对农村居民的养老补助。这样,农村 60 岁及以上的老人的人均补助就是每月 168 元。当然,如果剔除北京、上海、天津,再剔除给城市居民的补助,则农村居民养老补助的平均水平会更低。

据官方统计,2017 年我国城市人均生活费用为 24 445 元(约 2 037 元/月),农村人均生活费用为 10 955 元(约 913 元/月)。每月一百多元的养老金,实在不够养老。

家庭养老越来越难以维系

家庭养老体系正在逐渐弱化。依赖家庭养老是世界上最早的养老体系。中国自古强调"养儿防老""多子多福"的观念。父母全心全意地养育儿女,积累财富留给儿女;儿女孝敬父母、赡养父母。这种养老体系深深地影响了中国人的价值观和中国文化,有道是"百善孝为先""父母在,不远游",等等。

目前,依靠子女养老的体系已经不可持续。近几十年来,农村发生了很大变化。首先,农村老人基本上没有财产。农村土地属于集体所有,老人去世后土地会重新划分给别人。老人留下的房子大多不太值钱,好一点的房子也大多是儿女参与建成的,不值太多钱,也没有产权证。其次,子女没有能力赡养老人。一是孩子少了,多年的计划生育使孩子数量大大减少,很多家庭只有一个孩子。这种情况下,子女势单力薄,赡养父母的负担很重。二是子女大多外出打工,无法与父母住在一起,照顾父母。三是子女收入少、花费大,无力赡养老人。子女们要在城里买房结婚,供孩子上学,往往自顾不暇,根本没有精力照顾老人。可见,单纯依靠子女养老的体系正在失去作用,社会养老势在必行。

一些西方国家,如德国,一百多年前就开始实行社会保障。在美国,法律上只有父母养育子女的责任,没有子女赡养父母的义务。当然,我们与这些国家的文化不同,经济发展阶段也不同。我国城市养老已经基本上实现社会化,农村养老社会化也应该逐步推进。

农村老人应该得到更多的养老金

那么,现在的农村老人应该由社会赡养吗?答案是肯定的。

第一,现在的农村老人,年轻时正处于中国的艰难困苦年代,在没有农业机械的情况下,从事着繁重的体力劳动。由于劳动生产率低下,他们年轻时的劳动回报十分有限,往往食不果腹、衣不遮寒。

第二,农村老人为国家发展做出了贡献。20世纪50年代到70年代,我国依靠农业支持工业发展。农民先要交公粮,即农业税;同时还要交纳购粮,即国家强制向农民收购粮食,收购价格不到"黑市"价格的一半。这就是我们经常讲的"剪刀差",即压低农产品价格,抬高工业品价格。很多情况下,国家购粮不止一次,有"一购""二购""忠字粮""战备粮"等。所以,老一代农民为国家发展做出过贡献,国有企业的资产也应该有他们的一份。

第三,农村老人没有迁徙的自由。1958年,农村人口迁徙到城市就已经不被允许了,他们只能在农村。他们的子女也是农村人,有着农村户口,要想进城,吃上"商品粮",只有考上大专院校,或者参军并被提干,或者得到很少的招工机会,而这些途径都是极其困难的。国家政策鼓励大家扎根农村。因此,目前农村老人的困境在一定程度上是国家政策造成的,社会应该承担起赡养他们的责任。

提高农民养老金,缩小城乡养老金差别

目前我国城乡养老金差别很大,城市职工的养老金大大高于农村老人。2016年,城市职工的平均养老金约为每月2 805元。姑且按照农村老人平均每月168元计算(其实没有这么多),城市职工的养老金是农村老人养老金的16倍还多,差别很大。

近年来,我国对城市职工养老保障极为重视,2017年国务院公布了《划转部分国有资本充实社保基金实施方案》,规定中央和地方国有及国有控股大中型企业、金融机构划转10%的企业国有股权,股权分红及运作收益专项用于弥补企业职工基本养老保险基金缺口。最近,国务院又将社会保障费变

为社会保障税,增大了征管力度,并且提出了平衡社会统筹账户收支的设想,这些都是很好的举措。然而,属于全民所有的国有资产也有农民的一份,也应该动用部分国有资产来补充农民养老金。

增加农村基础养老金,财政是否能负担得起?按照2016年的数据,如果把农民人均养老金提高一倍到每月336元,财政对农村的养老补助就需要3 815.9(=1 907.93×2)亿元。这意味着财政支出需要增加1 907.93亿元,占当年财政收入的1.2%(=1 907.93/159 604.97)。如果把农民人均养老金提高约两倍到500元,按照2016年的数据,财政对农村的养老补助就要达到5 723.8(=1 907.93×3)亿元。这意味着财政支出需要增加3 816(=5 723.8-1 907.93)亿元,占当年财政收入的2.39%(=3 816/159 604.97)。2016年,财政对职工基本养老的补助就达到4 703.4亿元,占总财政收入的近3%(=4 703.4/159 604.97)。可见,增加农村的养老补助支出,财政是拿得出来的。

给农村老人增加养老金,应该根据不同年龄设定不同标准。年龄越大,在计划经济下工作的时间越久,对国家的贡献越大,增加的养老金也应该越多。

近年来,国家十分重视扶贫,并取得了很大成就。提高农民养老金绝非锦上添花,而是雪中送炭。提高农民养老金,解决农村老人生活困难问题,整个社会的福利水平就会提高,因赡养老人而引起的矛盾就会减少,我国贫富差别就会缩小,社会就会更加和谐,社会文明程度就会进一步提高。

(2018年12月写于北京大学)

未雨绸缪，做大、做实农村养老保险个人账户

随着人口老龄化，我国面临着未来的养老金不足的问题，而农村的问题尤为严重，必须引起重视。从 2009 年开始，我国依靠财政补贴，给 60 岁以上的农民发放少量养老金，最初国家规定基础养老金为每月 55 元，2018 年涨到 88 元。显然，政府提供的最低养老金是远远不够养老的。与此同时，我国还设立了农村养老保险个人账户，让现在的农村年轻人为自己未来养老积累资金。然而，目前农村养老保险个人账户资金积累很少，远远不足以应对未来的养老支出。我们必须未雨绸缪，从现在起，做大、做实新一代农民的个人账户，让他们退休后过上体面的生活。

农民个人账户积累太少

我国于 2009 年规定，为使父母获得基础养老金，年轻农民必须加入农村养老保障体系，向个人账户缴费，政府提供一定的补助。最初规定的缴费标准是：个人每年缴纳固定数额 100 元、200 元、300 元、400 元或 500 元到个人账户，政府每年为每人的个人账户缴纳 30 元。个人现在多缴费，将来就多得养老金。近年来，个人账户的缴费上限不断提高。

2014 年 2 月，国务院办公厅发布《国务院关于建立统一的城乡居民基本养老保险制度的意见》，决定将城镇居民基本养老保险和新型农村社会养老保险两项制度合并实施，"缴费标准设为每年 100 元、200 元、300 元、400 元、500 元、600 元、700 元、800 元、900 元、1 000 元、1 600 元、2 000 元 12 个

档次，省（区、市）人民政府可以根据实际情况增设缴费档次，最高缴费档次标准原则上不超过当地灵活就业人员参加职工基本养老保险的年缴费额"。

2018年，北京市规定城乡居民本着自愿的原则，可在1 000～9 000元区间内自行选择缴费；上海市规定可在500元、700元、900元、1 100元、1 300元、1 700元、2 300元、3 300元、4 300元、5 300元中选择；吉林、辽宁、黑龙江、浙江、青海则规定了12个档次，分别为100元、200元、300元、400元、500元、600元、700元、800元、900元、1 000元、1 500元、2 000元。

许多农民都选择了最低缴费额。这样，个人账户没有多少积累，不利于将来养老。如果按最低档次每年仅缴100元，简单计算，10年才积累1 000元，50年才积累5 000元，这显然不够支撑退休后至少十几年到二十几年的养老支出。

目前农村居民收入已经大大增加，人均可支配收入已经从2 000年的2 253元增加到2018年的12 363元。如果按照城市职工个人账户8%的缴费率，农民每年可以缴费989元。如果按照企业社会统筹账户的缴费标准，即缴纳20%的工资，缴费会更高。当然，农村居民人均可支配收入才占到城市居民人均可支配收入的40%多，养老金缴费率不能像城市职工那么高。但无论如何，每年缴费100元实在不够。缴费少，将来吃亏的还是农民自己。

现在有些在城里打工的农民，除了在农村缴纳社会养老保险，还自己购买商业养老保险。可见，农民自己都已经意识到了养老保险的重要性，意识到国家运行的农村社会养老保险不够将来养老所需。

未雨绸缪，做大个人账户

我国人口正在走向老龄化，将来农村人口会越来越少，年轻一代农民靠子女养老将越来越难以维持。而国家发放的基础养老金有限，远远不够农民养老。国家对老一代农民所担负的责任很大，因为那时没有人口流动自由，也没有种植自由。现在国家允许农民进城务工，人口自由迁徙，年轻人可以到处打工创业，分田到户后农村收入也在提高。相对于老一代农民，国家为新一代农民提供了更多的机会。所以，年轻一代农民已经有能力为自己养老多做一些准备。城镇职工的养老保障账户也是独立于国家一般财政预算账户，专款专用的。

美国在养老保障方面的经验值得借鉴。面对人口老龄化，美国早就未雨绸缪。20世纪80年代初，当"婴儿潮"一代人大规模进入劳动力市场时，美国就逐步提高社会保障税税率，降低养老金的发放水平，增加社会保障基金的积累。1980年，雇主和雇员缴纳的养老保险税总税率为10.16%（雇主、雇员各一半），后多次上调税率，1990年总税率达到12.4%。2011—2012年雇员缴纳的养老保险税税率从6.2%短暂下降到4.2%，使得养老保险税的总税率降到10.4%。为填补养老账户赤字，2013年，联邦政府将养老保险税税率恢复到12.4%。到2017年，美国养老统筹账户资金积累约为2.9万亿美元，占GDP的15%。美国社会养老金发放水平不高，但比较均等。预测显示，到2033年前，美国的养老账户不会有资金缺口。由于美国社会保障局的估计很保守，且不断上调税率，其养老账户也许永远不会有缺口。除此之外，美国还有个人养老账户，政府不可动用个人账户里的资金，许多人因此积累了大量资金。

在我国，将来农村养老资金的小部分来自政府一般财政收入，叫作基础养老金。基础养老金没有专门的资金来源，属于财政补助，具有救济性和补充性。另一部分是主要部分，来自个人账户，是个人年轻时积累起来的。每年100元的缴费标准是在10年前（2009年）定的，如今我国经济已经发展到新的水平，农民收入已经翻倍，给自己的账户多积累资金是合情合理的。国家应该未雨绸缪，早做准备，提高农村个人账户的最低缴费标准，使其积累更多资金，让新一代农民老有所养。应该因地制宜，确定不同的标准。缴费标准可按当地农民平均收入的一定比例确定，收入高的地区可以提高缴费标准。农民现在多缴费，将来可以多领取养老金。

农民不愿意多为养老储蓄，一方面是不考虑未来，另一方面是担心自己多缴费，子女不愿意。政府规定了最低缴费标准就能解决这些问题，有能力的人都得缴费。由国家主导个人账户的原因在于，有些人可能存在短视行为，不会自觉地为自己未来养老做准备。个人账户缴费是强制性的，有能力缴费的人都必须交。当然，没有收入或收入极少的人就无法缴费，将来其个人账户就没有资金，只能依赖基础养老金。

大国财税改革：构建普惠式经济增长的基石

管理好个人账户的资金，让农民放心

农民不愿意多缴费的另一个重要原因是资金的回报率低。其实，许多农民为了使自己的储蓄增值，甘愿冒着风险，到处买基金。如果养老金账户的资金能保值增值，农民多缴费也心甘情愿。为了吸引农民多缴费，我们可采取以下措施：

第一，按比例补贴。目前，个人每年最低缴费100元，政府每年补贴30元。如果按最低标准缴费，农民从政府那里得到的回报率就是30%，这个水平有些过高。农民缴的费越多，政府补贴率就越低。例如，农民每年缴3 000元，政府每年补贴30元，这样回报率就是1%。这种补助方式过于简单，应该改变。按比例补贴，就会鼓励人们多缴费。

第二，确保个人账户资金的最低回报率。农民选最低档次缴费，或者不愿意缴费，一方面是因为收入少，另一方面是对将来的回报没有信心。我国可以考虑像新加坡一样，发放专门债券，让个人账户的资金投向政府债券，得到一个固定的、较高的回报率，这也是对农民个人账户积累的补贴。回报率高了，农民就更有积极性缴费。

第三，个人账户公开透明。个人账户的资金应该让农民看得见、摸得着。当然，养老金只能退休以后领取。如果当事人去世，其配偶和子女可以继承个人账户里积累的资金。如果缴费超过一定额度，超过的部分可以给予农民投资的选择，例如，可投向基金、理财产品等。

第四，给农民更多经济上的自由，考虑放松户籍限制，允许人口流动，让农民创造和获得更多的财富。一旦农民富裕了，国家将来提供基础养老金的负担就会减轻。

我国的人口老龄化问题比其他国家更为严重。如果当前人们不为养老积累足够的资金，子孙后代的负担就会很重。如果子孙后代负担不起，人们将来就可能没有足够的养老金养老。因此，从现在起，就要从长远考虑，做大、做实个人账户，多积累资金，积极应对人口老龄化问题，为未来的养老做好准备。

（原载于《经济参考报》，2019年1月9日，原标题为"未雨绸缪做大做实农村养老个人账户"，收录于本书时有改动）

《政对面》访谈：
养老金制度设计要多为年轻人考虑

《政对面》："五险一金"无论是对企业还是个人来说，都是一个很重的负担。我们看到很多新闻报道，都是关于养老金的空账、缺口问题，特别是地方养老金的问题更加严重，年轻人的压力也越来越大。您怎么看待中国未来养老金制度的发展？

林双林：我国现行的养老金政策是：企业缴员工工资的20%进入社会统筹账户，个人缴员工工资的8%进入个人账户。这个缴费比率已经很高了，美国的缴费比率才12.4%。但是现在的问题是，实行现收现付制的社会统筹账户的资金不够，政府只能动用个人账户的资金，导致现在个人账户有很大的缺口。不同地区之间的缺口情况不平衡，像广东、北京等地区的情况可能特别好，而东北和西部一些地区的缺口特别大。

为什么中国的养老金缴费率那么高，但养老金账户还有这么大的缺口呢？中国还处于工业化时期，现在缴费的人多，以前退休的人少，养老金账户应该有盈余才对。现在养老金账户有这么大的缺口，是因为养老金发放太多，具体来说，可能是有些人发放的太多，养老金的差别太大。

现收现付养老金制度实际上扮演着调节收入分配的角色，缴费的时候可能大家缴的数额不一样，但是发放的金额都差不多。

以美国为例，美国现在现收现付账户上有巨大的盈余，占GDP的15%。原因是它发放的少。20世纪80年代里根上台以后，就让人研究养老保障，因为"婴儿潮"这一代人刚刚进入劳动力市场,他们将来会面临养老的问题。最后专家提出的建议就是,提高缴费水平,同时降低发放水平,所以美国的养老金发放的比较少,而且比较平均。另外,在美国,养老金都是要交税的,收入再分配的力度比较大。

《政对面》:现在有一个建议是实行名义账户制,即把个人账户变成名义账户,但世界上还没有这样的先例。这样一种养老改革的办法,就是把社会统筹账户变成名义个人账户。

林双林:名义账户制是什么意思呢?就是说,你缴多少养老金,就给你记上多少,每年给你5%的利息,将来你退休了以后,我保证连本金带利息发给你。但这样就不是现收现付制了。

《政对面》:它就相当于养老金的"白条"呗!

林双林:是这样的意思。如果实行名义账户制,有了保证,就会调动年轻人缴费的积极性,这样对实行现收现付制的国家来说还有点进步,但是没有任何一个国家这么做,所以这种做法是非常危险的。如果中国的养老金实行名义账户制,结果会变得更糟。因为个人账户空了,变成了名义个人账户,将来年轻人的负担就更重了。

其实养老金账户应该是专款专用,保持收支平衡。支出不够就多收,收入不够就少发,发的时候要保证公平。但是大家都想多发,从政府的角度来说,就必须告诉大家这是专款专用的。另外,现在需要给农村老人发养老金,因为很多农村老人生活很苦,而且现在经济又发生了变化。我国前些年就开始向农村老人发一档养老金,虽然不多但也有点效果。政府对于农村老人的扶贫力度应该加大,但是这部分支出我们没有资金来源,所以说将来的财政压力很大。

还有就是养老金的缴纳上,现在年轻一代的农民向个人账户里缴的钱不够,有能力的年轻农民应该多缴,这样将来财政的负担也会减轻一些。

《政对面》:还有一个问题就是关于代际公平的问题,你认为应该如何解决呢?

林双林：代际公平问题体现在养老金上就是不能"寅吃卯粮",给后代留那么重的负担。代际公平问题还体现在债务方面,比如地方债,现在借那么多,给后代留的余地就很小了。有一些东西是后代能够享受的,比如基础设施建设,我们现在贷了款,将来由他们偿还是可以的。但是如果是为了当代人的利益而损害后代的利益,那就是非常恶劣的做法。

一个为后代着想的国家,必然是兴旺发达的,比如新加坡实行公积金制度,公积金先用于住房、教育、医疗,最后才是养老。年轻人可以用这个基金买房子,所以年轻人都有房子住,这种政策对年轻人就非常友好。但公积金花到最后的时候,可能就没有多少钱了,有些老人不得不在餐馆里打扫卫生维持生计,所以我觉得这种政策对老人不够友好,不过新加坡的人均寿命还挺长,这多少是一种弥补。可见代际公平非常重要。

我国也应该采取这种向年轻人倾斜的政策。像现在这种"土地财政",对年轻人是最不利的。实际上"土地财政"是向未来购房者征税,是一种隐形的税。未来的购房者是谁呢?就是年轻人。所以我们一定要想办法转变当前的政策思维,多为年轻人着想。

(原载于凤凰网,2018年8月10日,收录于本书时有改动)

大国财税改革：构建普惠式经济增长的基石

如何解决"看病难"和"看病贵"的问题？

"看病难"和"看病贵"是我国医疗改革中要解决的主要问题。"看病难"涉及医疗服务的获取，也就是说，想看病，要走很远的路，要等很长时间，甚至要找很多关系。"看病贵"涉及医疗服务的购买费用，也就是说，看病要花很多钱，甚至超出患者的支付能力。本文探讨"看病难"和"看病贵"的原因和解决途径。

"看病难"实际上是找好医生看病难

我国医生少、护士少，且分布不平衡。据OECD统计，2011年每千人中的执业医生数量，美国为2.5人，英国为2.7人，法国为3.3人，德国为3.8人，俄罗斯为5.1人，墨西哥为2.1人，而中国仅为1.8人；每千人中的护士数量，美国为11.1人，英国为8.0人，法国为8.7人，德国为11.3人，俄罗斯为7.4人，墨西哥为2.5人，而中国仅为1.7人。据统计，2013年我国每千人中的执业医生数量为2.0人，其中城市为4.0人，农村为1.2人；北京每千人中的执业医生数量为5.9人，上海为4.1人，天津为3.2人，浙江为2.9人，江西为1.5人，安徽为1.4人，贵州为1.3人。可见我国医疗资源分布很不平衡。

不仅如此，我国城乡之间的医生专业水平差别巨大。这是我们的劣势。有的大医院拥有国际一流的医生，而乡镇医院的医生一般是大专毕业。医疗服务和其他消费不同，消费者很难判断服务质量的好坏，事关生死，当然怕病情被耽误，总想找更好的医生看病。而我国高质量的医生数量少，且大都集中于大城市，好的医生每天接诊许多病人还忙不过来。这样就出现了"看病难"的现象。

另外，我国医疗设备的差别很大。我国属于发展中国家，医疗设备的质量与国际先进水平之间还有很大差距。进口设备价格高，导致先进的医疗设备短缺，而且大都集中于城市，尤其是大城市，这也加剧了"看病难"的问题。

"看病贵"是因为医疗保险水平低以及过度医疗

在我国，"看病贵"的一个主要原因是医疗保险水平低、个人付费比例大。每个人都有生病的可能，从整个社会讲，总有一部分人会生病，但哪个人会遇上不幸是不确定的。于是产生了医疗保险，该保险的意义在于合舟共济，减少个人风险。在绝大多数发达国家，医生整体水平高，看病并不难，但看病仍很贵。在美国，有医疗保险的人不会觉得医疗费用太高，因为医疗保险报销比例高。美国政府运作的老年医疗保险，门诊报销比例一般为80%；2011年，住院期在60天以内的，个人付费1 068美元，剩下的全部由医疗保险报销。2010年，美国个人直接医疗支出占医疗总支出的不到12%。然而，没有保险的几千万人就面临很大的风险（尽管这些人中的穷人可利用免费公立医院或得到政府的救助），这就是为什么奥巴马执政期间力推全民医疗保险。总体而言，我国医疗保险报销比例偏低，各地差别较大。2013年我国城市职工医疗保险住院报销比例在73%左右，城镇居民基本医疗保险（以下简称"城居保"）和新型农村合作医疗（以下简称"新农合"）的报销比例在57%左右；城市职工医疗保险门诊报销比例在25%左右，城居保在9%左右，新农合在15%左右。另外，我国医疗保险报销设有封顶线，城市职工医疗保险报销的上限一般为上年职工工资的四倍。由于农村居民的收入低、保险水平低，新农合的支付封顶线更低，2012年国家规定不低于6万元。城居保的情形类似。近年来，为了应对封顶线低的问题，国家提倡建立大病医疗保险，强调大病医疗保险的报销比例不低于50%，许多地方的报销比例随费用的增加而增加。然而，由于保险水平低，报销金额仍然有限。另外，医疗保险对药物和医疗设备的报销有严格限制，例如进口的药物和医疗设备很贵，但不属于报销范围。

大国财税改革：构建普惠式经济增长的基石

"看病贵"的另一个原因是过度医疗问题严重。我国的公立医院目前属于事业单位，国家规定的工资水平很低，医院需要通过自己创收来发放奖金。然而，医疗服务价格低，门诊收费低，收入有限。这就滋生了过度医疗、过度开药、收红包等问题，增加了患者的支出。例如，在有的医院，对于普通感冒也开很多药，甚至输液治疗，等等，通过增加患者的支出来创收，这也导致了药品支出在医疗总费用中占比很高。据统计，2012年我国门诊总费用中，药费占49%；住院病人总费用中，药费占41%。而2010年美国处方药费用仅占医疗总费用的10%。

另外，药物和医疗设备在不断改进，更新换代很快，其价格也在上升，导致患者看病费用增加，这也是"看病贵"的原因之一。实际上，世界各国都面临医疗费用上升的问题。

如何解决"看病难"和"看病贵"的问题

解决"看病难"和"看病贵"的问题应从以下几个方面入手：

1. 提高医生待遇，吸引优秀人才从事医务工作

医生工资低，容易产生过度医疗问题，导致医患关系紧张。有些地方，医生面临被打骂的风险，甚至有生命危险，以至于许多人不愿意让子女当医生。据报道，近年来国内报考医科院校的考生数量不足，录取标准不高，这样会影响将来医生的质量。同时，医科院校的有些学生选修经济学或其他专业的课，想往别的行业转。实际情况也是如此，许多医科院校的学生最终转到别的行业去了。而在美国、日本等发达国家，医学院的入学竞争激烈，只有最优秀的学生才能进医学院。我们要提高医疗服务价格，增加医生的工资，让他们多劳多得，医术高的多得；尊重医生的劳动，把优秀人才吸引到医疗服务领域。美国是世界上医生工资最高的地方之一，普通医生比普通大学教授的工资高得多，有专长的医生工资更是高几倍。对去偏远农村（如印第安人保留地）的医生，美国政府给予补助。日本医生的工资比美国低，但也比一般人要高。

2. 加强医生培养，提高医务人员的整体水平

在美国，学生在四年大学毕业后才能进入医学院学习，在医学院学习四年，然后实习。全科医生（初级医生或家庭医生）至少需要实习三年，而专科医生需要实习四到六年甚至更长时间，才可以独立行医。优秀的人才加上长期的学习过程，使得美国医生的水平普遍较高。这样，到哪里看病都差不多，不一定非得到大城市的大医院看病不可。全科医生治不了的病，就介绍到专科医生那里。在日本，学生高中毕业后可以进入医学院学习，学制为六年，在医学院如果学得不好还会留级，毕业后也要至少实习两年才能独立行医。在我国，学生高中毕业后可以进入医学院学习，医学院学生有大专生、本科生、硕士生和博士生，水平参差不齐。我国一直提倡"强基层"，实行分级治疗、转诊制度，但基层必须要有好医生才行。我国应改革整个医生培养体制，加强对医学院学生的培养，对现有医生实行再培训，提高行医标准；同时，做好各地医务人员、医疗设施、医疗设备的平衡工作，鼓励医疗资源在各地的合理分布。

3. 完善医疗保险制度，提高医疗保险水平

完善医疗保险，把所有人都纳入医疗保险体制，是大势所趋。近年来我国医疗保险已经覆盖了几乎所有人，这是很大的成就。摆在我们面前的任务是要提高医疗保险水平，尤其是提高新农合和城居保的保险水平。医疗保险水平越高，个人承担的风险就越低。医疗保险制度也是收入再分配的一种渠道，各个国家和地区都通过医疗保险对低收入者实行补助。我国新农合和城居保的个人缴费和政府补贴都要逐步增加，以逐步提高保险水平，提高报销比例。我们要建立大病医疗保险，提高报销封顶线。"看病难"和"看病贵"主要是对低收入者而言，所以我们要重视收入分配和再分配，帮助低收入者参加医疗保险。

4. 减少不合理的医疗费用

过度医疗会造成医疗资源的极大浪费。如何控制医疗费用上涨是世界各国遇到的共同难题，许多国家已经采取了一些行之有效的措施来解决这一问

题。例如，采取总额预付方式，即测算出一个医院每年的医疗支出总额，医疗保险公司每年按照这个总额给医院付款，超出预算的部分由医院自理。还有，按病种付费，即规定每种疾病的定额偿付标准，超出标准的部分由医院自理。这些方式都是为了防止过度医疗，在许多国家行之有效。当然，这些方式也存在一定的问题，需要在实践过程中不断改进。

5. 发展经济，提高医疗科技和医药水平

当前，在国际医药卫生领域，科技快速发展，新的技术、设备、药品不断涌现。我们要提高医疗科技水平，缩小我国与发达国家之间医疗科技水平的差距，生产出更好的医疗设备和药品，为百姓服务。我们要努力发展经济，因为经济发展水平最终决定医疗服务水平。

总之，我们要提高医务人员的待遇，吸引更多的优秀人才加入医疗服务队伍，提高医疗服务标准，提高医疗保险水平，合理控制医疗费用的增长，发展医疗科技，让老百姓"看得上病，看得起病"，进而提高整个社会的健康水平。

（原载于财经网，2016年3月15日，原标题为"如何解决'看病难''看病贵'？"，收录于本书时有改动）

医疗体制不尽合理，需要"对症下药"

一段时间以来，医患冲突事件时有发生，引起了社会各界的担忧。医护人员救死扶伤，理应受到人们的尊敬。医生接触各种病人、药物、仪器，常常置身于危险之中；医生昼夜出诊，有时做手术长达十多个小时。虽医疗有事故，手术有意外，但可以肯定地说，没有一个医生想把病人治坏。

其实，中国人向来有尊医的传统。史书上有对华佗、扁鹊、李时珍的赞美，过去民间称医生为"先生"，可见医生地位的神圣。

医患关系紧张的主要原因，在于当前的医疗体制未能很好地适应人民群众日益提高的医疗需求。

首先，我国医疗支出相对较少，而患者对医疗服务的期待较高。据国际货币基金组织 2010 年《政府统计年鉴》，2009 年我国医疗支出占 GDP 的比重为 4.6%，相比之下美国为 16.2%，英国为 9.3%，日本为 8.3%，德国为 11.3%，巴西为 9%，俄罗斯为 5.4%。由于中国人口众多，人均医疗支出就更少。然而，随着生活水平的提高，人们对医疗服务的要求越来越高，这就产生了很大的不平衡，加剧了医患间的矛盾。

其次，我国医疗资源短缺，且分布很不均衡。据 OECD 统计，2011 年每千人中的执业医生数量，美国为 2.5 人，英国为 2.7 人，德国为 3.8 人，法国为 3.3 人，而中国仅为 1.8 人。总体来看，中国的医院少、医生少，而且优质医疗资源往往集中于大城市的大医院。大医院里人满为患，就诊患者络绎不绝。医生事无巨细，疲劳工作，很难保持对患者的热情，医疗服务态度就成了问题。

再次，我国医务人员工资相对较低，依赖其他收入。据 2011 年《中国统计年鉴》的数据，2010年，我国卫生行业城镇就业人员月平均工资约为3 353元，而金融业从业人员的月平均工资约为5 846元。医生们依赖于医院发奖金，而奖金主要来自医院的额外收入。在效益的压力下，医生开"大处方"和患者被过度治疗的现象屡见不鲜。另外，医院的医疗服务和药品销售绑在一起，以药养医；医生"吃回扣"、拿红包的事情时有发生，患者怨声载道。

最后，部分患者缺少法制观念，对法律缺乏信任。医生在做检查和治疗前应该向病人说明，征得病人同意，有时需病人签字。医疗事故出现后，患者应诉诸法律，由法院解决。可是，许多人既不懂法也不信法，总想自行解决问题。

医患关系紧张，阻碍了医疗行业的发展。进行医疗体制改革是解决这一问题的有效途径。医疗体制改革可以从以下几个方面着手：

第一，把医疗服务和药品销售分离，以改变以药养医的状况，避免医生过度开药，降低患者的购药费用。但医药分开后，医院为覆盖成本，可能不得不提高医疗服务价格。这一点，患者需要心中有数。

第二，增加医院数量，减轻医院服务压力。要提高医生待遇，坚持多劳多得、优绩优酬，把优秀人才吸引到医生队伍中来；应允许公立医院的医生在完成本职工作量后，自己开诊所，扩大服务范围；要支持民营医院的发展，增加医疗服务的供给。

第三，完善医疗保险制度，建立全民医疗保险。国家通过征税提供医疗保障，实际上更多地是向高收入者征税，向社会大众提供医疗保障，低收入者不会被排除在外。商业医疗保险也是一种互助形式，但参加商业医疗保险需要缴费，低收入者会被排除在外。大部分国家都是由政府和保险机构对不同群体提供不同的医疗保险。有了保险，患者的负担就会减轻。

第四，增加政府医疗支出，解决低收入者的看病问题。现阶段，许多低收入者面对医院高昂的费用望而却步，耽误了疾病的救治。政府应关注疾病救助问题，解决低收入者的基本就医问题。

第五，增加护士数量，让护士做辅助性工作，把医生从繁重的简单劳动中解放出来。诸如量血压、测体温、问病史等大量辅助性工作可以由护士完成，一名医生可以配备几名助手，实行流水线作业，这样效率会更高。我国劳动力充裕，完全有条件给高级医疗人才多配备助手。

第六，加强法制教育，提高司法的公正性，让医患双方都知道自己的权利和义务。美国医生时而会因医疗事故被告上法庭，因此他们会花不少钱买保险。我国的医生也需要拥有职业保险，一旦出现事故，保险公司负责给患者赔偿。患者也应该利用法律渠道解决医疗纠纷。

总之，我们要通过吸收国际上有益的经验，不断改革医疗体制，建立起良好的医患关系，减少恶性事件发生，这样就能够提高人民的健康水平和社会的文明程度。

（原载于人民网－财经频道，2012年5月21日，原标题为"医疗体系不尽合理也需对症下药"，收录于本书时有改动）

退休人员医疗保险费谁来缴?缴多少?

目前,医疗支出快速上涨,人口老龄化问题凸显,给我国医疗保险的可持续发展带来巨大压力。十八届五中全会提出"建立更加公平可持续的社会保障制度",那么,如何让我国的医疗保险制度更具可持续性?很多专家、学者和官员提出了一些建议,引起了社会上热烈的讨论。其中,财政部部长楼继伟在 2016 年第 1 期《求是》杂志上的刊文[①],更是"一石激起千层浪",受到了广泛关注和热议。该文提出要"改革医疗保险制度,建立合理分担、可持续的医保筹资机制,研究实行职工医保退休人员缴费政策"。对于这个问题,我们还需冷静看待、客观分析,探讨职工基本医疗保险退休人员缴费的可行性以及实施步骤。

应该看到,该政策目前仍处于研究讨论阶段。现行《社会保险法》第二十七条规定:"参加职工基本医疗保险的个人,达到法定退休年龄时累计缴费达到国家规定年限的,退休后不再缴纳基本医疗保险费,按照国家规定享受基本医疗保险待遇;未达到国家规定年限的,可以缴费至国家规定年限。"但目前还只是提出了职工基本医疗保险退休人员缴费的建议,即便是要真正实施该政策,也需要提请全国人民代表大会修改《社会保险法》,经全国人民代表大会审议通过后方可实施。况且,该方案还需要广泛征求意见,并经过充分的研究和讨论,逐步完善具体的实施办法和操作细节,而这些都尚需时日。

---

① 楼继伟. 中国经济最大潜力在于改革 [J]. 求是,2016(1):24-26.

职工基本医疗保险退休人员缴费是否具有合理性？当一种观点出现时，一定有其理由，那么支持职工基本医疗保险退休人员缴费的因素有哪些呢？

第一，医疗保险的性质为所有参保人员缴费提供了依据。医疗保险的目的是风险共担。参保人员当期的缴费能形成一个基金池，用于当期生病人员的医疗费用支出，专款专用。年轻人当期缴的费用，当期也可能花掉一部分，剩余部分可能不足以支撑所有人的花费，因此需要所有参保人员缴费补充。这有别于养老保险的储蓄性质，养老保险是年轻时缴费，但年轻时不能使用，以换取年老时的养老金。

第二，我国医疗保险基金未来将入不敷出。我国正进入人口老龄化阶段，医疗费用将不断增加。另外，医疗技术水平的提高也会使医疗费用增加，这是经济发展的必然，也是世界趋势。根据预测，如果现行体制不变，我国在不久的将来会出现医疗保险基金入不敷出的局面，一旦出现赤字，提高缴费水平将不可避免。在年轻人缴费的同时，让老人缴一点也未尝不可。当然，在提高缴费水平的同时，还必须进行医疗费用控制方面的改革，如采用总额预付、按病种付费等国际上普遍采用的措施。

第三，退休人员缴费是国际上通行的做法。目前，主要存在三种退休人员缴费的模式：第一种是用养老金缴纳个人负担部分，采用这种模式的国家如法国、德国、日本。第二种是工作时预缴工资的一部分资金用于年老时的基本医疗，但要享有更多的保障项目，退休后还要缴一些，采用这种模式的国家如美国。在美国有90%的老人选择缴费。第三种是以家庭眷属的身份参加家庭医疗保险，采用这种模式的国家如韩国、日本（存在两种模式）。当然，这些国家实行退休人员缴费也有经济效率方面的考虑。

第四，我国现行医疗保险制度间存在的差异需要逐步缩小直至融合。目前城镇居民基本医疗保险和新型农村合作医疗都采取终生缴费制，即只有当期缴费了方可享受当期的医疗保险待遇，而职工基本医疗保险的退休人员却不缴费。随着不同医疗保险制度间的融合，在缴费水平、缴费模式、待遇水平等方面都将进行调整，并趋于一致。

那么退休人员应该缴多少呢？缴费额应以目前个人负担部分为限。目前我国统一规定的医疗保险缴费率为职工工资的8%，其中企业负担6%，个人负担2%。有一种普遍的猜测是退休人员需负担全部的医疗保险缴费，即个人负担 8%，例如，以养老金平均每月 2 250 元为缴费基数，按照当前 8% 的医疗保险缴费率，退休人员需要缴纳的医疗保险费平均额度为每人每月 180 元。这种提法并不符合该政策建议的初衷，既有悖于其他国家退休人员缴费的实践，也不符合我国在城镇居民基本医疗保险中采取的政策。从其他国家的实践来看，退休人员只是负担个人原本需负担的部分，而不是负担全部缴费；我国在城镇居民基本医疗保险中也是采取"政府补助+个人缴费"相结合的方式，也不是由居民个人全部承担，对于老年人亦是如此。所以，职工基本医疗保险的退休人员缴费率最多设定为养老金的 2%，即当前在职人员参加医疗保险的个人负担部分，大约为每人每月 45 元。

此外，应以提高养老金的形式来弥补退休人员因缴费而增加的负担。我国 2014 年开始执行机关事业单位与企业职工养老保险制度并轨，其中就涉及此类问题。原本无须缴费的人员，现在让其缴费，势必会增加这部分人员的缴费负担。当时的做法是，在提高机关事业单位人员工资的同时，将其并入企业职工养老保险制度，基本做到了平稳过渡，并未增加这些人员的缴费负担。职工基本医疗保险退休人员缴费也可参照此办法，在调增养老金的同时，让退休人员缴纳医疗保险的个人负担部分，做到不增加退休人员负担。所以，医疗保险改革和养老保险改革是联动的。

综合来看，职工基本医疗保险退休人员缴费确实存在可能性，也存在一定可行性。如果实施这一方案，在一些细节问题上还需要仔细推敲、认真研究。退休人员个人缴费比率不宜过高，不宜超过当前在职职工个人负担比率 2%。同时，可调增退休人员的养老金水平，以弥补因基本医疗保险缴费而增加的个人负担。另外，是实行强制缴费还是自愿缴费也可以进一步讨论。

（原载于经济观察网，2016 年 1 月 7 日，原标题为"退休人员医疗保险费谁来缴、缴多少？"，收录于本书时有改动）

第七篇
财政政策与经济可持续发展

　　经济的可持续发展要求经济不断增长，收入分配日益公平，以及生态环境不断改善。我国大部分税种不是累进税，故不能有效地调节收入再分配。另外，与人民日常生活密切相关的公共品支出不足。我国应该从税收和政府支出两方面入手，加大收入再分配的力度。在政府支出方面，应该提供更多的公共品，如开放免费公园、提供文化娱乐设施；实行十二年义务教育；发展公共交通，降低居民的出行成本；在养老、医疗等保险上为低收入人群提供优惠，增加补助；增加廉租、廉价房建设，让低收入人群也住得起房；加大环境保护力度。

　　经济增长取决于劳动力供给、物质资本积累、人力资本积累、技术进步等因素。中国经济增长的潜力巨大。一是我国有很高的储蓄率，储蓄可以转化为投资。二是人力资本在增加，受过高等教育的人越来越多，人们的劳动积极性高。三是技术水平在提高，创新在广泛开展。当前应继续促进投资，特别是民营企业的投资，让民营企业做大、做强，提高投资效率；积极推进城市基础设施建设，提高投资质量；大力发展教育，促进人力资本积累；调动科研人员的积极性，鼓励科技引进和创新。

发挥公共财政的作用，做好收入的再分配

市场经济在提高效率的同时，也必然会带来收入分配差距的加大。一般说来，私人之间也存在收入的再分配，但这种再分配的力度是不够的。政府介入收入再分配是完全必要的，可以提高整个社会的福利水平。实行市场经济几百年的发达国家通过对市场的干预实现收入的初次分配（如允许成立独立工会，规定最低工资等），通过税收、转移支付和政府支出实现收入的再分配，缩小贫富差距。改革开放以来，我国经济取得长足发展；与此同时，贫富差距也在扩大。我们应该更好地发挥公共财政的作用，做好收入再分配，以保持经济持续发展和社会稳定。

国际经验

发达国家都是通过公共财政（包括税收、转移支付和政府支出几个方面）进行收入再分配，而且力度很大。在发达国家里，美国的政府规模比较小，我们可以看看美国的主要做法。

第一，对某些税种实行累进制。（1）个人所得税。美国的个人所得税实行累进制，即相对于收入而言，低收入者交的税少，高收入者交的税多。美国在建国初期并没有个人所得税。为了筹措南北战争期间的战争费用，美国于1862年开征了个人所得税，至1866年个人所得税已占美国联邦政府全部财政收入的25%，但此后不久就被最高法院以违宪为由取缔。1913年，美国国会通过宪法修正案，授予政府对个人所得征税的权力。1913年美国重新开征个

人所得税时，普通税率为1%。此后，美国的个人所得税税率迅速上升，1944年最高边际税率达94%。里根任总统期间，曾将个人所得税的最高边际税率从76%降到28%。2011年，美国的个人所得税占全国财政收入的47.4%。（2）个人财产税。美国各州都有财产税，大多是向房产和汽车等征税。20世纪初，美国的财产税占全国税收收入的45%。第一次世界大战后，个人所得税增加，财产税相对减少，但财产税仍然是美国地方政府的主要税收来源。（3）遗产税。目前，美国遗产税的最高税率为55%。高额的遗产税不利于富人将遗产转移给下一代，许多富人将豪宅和钱财无偿捐献给社会。这样，每一代人都自强不息，有利于维持整体经济的活力。

第二，对低收入者实行转移支付。（1）社会保障福利。美国通过社会保障体系进行收入再分配，从高收入者那里收的社会保障税相对较多，但发放的社会保障福利相对较少。一个家庭之中，即使妻子没有工作，从未缴纳过社会保障税，以后照样可以领到丈夫养老金的一半。（2）直接转移支付。低收入者可以从政府领取食品券，用于购买食品（烟酒除外）。美国政府规定，2012年月薪不超过1 174美元，即年薪不超过14 088美元的个人可以获得食品券，而此薪酬数字是美国贫困线收入的130%。

第三，为低收入者提供公共品和直接服务。（1）实行十二年义务教育，小学和中学不收任何费用，补助午饭，提供免费交通服务。（2）生活方面的基础设施大部分免费。例如，大部分政府修建的高速公路免费，个别公路收费也是为了调节交通、防止拥堵，收费的标准也很低。另外，大量的国家、州和地方性公园和娱乐设施都是免费的。（3）各地都设立公立医院，免费为低收入者治病。大医院都设有急诊室，不能拒收病人，且对低收入者免费。

此外，很多发达国家还有众多的宗教和非营利组织从事对低收入者的扶助工作。

应该指出，过去三十多年来，许多发达国家和发展中国家的贫富差距都在扩大。因此，收入分配差距加大是世界范围的现象。这与经济全球化有关，也与供给学派效率优先的经济思想和政策建议有关。美国也面临近三十年来收入分配差距加大的情形，奥巴马在竞选总统时曾一再声称要向富人多征税。

我国收入再分配存在的问题

我国在收入初次分配环节的国家干预较少。像其他国家一样,我国也在通过税收和公共支出重新分配收入,但是力度还不够。

首先,我国的税制是累退的,即相对于收入而言,高收入群体的税率低,低收入群体的税率高。中国的大部分税种不是累进税,税制并不能有效地调节收入再分配。增值税是我国第一大税种,2011年增值税收入为24 267亿元,占总税收收入的27%。营业税是我国第三大税种,2011年营业税收入为13 679亿元,占总税收收入的15.24%。由于企业会将税金加入成本,提高产品或服务价格,消费者不论收入高低,支付的价格是一样的。因此,增值税和营业税都是累退的。据统计,2010年,我国国内增值税、营业税、进口商品增值税等加起来占到总税收收入的66%。个人所得税是收入调节税,但是所占比例太小,2011年该税的收入为6 054亿元,仅占总税收收入的6.75%。因此,虽然个人所得税税率高,但还是起不到调节收入分配的作用。此外,中国没有个人财产税、遗产税、赠与税等税种,而这些税种也具有累进性质,对于收入分配具有很好的调节作用。

其次,政府支出在调节收入分配上也有着重要作用,但目前中国在这方面做得还不够。在过去十年间,中国的社会保障事业取得了重大进步,养老保险覆盖率超过90%,新型农村社会养老保险制度得以建立,城乡低保制度和基本医疗保险制度也得到了较快发展。但是仍应看到,与人民日常生活密切相关的方面还有待提高,例如农村及中西部地区的基础设施还比较落后,公共品提供数量还较少,等等。目前我国的贫富差距比较大,据世界银行测算,2011年中国基尼系数已达到0.55,而国际公认的警戒线为0.4。2011年,我国城镇居民家庭人均可支配收入为21 809.8元,而农村居民家庭人均可支配收入仅为6 977.3元,不及城镇的1/3。2011年我国东部地区人均年收入约为29 226.04元,而中西部地区约为19 868元。公共品对于低收入人群的帮助最大,因此政府应该更多地提供公共品。

与西方国家不同,我国存在着亲属之间的收入再分配,富裕的亲属帮助贫穷的亲属是常见现象。这是我们的优势,但这种优势随着人口结构的变化

大国财税改革：构建普惠式经济增长的基石

和传统文化的淡化也在减弱。

利用税收和政府支出，加大再分配的力度

政府可以从税收和政府支出两个方面对收入分配进行调节。

在中国，政府征税历来都很困难。早在战国时期，管仲就建议齐桓公不要征各种各样的税，避免百姓反抗，而应垄断盐、铁，高价出售，获取财政收入。这符合现代著名的"拉姆齐价格法则"——如果征税成本太高，国家就应该经营自然垄断企业，获取利润，作为财政收入。其实这个道理管仲在两千多年前就讲清楚了，应该叫"管仲法则"。增值税向企业征收，企业将其加在价格里，相对好征收。我国依赖增值税的局面一时难以改变。另外，我国个人所得税的最高边际税率已经达45%，比美国的35%还高。税率太高不利于吸引优秀人才，不利于人力资本积累。其实，许多富人的财富并不是来自工资。为了做好收入再分配，税制改革可从以下几个方面进行：

一是加大所得税在税收总额中的比重，其中又应该着眼于增加对高收入群体的税收。我国目前采用分类个人所得税制，即对纳税人的各项收入进行分类征税，其造成的后果便是收入来源单一的工薪阶层交税较多，而收入来源多元化的高收入群体交税较少（占总收入一半以上的高收入者，交纳的个人所得税仅占20%），且存在"一刀切"的问题，不考虑纳税人的家庭负担。未来可以将家庭作为个人所得税征收主体，将起征点逐步提高，但可以由各省根据自身情况单独制定，由中央给一个指导意见。

二是加大财产税的比重。我国现有的财产税主要是交易性纳税。2011年年初我国在上海、重庆试点征收房产税。推广房产税，尤其是对投机房地产的行为征收较高的税，既能调节收入分配，又能维护房地产市场稳定。可以根据房屋价值的不同和购买房屋的数量，制定累进税率（具体可参考韩国的做法）。

三是开征遗产税。起征点不要太低，实行累进税率，建立个人资产档案管理，防止资本外逃。但问题是政府很难掌握个人财产的真实情况，大多数富人无法正确理解遗产税，从而征收难度大。

因为在我国，征收像财产税和遗产税这样的直接税的难度较大，所以我

国税收的累退性在短期内可能很难改变。在税制无法大幅调节收入分配的情况下，我国有必要加大公共品的提供，因为低收入者最需要公共品。具体应该从以下几个方面着力：

一是加强公共基础设施建设，如开放免费公园，提供文化娱乐设施，加大对农村及中西部道路建设的投入，等等。

二是增加公共服务的提供。发展十二年义务教育，适当提供教育补助，增加对职业学校的补贴，规范学前教育收费；发展公共交通系统，降低低收入人群的出行成本；增加医疗资源供给，均衡分配医疗资源，解决"看病贵""看病难"等问题。

三是社会保障政策向低收入人群倾斜。在养老、医疗等保险上为低收入人群提供优惠，降低缴费率，增加补助；完善失业保险制度，既要保障失业人群的生活水平，又要不影响其工作积极性。

四是增加廉租房建设，让低收入人群也能住得起房。要注意廉租房的配套设施建设，如医院、学校、购物点等。

同时应该认识到，我国的经济发展水平与发达国家还有很大差距，经济发展仍是当前的首要任务。我们在调节收入分配的同时，一定不要忽视效率，不要忽视保护人们的投资和劳动积极性。国家的财富多了，再分配的来源也就多了。

（原载于人民网，2012年11月19日，原标题为"再分配更加注重公平 政府该如何作为？"，收录于本书时有改动）

大国财税改革：构建普惠式经济增长的基石

新加坡解决居民住房问题的经验对我国的启示

新加坡是个小国，在总人口中，华人占 76%，马来西亚人占 15%，印度人占 7.4%。新加坡于 1959 年脱离英国的殖民统治，1965 年从马来西亚独立，经过仅仅五十多年的努力，就已经从一个贫穷落后的国家变成一个繁荣富强的国家。新加坡公共基础设施完备，人民拥有自己的住房，可谓安居乐业。那么，新加坡是如何做到这些的呢？新加坡的做法对中国有何启示呢？

新加坡实现"居者有其屋"

住房问题曾经是新加坡的大难题。从 20 世纪 60 年代开始，政府开始着手解决人们的住房问题。通过购买，新加坡政府拥有 80% 的国土。在购买土地时，新加坡政府按政府规划和开发以前的当地土地价格购买，并不是按照政府开发以后推高的价格购买，这样就节约了财政开支。政府拿到土地后就开始一百年的规划，而不是短期规划。哪里建住宅区，哪里建市场，哪里建公园，哪里是树林，哪里是绿地，哪里修路，将来路会多宽，都认真地提前规划好。

新加坡政府为百姓建造廉价的住房，叫"组屋"。政府不高价把土地卖给开发商，搞"土地财政"，而是以低廉的土地为基础，为百姓建造房屋。因为土地便宜，房价也低，政府就把这种廉价的房子卖给百姓。购买的房屋大小由家庭人口的多少决定。地区不同，房价也不同。目前，新加坡的房价大约为家庭年收入的 4～5 倍。为了让居民拥有居所，国家对购房者予以补助。据新加坡统计局住宅和发展委员会的估算，2015 年，两居室的房子价格在 30 万新元左右（约合人民币 150 万元），三居室的房子价格在 45 万新元左右（约合人民币 225 万元），四居室的房子价格在 60 万新元左右（约合人民币 300 万元）。这是组屋再出售的价格，不是政府最初卖给居民的价格。

目前约有 85% 的新加坡居民住在政府提供的组屋里。组屋在购买后 5 年内不可在市场上出售，但可以退还给政府。这样的规定在一定程度上防止了套利现象的产生，使得受益者基本上是真正需要居所的人群。高收入者住在私人建造的公寓和别墅里。也有一些人，主要是单身或在新加坡临时工作的人，他们不愿意买房，而是愿意租房住。

而且组屋不会因为平价而存在质量问题。组屋的设计合理，楼道宽敞；大部分组屋里有敞开的公共空间。新加坡实行精英治理。精英们都受过良好的教育，有着极强的专业知识和技能。他们经过集思广益，做出最优的设计和规划。政府采用公开市场招标，通过竞争，由中标的私人开发商修建组屋。组屋质量由政府严格把关。

在付款方式上，居民购买政府提供的组屋时，可分期付款，房款来自个人积累的公积金。新加坡实行公积金制度，雇员和雇主按雇员工资的一定比例向政府缴纳公积金，用于雇员住房、教育、医疗和养老。组屋在购买 5 年之后是可以出售的，出售时政府按照市场商品房价格对其征税，征得的税收作为政府当年对屋主补助的回报，进入国库。

顺便提一下，新加坡政府的另一个利民工程是建立了许多餐厅。在巨大的开放式餐厅里，有许多餐饮业主在营业，争相为居民提供高质量的食品。新加坡天气热，人们喜欢在开放式餐厅里吃饭。餐厅的食品价格极为低廉，一顿简单的饭也就 3～5 新元，货真价实。实际上，政府一直在干预餐厅的饭菜价格，保证价格稳定。如果价格非涨不可，政府就降低场地的租赁费，让餐饮业主在廉价之下仍有利可图。

新加坡政府的资金来源问题怎么解决呢？除了税收，政府用投资的方式获取财政收入。新加坡政府成立了淡马锡投资公司，股权 100% 归财政部所有。该公司投资于新加坡电信、新加坡航空、星展银行、新加坡地铁、海皇航运、新加坡电力等大型企业。新加坡政府不是直接控制企业生产，而是购买企业的股份，让企业独立市场化运营。据报道，自1974年成立以来，淡马锡投资公司的年回报率为16%。淡马锡投资公司给新加坡创造了财政收入，使政府能降低税收，不用大搞"土地财政"。

我国居民住房市场存在的问题

地方政府大搞"土地财政"，推高了住房价格。过去十几年来，我国地方政府将自己拥有的城市土地以及从农民手中廉价征收来的土地，高价出售给开发商，获取巨大的财政收入。据官方统计，2015年，土地出让金达到33 658亿元。开发商拿到土地后，大建商品房，然后高价卖出。土地价格占了房价的很大比重，这实际上是政府利用房地产向购房者征税。只要有人买房，土地就能拍卖出去；土地价格越拍越高，"地王"不断出现，房价被不断推高。像北京、上海这样的城市，房价已是人均收入的几十倍，年轻的购房者"望房生畏"，买不起房。

人们将大量资金投向房地产。在我国，个人资产拥有形式有限，且回报不稳定。例如，投资实体经济困难大、回报低、风险大；股市不成熟，股价经常大起大落；银行利率低，赶不上通货膨胀；土地非个人所有，很难投资；国家有外汇管制，难以持有外国资产。因此，许多人有了钱，就都放在房产上了，使得房价不断上涨，也使得这些人获得暴利。2009年4万亿元刺激计划实施后，大量的银行贷款没有流向实体经济，而是流入房地产，房价随后大涨。2017年以来，类似的情景再次出现。

"烂尾楼"和"鬼城"不断出现。随着地方政府不断地向开发商卖地建房，房地产库存增加，有的地方商品房严重过剩。国家发展改革委城市和小城镇改革发展中心的调查显示，截至2016年5月，全国县以上新城新区超过3 500个，规划人口达34亿！① 目前，不少地方都有"烂尾楼"；建成的楼没有人买，出现"鬼城"；有些卖掉的楼没有人住，一直闲置。

最近，政府将房地产"去库存"列为主要任务之一。按理说，房子过剩，

---

① 全国新城规划人口34亿，谁来住？新华每日电讯[N/OL].(2016-07-17)[2017-02-01]. http://www.xinhuanet.com/mrdx/2016/07/14/c_135511933.htm.

市场价格应该下降，这样需求量就会增加，供给量就会减少，过剩就会消失。然而，很多地方政府采取的办法是通过推高房价"去库存"。具体来说，地方政府将土地高价拍卖，制造新的"地王"，周边的人看到地价如此之高，认为将来房价会更高，于是就开始抬高房价。价格预期会改变人们的需求。购房者预期未来房价提高，于是需求增加，即需求曲线向上移动，使得库存减少。近期的这次"去库存"就是这种情况，各地房价又被推高到一个新的水平。旧的房地产投资者赚钱了，新的投资者在期待赚钱，普通的无房劳动者离买房越来越远。什么是泡沫？当人们抢购一种东西，不是因为价格低廉，不是因为质量改善，而是期待着明天售价更高时，价格泡沫就形成了。

新加坡的经验对我国的启示

一提到新加坡，一些人的第一个反应往往是，新加坡是小国，其经验不适用于中国。我们应该知道，有些经验是只适用于小国的，有些经验则和国家大小没有关系，是普遍适用的。中国与新加坡有许多相似之处，例如，有一个强有力的政府，政府对土地支配权大，以华人为主，城市人口密度大，等等。我们可以从新加坡解决民生住房问题的经验中得到如下启示：

地方发展要有长远规划，提高建筑质量。我国正处于城市化进程中，地方政府要像新加坡政府那样，做好长远的城市规划。住宅区、商业区、学校、医院、公园、基础设施等如何布局，都要提前规划好。目前的问题是某些地方政府没有长远规划，甚至出现今天建、明天拆的情况。没有长远打算，也就会忽视质量。许多地方的住宅建筑和基础设施都粗制滥造。我们应该规划好每寸土地，重视建筑质量。

要避免依赖"土地财政"，应开创财政收入的新途径。说到底，"土地财政"其实是政府把住房这种必需品当成了奢侈品，向购房者征收巨额的税收，这显然是不对的。多年来，地方政府没有足够的税源，没有自由发债的权力，但又想从事基础设施建设，于是就搞"土地财政"。未来应该允许地方政府开拓新的税源，征收有利于发展或有利于再分配的税收，例如财产税、遗产税、资本利得税等。当前，房价高涨，正是推出个人房产税的极好时机。另外，应该给地方政府更大的发行债务的权力，让地方政府兴建一些大型的、惠及后代的基础设施。还有，地方政府也可以像新加坡政府那样，转变国有资产的经营方式，由直接控制生产转为成立淡马锡式的投资公司，投资于盈利的企业，获取资本回报，增加财政收入。

要增加经济适用房，保证居民住房的可及性。必须认识到，基本住房是必需品，而不是奢侈品。城市化主要是人的城市化，人的城市化主要是住房的城市化，在哪个城市里住下来了，就是哪个城市的人了。我们的经济适用房类似于新加坡的组屋。然而，现阶段经济适用房的条件太严，没有多少人符合条件。应该放低条件，让更多的人受益。另外，经济适用房的价格也要合理。目前，大城市的经济适用房价格过低，只有极少数人能够得到，得到后就像中彩票一样，个人财富立刻大增。与此同时，众多的低收入者得不到经济适用房。地方政府应该根据当地城市发展的具体情况，增加经济适用房供给，使其惠及大众。

政府可对年轻人提供住房补助，防止代际财富分化加剧。年轻人是国家的未来，一个重视、扶持年轻人的国家，就会兴旺发达。与城市中的老年人相比，年轻人相对贫困化是普遍现象，在发达国家也是如此，这应该引起我们的警觉。应该防止代际财富不平衡的扩大，可以考虑像新加坡政府一样，对年轻人购房提供补助。政府可以直接补助，也可以把房贷利息从可税收入里扣除，减轻年轻购房者的所得税负担。我们要让年轻一代充满希望，心情舒畅地参加学习和劳动，从事发明和创造，让他们把聪明和智慧都发挥出来，不要让他们成天为房子忧心忡忡。

另外，我国应该增加个人资产选择。为人们提供更多的资产选择，可以将居民在投资方面的注意力从房产上转移出来，增加市场上房屋的供给。

总之，在城市建设和住房政策方面，我们应该学习新加坡的经验，合理布局城市，放弃"土地财政"，兴建更多的经济适用房，对年轻人伸出援手，争取实现做到"居者有其屋"。

（原载于《中国青年报》，2017年2月6日，原标题为"新加坡解决住房问题的启示"，收录于本书时有改动）

网易财经访谈：
调节收入分配需要政府提供更多公共品

网易财经：财税改革可以从哪几个方面寻找突破口，以缓解经济下行的压力？

林双林：我认为财税改革可以从以下三方面入手：一是给企业减税。其实我国的企业所得税占总税收的比重很高，占到了总税收的20%以上，所以应通过减轻企业负担，来调动企业投资、创新的积极性。二是中央政府可以考虑给地方政府让一点税，提高地方政府在税收收入中的份额，使它们有能力做好基础设施建设。三是政府做基础设施建设，就要做好规划，避免以往那种粗放的发展方式。要把城市规划好，把城市里的基础设施做得更精细，提高质量。我想政府能做的可能就是以上三个方面。

网易财经：对于社会福利的财政支出应该侧重于哪几个方面？

林双林：我认为应该侧重于以下三个方面：一是医疗。帮助穷人上医疗保险，这是我们以后医改的方向，但这样可能会给财政带来很大的压力。现在西方国家在医疗方面的财政压力也很大。二是养老。中央政府直接把养老管起来，这也是我们以后发展的方向。现在我国实行的是地区性的养老保障体制，今后如果能建立起全国性的养老保障体制就好了。三是教育。政府应该考虑实行十二年义务教育，因为义务教育非常重要，可以促进社会公正、公平，使人们不管出生在低收入家庭还是高收入家庭，都有均等的受教育机会，直接感受到政府给自己提供的好处。

网易财经：中央和地方在事权、财权方面，一直存在不明确、不匹配和不合理的问题。您认为造成这些问题的主要因素是什么？

林双林：中国从1994年税制改革以后，中央的财政收入份额在增长，地方的财政收入份额在下降。目前来说，中央拿了约46%的税收，中央直接支出约占15%；地方拿了约54%的税收，支出约占85%。地方本级的财政收入不多，地方财政比较困难。地方财政主要是靠中央财政转移支付，即使是最富裕的省份也是如此。所以中央把钱收上来，再给地方发下去，这个过程中可能就会出现效率的损失。

网易财经：北京的雾霾比较严重，财政部日前也提出，要发挥税收对雾霾的调节和支持作用。财税改革会往这方面有倾斜吗？

林双林：是的，这是一个世界性的趋势。我最近参加了一个亚太财政税收论坛的筹备会，不少与会专家也提出，今后要增加环境污染税，还有资源税、交通拥堵税，这看来是一个方向。我国现在也开始采取类似的举措：我国已经开始征收环境污染税；资源税原来是从量征收，现在是从价征收。这都是在提高环境污染方面征税的幅度。另外，我国还没有开始征收交通拥堵税。这方面有一个国家做得很好，就是新加坡。新加坡是很小的国家，但是它的交通畅通无阻，你如果开车到繁华的地方去，就会被征收交通拥堵税。我国也应该考虑依靠这种税收手段来解决交通拥堵问题，这是一个方向。

（原载于网易财经，2015年12月25日，收录于本书时有改动）

不失时机,致力于经济的可持续发展

三十多年来,在改革开放的旗帜下,我国经济取得了巨大成就。2010 年我国超越日本成为世界第二大经济体。2011 年我国 GDP 达到 69 885 亿美元,仅次于美国的 150 648 亿美元。然而,我国人口众多,据世界银行统计,2010 年我国人均国民总收入(gross national income,GNI)为 4 260 美元,而同期美国为 47 140 美元,日本为 42 150 美元,韩国为 19 890 美元,俄罗斯为 9 910 美元,墨西哥为 9 330 美元。要赶上富裕国家,路还很长,所以我国仍应将经济的可持续发展放在优先地位。

今后十年是我国经济发展的关键时期,良机不可错失。否则,我国会出现未富先老的局面,使发展进入困境。未来我国经济发展面临着以下挑战:

第一,人口老龄化。我国人口老龄化问题日益严重。据联合国人口署的预测,中国 65 岁以上人口占总人口的比重 2020 年将超过日本 20 世纪 90 年代初期的水平,2035 年以后将超过美国。其实,按我国自己的抽样调查,目前我国人口老龄化已达到日本 20 世纪 90 年代初期的程度。目前人们尚未普遍感觉到劳动力紧缺的原因是,几乎每个人都超常工作,从上到下,各行各业无一例外。随着人口老龄化问题的日益严重,劳动力的增长速度也会下降。如韩国等国家和地区都是在人口年轻化的时期实现工业化的。经济学界也普遍认为,日本经济增长放缓的主要原因是人口老龄化。十年以后,我国劳动力供给充裕的优势将失去。

第二,自然资源减少。从自然条件讲,我国未来并没有比现在更大的发展优势。自然资源日益贫乏,许多资源如石油、铁矿石等大部分依靠进口,而各国对资源的争夺日益激烈；人均土地少，不少土地非常贫瘠；北方缺水，而南方水污染严重。随着不可再生的资源越来越少，资源投入的增长速度注定会下降。

第三，投资增长速度下降。我国的优势是储蓄率高，这些年来经济增长的主要推动力量就是投资。然而，根据国际经验，随着经济的发展和人口的老龄化，储蓄率是会下降的。例如，日本1970年的储蓄率在40%以上，而目前的储蓄率只有20%左右。因此，未来我国储蓄率的下降是不可避免的，而这会导致投资增长速度下降。

经济增长取决于劳动力供给、物质资本积累、人力资本积累、技术进步等因素。劳动力增长放缓、资源减少和资本积累下降都是经济增长的不利因素。我们一定要有忧患意识，要有紧迫感，充分估计到未来的困难，不要把困难和问题往后推。要制定长远的发展规划，避免短期行为。今后十年应做的事情很多，这里仅强调以下几点：

第一，重视资源的节约和环境保护，提高经济增长的质量。环境直接影响着人民的健康和生活质量。目前我国很多地方的空气和水源污染相当严重，应该引起重视。要重视资源的保护，不要盲目开采，造成浪费和污染。许多国家都重视资源保护，尽量节约本国的资源，留给后代使用。我们要重视国民财富的积累，包括资源、环境、有形与无形资本的积累。

第二，发展教育，积累人力资本。我国在劳动力增长放缓的同时，应该提高劳动者的教育水平，增加每个人的知识和技能，提高我国人力资本总量。目前，应该力推十二年义务教育，增加中等和高等技术学校投资，改善学校体育设施，重视学生想象力和创造力的培养。

第三，加强科学研究，促进技术进步。我国经济的增长不可能长期依赖劳动力和资本的投入，而要依靠科技进步。13世纪欧洲的黑死病，使人口下降50%，造成劳动力紧缺，人们转而寻求技术，于是引发了科技进步和工业革命。我国劳动力的短缺也会带来对科技需求的增加。我们要淡化"官本位"，把人才引向生产和科研第一线，让他们心情舒畅地从事创造性劳动。要加强知识产权保护，鼓励发明创新。

第四，改进资源配置，大力发展民营经济。一般来说，民营企业创新动力足、生产效率高。我国应该对大、中、小型的民营企业都给予大力扶持，让其成长壮大。要完善民营企业保护的相关法律，让企业家们安心在中国创业；要完善个人财产保护的相关法律，鼓励人民创造和积累财富。一般情况下，我们应充分发挥市场的主导作用，让经济不依赖政府刺激，自行持续发展。

强调长远持续发展，人们对中国经济就会更有信心，国内外投资者就会长期投资于中国，人才也会不断流入中国。我们应该充分利用今后十年的时间，一切从国家和民族的长远利益出发，致力于经济的可持续发展，努力使中国经济再上一个台阶。

（原载于人民网，2012年3月16日，原标题为"该如何规避未富先老困境"，收录于本书时有改动）

大国财税改革：构建普惠式经济增长的基石

我国经济持续发展的潜力何在？

近年来我国的经济增长速度下降，引起了海内外人士的担忧。我国经济增长率2010年为10.4%，2011年为9.3%，2012年为7.8%，2013年为7.7%。2014年伊始，大家对经济前景的态度，有的乐观，有的悲观，众说不一。因此，我们有必要对我国经济发展的潜力做基本分析，因势利导，以推进经济新一轮高质量的增长。

我国过去三十多年的经济高速增长有赖于市场导向的改革开放以及利于增长的财税政策。我国经济增长率下降是发展方式转变的结果。首先，扩张性财政政策，尤其是2008年金融危机后的刺激政策，使得政府债务大大增加。2012年地方政府债务占GDP的比重已达32%，中央政府债务占GDP的比重达15%，加上社会保障个人账户缺口以及铁路总公司、事业单位和中央部门与所属单位的债务，总债务已超过GDP的50%，扩张性财政政策难以持续。其次，多年的粗放式发展，已造成资源过度开采和环境严重破坏。但若减少污染排放，将势必影响产量。再次，中央反腐力度空前加大，不再"唯GDP论英雄"，地方政府开始重视增长质量，增长速度方面会受一定影响。最后，劳动力价格的上涨造成了资本外流、出口价格上升，也不利于经济增长。

我国经济还有很大的增长潜力，主要原因如下：一是我国有极高的储蓄率。据世界银行资料，2012年我国储蓄率为51%，居世界第一位；新加坡为46%，居世界第二位；韩国为31%，俄罗斯为30%，德国为24%，日本为22%，美国为17%，英国为11%。储蓄可以转化为投资，而投资是经济增长的重要动力。二是中国有大量的人力资本。近年来，我国受过高等教育的人口比重在不断上升，高等教育毛入学率达到近30%，15岁以上人口平均受教育年限达到9年以上。我国虽正进入人口老龄化阶段但人口老龄化问题还不像欧美和日本那样严重。据联合国预测，2015年，中国65岁及以上人口占总人口的比重为9.5%，日本为26.2%，美国为14.6%，印度为5.4%。三是体制改革会提高效率。诺贝尔经济学奖得主诺斯发现，制度在经济发展中起重要作用。我国正在深化改革，新体制将变得更能提高投资、劳动、创新的积极性。四是我国正处于工业化和城市化的进程之中，国内投资和消费的需求都很高。

为促使经济持续发展，我国当前应采取如下措施：

第一，加大个人财产的保护力度，防止资本外流。国际研究发现，对个人财产保护力度越大的国家经济发展水平越高，个人财产面临被没收的风险越高的国家经济发展水平越低。十八届三中全会《中共中央关于全面深化改革若干重大问题的决定》指出，要"完善产权保护制度""公有制经济财产权不可侵犯，非公有制经济财产权同样不可侵犯"。我国现在的非公有制财产，都是在改革开放以后积累起来的，应该坚决予以保护。要将十八届三中全会保护非公有制财产的决定变成法律条文，让人们安心在国内创业、发展、积累财富。另外，还应扩展财产持有形式，创造财产增值机会，提高人们积累财富的积极性。

第二，大力发展民营经济，鼓励民营企业做好、做大、做强。清末开始发展起来的我国近代企业多为官办、官商合办、官督商办。第二次世界大战结束时，我国的重工业几乎百分之百归国有，轻工业的国有比重也很高。目前我国的民营经济是改革开放的产物，应该予以保护支持。民营经济效率高，创新动力强，用人上腐败少。当今发达国家都是以民营经济为主体，下一步我国经济发展的最大动力也在民营经济。我们要在贷款、市场准入、税收政策等方面给民营企业公平待遇；要鼓励民营企业制定长远发展规划，做好、做大、做强。当然，政府也要在环境保护、产品安全等方面对所有企业进行严格规制。

第三，积极推进城市基础设施建设，防止地方政府不作为。我国正在推进城市化，城市基础设施还很不够，道路拥挤，环境卫生设施差，亟待改善。地方政府要集思广益，做好规划，"一张蓝图绘到底"，不要随领导的变化而轻易变化。那些劳民伤财、浪费资源的形象工程要中止，但是关系经济发展和民生的基础设施还得积极去做。当前,地方政府债务很高,建设资金出现困难,这种情况应该引起重视。另外,中央反腐力度加大,不再"唯GDP论英雄",也要防止地方官员发展经济的积极性下降。要增加地方政府财力,设立新的税种,增加地方财政收入份额。要发挥地方政府和民间两个积极性,采取多种融资方式建设基础设施。

第四,扩大对外贸易,吸引高端外资,增加出口。我国的外国直接投资占GDP的比重从1994年的6%一直下降到2012年的1.36%(总量低于美国)。外资可带来技术、经验和国际市场,所以我们应积极营造公平的营商环境,吸引高技术含量的外资。很多人以为中国出口占GDP的比重很高,其实不然。据世界银行统计,2012年中国出口占GDP的比重为27%,马来西亚为87%,韩国为57%,德国为52%,墨西哥为33%,英国为32%,俄罗斯为29%,印度为24%。全球经济已经复苏,我国应该提高出口产品的技术含量,使出口达到更高水平。同时,也应鼓励企业发挥优势,向外扩展,增加国民财富;应增加进口,弥补我国资源不足的劣势,提高技术设备水平和人民生活水平。应该指出的是,在当前的高储蓄率下,外贸盈余难以避免。

第五,重视科技引进和创新,调动科研人员的积极性。我国要赶上发达国家,最终要靠技术创新。美国最初也是靠引进英国的技术,多年后才在科技创新方面引领全球。十八届三中全会《中共中央关于全面深化改革若干重大问题的决定》中提出,要"逐步取消学校、科研院所、医院等单位的行政级别""建立事业单位法人治理结构"。此举应该尽快落实。在发达国家,大量的科研工作由大学承担,行政人员是为教学科研服务的。我们要清除科研领域的腐败,建立公正的科研成果评价、基金评选、职称评定制度,营造良好的科研氛围,让人们的聪明和智慧得到充分发挥,提高我国科学技术水平。

总之,我国储蓄率高,人力资源丰富,市场改革在深化,城市化在推进,经济增长的潜力仍很大。我们切勿坐失良机。只要坚持改革开放,保护个人合法财产,发展民营经济,将储蓄转化为投资,完善基础设施,改善生活环境,重视科技创新,增加高附加值产品出口,我国经济就能持续健康发展,国民财富就会不断增加。

(原载于人民网-财经频道,2014年3月5日,收录于本书时有改动)

投资本无过错，提高投资效率是关键

改革开放三十多年来，我国依赖高额的储蓄和投资、充裕的劳动力供给以及不断采用先进技术，实现了经济的快速发展，取得了举世瞩目的成就。近几年来，我国政府开始强调经济转型、产业升级，控制地方政府债务，追求增长质量，经济增长速度有所下降，这引起了国内外对中国经济的担忧。

其实，中国经济增长的潜力还很大，我们应该充分发挥储蓄率和投资率高的优势，大力提高投资的效率，保持经济持续增长。

经济学界最近三十多年关于经济增长的实证研究都显示，投资与经济增长正相关。也就是说，投资占GDP比重高的国家，通常其经济增长率也高。近年来，西方发达国家也一直试图增加储蓄、投资和资本积累。然而，它们的储蓄率低，经济增长主要靠技术进步。

近年来我国的钢铁、水泥等行业出现产能过剩。所以，一提到投资，人们马上会想到这些行业，认为不要再强调投资。另外，一些工矿企业的发展造成了环境污染，引起了人们的反感。但是，我们不能因为这些原因而停止投资，关键是要找对投资方向，把资金投在该投的地方，投在需求高的地方，提高投资的效率。

需要看到，我国正处在工业化和城市化的进程中，工业化程度与发达国家之间还有很大差距，产业有待升级；农业尚未实现大规模经营；服务业在总产值中占比较小；环境污染也有待治理；公路、铁路、桥梁、城市交通（道路、天桥、地铁）、水电气、污水处理系统和公共卫生设施等基础设施也有待增加。可以说，很多领域的投资需求仍然很高。

大国财税改革：构建普惠式经济增长的基石

当前，我国储蓄率在 50% 左右，处于较高水平。我们一定要不失时机，把储蓄转化为投资，提高投资效率，保持经济持续增长。那么，该如何提高我国的投资效率呢？

一是要加强对政府投资的规划和监管。如前所述，我国还有大量的基础设施亟待建设。然而，我国在基础设施建设方面存在的问题更应该引起重视，很多设施缺少长远和合理的规划，有的工程质量差、粗制滥造，例如一些道路、桥梁发生塌陷，建筑物出现裂缝，等等。

二是提高产品的质量。从日用品、医药品、耐用消费品、交通运输工具、生产设备到基础设施，我们都要下大力气提高质量。例如，我们虽然生产了大量钢材，但高质量的钢材还得靠进口。如果不讲质量，只图便宜，偷工减料，则不仅会造成资源的严重浪费，也会使投资效率大打折扣。

三是重视新技术的采用。诺贝尔经济学奖得主罗伯特·索洛（Robert Solow）发现，长期以来，美国人均收入增长的 80% 来自技术进步。技术进步是提高生产效率的关键。我国要积极参与国际合作，吸收国外先进的科学技术成果。自主创新需要长期的投入。我国需要改革教育和科研体制，尽快破除教育科研领域的"官本位"制度，把最优秀的人才吸引到科研第一线，做好基础科学和应用科学的研究。我们还要鼓励企业把新技术运用到生产中去，提高投资效率。

四是积极参与国际经济竞争，努力增加出口。国际竞争能促使生产效率提高。改革开放后我国的经济发展在长时间内得益于鼓励出口的政策。但是，过去十几年来，一些国家声称中国的出口打乱了世界经济平衡，人民币被迫升值。我们不再理直气壮地鼓励出口，加上成本提高，造成出口增长放缓。据世界银行统计，2013 年各国出口占 GDP 的比重，德国为 45.6%，韩国为 53.9%，马来西亚为 81.7%，印度为 25.2%，世界平均水平为 29.8%，而我国仅为 23.3%。据国家统计局最新数据，2015 年 7 月，我国出口同比下降 8.3%。面对这种状况，我们应奋起直追。

五是调动国有企业和民营企业的投资积极性。国有企业改革正在紧锣密鼓地进行，其中的要义之一就是提高投资效率，减少重复和低效率投资。民营企业处于激烈竞争的环境中，创新和生产积极性较高。我们也要在市场准入、银行贷款等方面，像对待国有企业和外资企业一样对待民营企业，鼓励民营企业做好、做大、做强。

总之,我国目前储蓄率很高,人口老龄化问题还不严重,加上正处在城市化进程中,经济增长的潜力还很大。我们要努力将储蓄转化为投资,大力提高投资效率,这样就可以保持经济的持续增长,促使我国的人均收入和国民财富不断增加。

(原载于人民网-财经频道,2015年9月7日,原标题为"投资本无过错 提高投资效率是关键",收录于本书时有改动)

投资不必"羞答答",倾力民生更待何时

日前,全国多个城市的轨道交通建设规划获得批准,涉及的项目达到25个,成为"稳增长"的一大手笔。2012年9月在天津举行的第六届世界经济论坛夏季达沃斯年会以"塑造未来经济"为主题,也聚焦于中国经济走向。

最近一两年国内经济发展口号多为"刺激内需""消费拉动增长"。这是因为前几年4万亿元投资带来了一些问题,一些人不愿再提投资,投资甚至被一些人错误地解读为粗放式发展。其实,我们绝对不应该忽视投资对于促进经济增长的重要性。

国际上对经济增长的研究已经很深入。经济增长的决定因素很多,主要有劳动力供给、物质资本积累、人力资本积累和技术进步。资本积累依赖于投资,而投资来源于储蓄(即收入中没有被消费掉的部分)。在所有的经济增长理论里,储蓄和投资都是经济增长的主要决定因素。分析表明,投资能够促进经济增长,投资占GDP比重高的国家,经济增长率就高。我国的经验也说明了这一点。在目前经济低迷的情况下,有必要强调投资,以保持较高的经济增长率。

近几年,我们一直强调以个人消费拉动增长,结果经济增长率一直在下降。其实,把省下来的钱(储蓄)变成投资,多建一些公共卫生、公共交通等方面的基础设施,既有利于生产,也有利于生活。

一个投资需求很大的领域是地方公共基础设施。中国正在快速城市化,对公共基础设施和其他公共品的需求在增加。许多中小城市的基础设施还很落后,需要大力建设。基础设施投资量大、公益性强,需要地方政府直接来做或者牵头来做。研究显示,1790—1842年间,美国州政府投资多、举债多,在此期间,各州建起银行体系,修建了运河,建成了交通运输设施,等等;

1842—1933年间，地方政府依然通过投资多、举债多的方式，从事大量的城市基础设施建设；1933年开始，美国联邦政府开始大大增加支出，举债数量为各级政府之首，用于社会福利和各种社会保障。

我国的全国性和省际公路、铁路已建了不少，现在已到了进行地方性基础设施建设的时候。这些基础设施建设包括城市交通设施、城市卫生设施、城市水电供应体系、城市医院和学校以及社会福利体系，等等。我们必须全方位地推进城市的基础设施建设，而不是搞大广场和地标建筑等"花架子工程"，从而切实服务于城市发展和民生改善。把这些事情做好，虽需要很长的时间，但可带动中国经济继续快速增长。

另一个投资需求很大的领域是民营经济领域。民营企业创新的积极性高，生产效率相对较高。20世纪90年代以来，我国民营经济有了长足发展，但还是远远不及其他工业化国家和地区。长期以来，国家政策向国有企业和外资企业倾斜，在市场准入、融资等方面对民营企业有所歧视。一提到民营企业，我们往往就提及帮助中小企业，以解决就业等问题，发展民营企业往往被当成权宜之计。为了国家的长远利益和经济竞争力的提升，我们应该更积极地扶持民营企业发展，鼓励民营企业投资，让民营企业做大、做强，让它们成为中国经济发展的强大动力。

在增加投资的同时，我国必须重视生产方式的转变。应该重视企业技术改造、产业升级、资源节约、环境保护以及工程质量的提高。在投资地方基础设施时一定要做好规划，该建什么、先建什么、在哪里建，都要事先仔细研究，而不是"拍脑门"决定。如果规划做不好，等发现问题了再整改，就要耗费大量的人力物力，得不偿失。另外，投资时要讲求质量，防止出现"豆腐渣"工程，防止腐败现象的发生。

当今世界，各国都重视经济增长。有的国家靠充足的劳动力供给，有的国家靠储蓄和投资，有的国家靠人力资本的增加，有的国家靠技术进步。技术进步是各国梦寐以求的事情，但它是长期投资于科学研究和技术开发的结果。我国目前储蓄率很高，这是许多发达国家和发展中国家求之不得的情形。我们要利用这个优势，鼓励投资，把储蓄变成资本，使中国经济继续以较快的速度增长。

（原载于人民网－财经频道，2012年9月11日，原标题为"投资不必羞答答　倾力民生更待何时"，收录于本书时有改动）

注重供给，促进中国经济持续发展

我国最近提出加强供给侧结构性改革，这对经济发展和人民生活的改善具有极其深远的意义。供给包括产品的供给、服务的供给、环境的供给、基础设施的供给、技术的供给、人力和物质资本的供给、劳动力的供给、原材料的供给等。供给直接关系到生产水平的提高、经济的长期增长、劳动生产率及劳动者收入水平的提高。更加注重供给，有利于我国经济的长期持续增长，有利于国家日益富强，有利于人民生活不断改善。

经济长远发展依赖于供给的增加

1. 发达国家重视供给，取得显著成效

从亚当·斯密开始，经济学理论就重视供给，强调分工、专业化生产、比较优势以及商品交换。后来，法国经济学家萨伊直接提出"供给创造需求学说"，认为生产者生产的目的不是生产，而是满足对商品的需求。生产者之所以生产某种产品，是为了满足自己对该产品的需求，或换取其他产品或服务。1929年经济危机后，出现一些商品的生产过剩。凯恩斯主义开始出现，凯恩斯主义强调有效需求，认为增加货币供给、增加税收及扩大政府支出可以刺激有效需求，从而增加产出和就业。凯恩斯主义流行了数十年。20世纪60年代，弗里德曼挑战凯恩斯主义，提出货币政策短期有效、长期无效的理论。到了20世纪70年代初，石油价格上涨、农业减产、生产成本上升、总供给下降，通货膨胀和失业同时居高不下，凯恩斯主义的政府刺激总需求

的政策失灵。卢卡斯的理性预期学说和货币中性论动摇了凯恩斯主义的基础，供给学派重新成为现代经济学的主流。供给学派的主张包括：促进技术进步，提高生产效率，降低生产成本，提高产品质量和数量，提高储蓄－投资率，提高劳动供给的积极性，促进经济增长。在政府政策方面，供给学派认为：存在最优政府规模，如果税收和政府支出过高就要降低；政府要减少过多的管制；要充分发挥民营企业的作用；要防止滥发货币，降低通货膨胀。供给学派的主张深深地影响了许多国家的经济政策。近几十年来，在供给学派经济思想的主导下，许多发达国家减税、减少政府管制，在无线技术、纳米技术、基因工程等领域里技术革命不断出现，经济持续增长。与此同时，美国等国的通货膨胀率和失业率也维持在较低水平。

最近，美国重新强调里根时代的供给学派经济政策，决定将企业所得税的最高边际税率从39%降低到21%。这将使企业负担大大减轻，企业竞争力大大加强，使得在美国投资更具有吸引力。其他国家若不相应地降低自己的企业所得税，其企业的国际竞争力势必降低。同时，美国还决定降低个人所得税税率。特朗普政府还放松了对经济的许多管制。在供给侧经济政策的刺激下，企业投资积极性增强，美国经济空前繁荣。据美国劳工部统计，2018年9月美国失业率为3.7%，是1969年以来的最低水平。据美国政府经济分析局资料，2018年第二季度美国经济增长率达到3.5%，对美国来说已是相当高的水平。

2. 我国急需重视供给

改革开放以来，我国经济取得长足发展，已经进入中等收入国家行列，人们的购买能力大大提高。然而，我国经济在供给方面存在严重问题，突出表现在技术落后，许多产品质量太差，满足不了人们日益增长的生产和生活的需要。因此，扩大内需有时变成扩大外需。如今在海外，到处可见中国的游客，他们出手阔绰，从简单的食品和生活用品到高级奢侈品，无不大量采购。我国的企业也在海外大量采购优质材料。纵观近代世界经济发展史可以发现，发达国家是靠先进的技术、雄厚的物质和人力资本、优质的产品富强起来的。蒸汽机的发明导致工业革命的发生，使英国称雄世界。19世纪后期以来，众多领域的技术革命使美国逐步成为世界第一强国。德国、日本等国也都对技术和产品质量精益求精,创造出许多自己的驰名商品。要跻身于发达国家的行列,我国必须重视供给,重视技术革新和技术发明,重视产品质量,为世界做出更大的贡献。因此,强调供给,提出供给侧结构性改革的思想,具有极其重大的意义,将对我国经济发展产生深远的影响。

增加产品和生产要素的有效供给

加大供给侧结构性改革力度,我们需要从产品和服务供给、生产要素供给等方面努力。

1. 产品和服务供给方面

(1) 提高产品质量

由于我国长期供给短缺,改革开放以来,我们急于解决短缺问题,一味地重视产品数量,忽视了质量,带来一系列问题。例如,我国食品质量存在一些问题,如农药残留、激素的使用、添加剂的使用,这些使人们担心食品安全;药品质量不高,仿制药很少能达到国际原研药水平,难以满足国内患者的需求,更难以出口到其他国家;我们自己生产了大量的钢材,但优质钢材还需要进口;等等。总之,我国许多生活用品或生产资料的质量都有待提高。如今,消费者的要求已经普遍提高,我们必须重视质量,生产出国际一流的产品。

(2) 改善生活环境

环境属于公共品,供给也包括生活环境的供给。我国大城市的空气污染已经到了十分严重的地步。世界卫生组织 2005 年设立的空气污染指数 PM2.5 标准为年平均 10 微克/立方米①,美国 2012 年设定的标准为 12 微克/立方米②,而我国一些城市空气污染指数相当高。另外,我国的地面水污染、地下

---

① World Health Organization.WHO air quality guidelines for particulate matter, ozone, nitrogen dioxide and sulfur dioxide: Summary of risk assessment[EB/OL]. (2006-02-01)[2018-03-01]. http://apps.who.int/iris/bitstream/10665/69477/1/WHO_SDE_PHE_OEH_06.02_eng.pdf.

② The U.S. Environmental Protection Agency (EPA). PM2.5 standard finalized [EB/OL]. (2012-12-17)[2018-03-01]. http://www.afsinc.org/news/news.cfm?ItemNumber=13160.

水污染以及土壤污染也非常严重。环境污染给人民的健康带来极大隐患，也将提高我国未来的医疗支出。我国应采取边发展、边治理的策略，提高减排标准，增加清洁能源的使用，增加对污染治理的投资，改进能源使用技术水平，尽量减少污染。同时，我们应向污染者征税或收费，不再允许其将成本转嫁给社会。

（3）改进基础设施

基础设施不仅是生产要素，是经济发展的关键，而且对改善人民生活水平至关重要。基础设施包括公路、铁路、航空线路、街道、交通设施、卫生设施、水电气设施、娱乐设施、学校、医院等。过去二十年以来，我国在基础设施方面投资巨大，在公路、高铁、航空线路等很多基础设施的建设方面取得了举世瞩目的成就。然而，我国正在推进城市化，要让广大进城务工人员在城市里安家落户，目前的地方基础设施还远远不够。我们应该做好城市长远规划，节约用地，停止城市"摊大饼"式发展，做好市内基础设施建设，提高基础设施的质量，减少浪费，提高人民生活质量。

2. 生产要素供给方面

（1）加强科学研究，提高技术水平

发达国家的大部分科学研究都是在大学里完成的。目前，教育科研领域的行政化是我国科研发展的最大障碍，严重阻碍着科研人员积极性的提升。我们要打破教育和科技领域的行政化，把最优秀的人员放到生产和科研的第一线；要充分尊重科研人员的劳动，加强知识产权保护；做好科研成果的转化，把科研成果转化为生产力，提高生产技术水平。

（2）增加资本积累

资本是生产的关键要素之一，资本和劳动相结合才能生产出产品，资本与劳动在生产中是互补的。资本多了，劳动的生产率就会提高；劳动多了，资本的生产率也会提高。大量研究表明，投资高的国家，经济的长期增长率也高。我国储蓄率很高，占到 GDP 的 50% 左右。[①] 我们要努力将储蓄转化为

---

① Xiaodong Zhu.Understanding China's growth: past, present, and future [J].Journal of Economic Perspectives, 2012,26(4):103-124.

投资，增加资本积累，促使经济持续增长。在发达国家，民营企业是投资的主力，投资效率也高。我们要树立起产权保护的观念，加大产权保护立法，让民营企业家安心在中国积累资本，发展壮大。

（3）提高劳动者的工作积极性

我国经济取得的辉煌成就与广大劳动者的辛勤劳动密不可分。然而，我国劳动收入在国民收入中的份额较低，这种局面亟待改变。我们要加强劳工保护力度，改善劳动环境，改革分配体制，让劳动者在生产成果分配中得到合理份额，提高劳动者的工作积极性。

（4）提高教育水平

教育不仅能提高人们的文化水平，而且可以增加人力资本。人力资本被认为是经济增长的重要源泉。我们应该增加义务教育投入，早日普及十二年义务教育，为国家增加人力资本，为贫困家庭减轻负担，促进社会公正。我们要改革大学教育，尊重学生的兴趣，培养学生的想象力和创造力，为国家的长远发展造就人才。

（5）提高人民健康水平

健康不仅能使人们的生活更愉快，而且还能使人们的生产效率提高。我们要增加体育设施的供给，增强人民的体质和免疫力；通过培养更多好医生的方式解决"看病难"的问题，通过提高医疗保险水平的方式解决"看病贵"的问题；提供更多的公共卫生设施，建立更多、更好的医院，做好防病、治病工作；加强食品、药品监督，保障食品安全；提高药品质量，造福于我国人民；将优质廉价的药品出口到世界各地，尤其是发展中国家，惠及世界人民。

降低企业所得税，提高企业积极性

财政政策可以有效地促进供给的增加，降低企业所得税是减轻企业负担的最有效途径。[①] 企业成本下降，企业生产就会上升，供给就会增加。近二十多年来，我国企业所得税规模不断扩大，企业所得税占总税收的比重也从1995年的14.6%上升到2015年的21.7%。据OECD统计，2015年，OECD

---

① 林双林. 降低企业所得税，减轻企业负担[J]. 人民论坛，2017（7）：84-85.

国家的企业所得税占总税收比重的平均值仅为7.8%，德国为4.7%，法国为4.6%，英国为7.5%，美国为8.3%，西班牙为7.1%，芬兰为4.9%，匈牙利为4.7%，都大大低于中国。①

从企业所得税占GDP的比重可以看出中国企业所得税负担的沉重。2014年中国企业所得税占GDP的比重为3.8%，比OECD国家的平均值2.8%高出一个百分点。据OECD统计，2014年企业所得税占GDP的比重，德国为1.7%，法国为2.3%，英国为2.5%，美国为2.3%，西班牙为2.1%，芬兰为1.9%，匈牙利为1.6%，均低于中国。②

中国的企业所得税税率与周边其他国家和地区相比也较高。德勤会计师事务所资料显示，2017年中国的企业所得税税率为25%。相较之下，日本为23.9%，韩国为22%，俄罗斯为20%，泰国为20%，越南为20%，新加坡为17%，均低于中国。③

从世界范围来看，近三十年来各国的企业所得税税率大多呈下降趋势。例如，各国2016年的企业所得税税率与2000年相比，英国从30%下降到20%，德国从52.03%下降到30.18%，瑞典从28%下降到22%，挪威从28%下降到25%，芬兰从29%下降到20%，爱尔兰从24%下降到12.5%，捷克从31%下降到19%，拉脱维亚从25%下降到15%，斯洛伐克从29%下降到22%，土耳其从33%下降到20%。④

另外，我们要控制政府规模，提高财政支出的效率。政府规模以财政收入或财政支出占GDP的比重度量。我国政府规模已经不小，加上社会保障收入和各种基金收入，我国财政总收入占GDP的比重已经达到35%。⑤ 美国

---

① OECD.Taxes revenue statistics [EB/OL]. (2017-02-09)[2018-03-01]. http://stats.oecd.org/BrandedView.aspx?oecd_bv_id=tax-data-en&doi=data-00262-en.

② OECD. Tax on corporate profits, 2000-2018. Revenue statistics: comparative tables [DB/OL].[2020-05-01]. https://data.oecd.org/tax/tax-on-corporate-profits.htm.

③ Deloitte.Corporate tax rates 2018 of international tax[EB/OL]. (2018-02-11)[2018-03-01]. https://www2.deloitte.com/content/dam/Deloitte/global/Documents/Tax/dttl-tax-corporate-tax-rates.pdf.

④ OECD. Corporate taxes rate statistics[EB/OL]. (2018-02-21)[2018-03-01]. http://stats.oecd.org/Index.aspx?QueryId=58204#.

⑤ 国家统计局. 中国统计年鉴[M]. 北京：中国统计出版社，2017.

2015年的财政收入（包括社会保障收入）占GDP的比重为33%。①亚洲许多国家，包括新加坡、泰国、印度尼西亚、越南等，财政收入占GDP的比重为20%左右。当然该比重太低了也不行。我国应该防止政府规模过大，在引进新税种的同时，应考虑降低企业税收，以增加企业投资和创新的活力。不管财政支出用于生产还是用于人民生活，都要提高资金的使用效率，减少浪费。

值得吸取的国际教训

供给学派的思想带来了世界经济三十多年的持续发展，但也造成了一些问题。例如，供给学派主张减税，减少财政支出。减税相对容易，主要发达国家这些年来都这么做了；而减少财政支出很难，许多发达国家没有相应地减少财政支出，从而造成了财政赤字和庞大的政府债务。

希腊的政府债务危机给世界敲响了警钟。2015年，希腊政府债务占GDP的比重达到183%；意大利政府债务占GDP的比重达到157%；日本政府债务占GDP的比重已经到234%；美国联邦政府债务率已经超过100%，仅次于第二次世界大战时期，加上地方政府债务，总债务率在120%以上。②经过债务危机，许多亚洲和拉丁美洲国家目前的政府债务率一般都在50%左右，其中2015年墨西哥政府债务占GDP的比重为53%，马来西亚中央政府债务占GDP的比重为55%，泰国为35%。③债务是要偿还的，我们要借鉴国际经验，吸取教训，切不可为了一时的高速发展积累庞大的债务，为今后的长远发展埋下隐患。

目前我国中央和地方各种各样的债务加起来已经接近GDP的60%，一些地区的政府债务占GDP的比重甚至超过100%。我们应该采取可持续的财政政策，不要使债务占GDP的比重越来越高，要为以后的经济发展留下政策空

---

① OCED. General government revenue[EB/OL]. (2018-02-25)[2018-03-01]. https://data.oecd.org/gga/general-government-revenue.htm.

② OECD.General government debt[EB/OL]. (2018-02-25)[2018-03-01]. https://data.oecd.org/gga/general-government-debt.htm.

③ World Bank Group.Central government debt[EB/OL]. (2018-02-11) [2018-03-01]. https://data.worldbank.org/indicator/GC.DOD.TOTL.GD.ZS?locations=MY-TH.

间。应该制定债务警戒线，明确偿债责任，对高负债省份的债务扩张实施管控。当然，对于债务率尚低的省份，应该允许其利用发债为基础设施融资，积极地发展地方经济。

供给侧结构性改革将为我国经济发展和人民生活带来空前的变化。长期以来，我国强调需求，希望通过扩大总需求来拉动经济增长，供给侧结构性改革未被重视。通过重视生产要素供给，重视产品和服务供给，优化我国的经济政策，我国的生产将得到长足发展，经济将持续稳步增长，人民的生活水平将日益提高。我们期待着一个技术不断革新、产品质量全面提高的伟大时代的到来。

（原载于《产业创新研究》，2018年第3期，原标题为"更加注重供给　促进中国经济持续发展"，收录于本书时有改动）

关心 GDP，更要关心国民财富的积累

自实施改革开放政策以来，我国经济已高速增长了 35 年。然而，我国才刚刚步入中等收入国家行列。人们会问，是经济增长被高估了吗？我们怎么还没富起来？问题的关键在于经济增长和财富增长不一定同步。

经济增长指的是 GDP 的增长，而 GDP 是指每年生产的商品和服务的市场价值总和，包含折旧。财富和 GDP 不同。财富是存量，GDP 是流量。

GDP 和财富不一定同步增加。人们用劳动和现有财富生产 GDP。如果生产出来的东西的价值大于消费掉的东西的价值，财富就会增加；否则，财富就会减少。比如，一些企业在生产化工品时，将污水排入江河，污染河水，杀死鱼类；或者将污水注入地下，毁坏地下水资源。这样，尽管 GDP 上升了，但国民财富会大大减少。

诺贝尔经济学奖得主阿罗等人在 2010 年估算，2000—2005 年间、中国总财富的增长率为 3.86%，美国和印度分别为 1.39% 和 2.60%；中国人均财富增长率为 2.92%，美国和印度分别为 0.22% 和 0.86%。此项数据说明，我国国民财富的增长大大低于 GDP 的增长。

我国正在继续投资城市基础设施建设，投资于各种产业，如教育、医疗卫生和科技创新等，经济增长潜力还很大。为了积累更多的国民财富，我们有必要注意：

基础设施投资和城市发展必须有长远规划，切忌短期行为。从全国范围讲，需要制定国家发展的长远规划，涉及城市布局、产业布局、生态环境保护、资源开采，等等。我们每个城市也应该制定长远发展规划，而不是随着地方

政府官员的变动而变化。当然，制定规划要集思广益，规划要合情合理。

城市基础设施等方面的建设要讲质量。不要盲目追求数量，摆"花架子"。在欧美发达国家，拥有百年以上历史的建筑比比皆是。新加坡也是这样，把每寸土地都规划得很好，把道路、楼房、下水道等设施修得十分结实耐用。在这方面，我们应该借鉴其他国家的成功经验。

要严格管制污染型企业，保护环境。不少企业污染环境，将自身的成本转嫁给社会，对此政府应该征税，使企业承担所有的生产成本。有些地方政府的利益和污染企业一致——企业为了获得利润，想把成本转嫁给社会；地方政府为了获得税收收入，招商引资，而忽视环境。但企业和地方政府的利益与公众利益未必一致。我们应通过深化改革，加强法制建设，使企业和地方政府的利益与公众利益相一致。

要保护自然资源。有些地方发现油、煤、天然气后，就迫不及待地开采，不管以后的事，更不用说考虑后代了。美国也在勘探石油，但经常是发现石油后就把油井封住了，留待以后开采。另外，我们也要保护好水资源。

要保护良田。我国有 13 亿人口，农业对我国来说至关重要。我们要保护耕地，保护良田，防止城市野蛮扩张。要把城市和工厂尽量建在质量差的土地上，把好的土地留给农业，要切实限制地方政府廉价征购良田。

要重视无形财富的积累，包括人力资本和科学技术的积累。受劳动力供给和自然资源的限制，我国经济发展最终要依靠人力资本和科学技术。教育和医疗都能创造人力资本。我们要改革教育体制，培养有思想、有创造能力的人才。要加大医疗卫生投资，改善生活环境，加强食品安全，提高人们的健康水平。在科技和教育领域要破除"官本位"，把优秀人才吸引到科研第一线，并营造公正的科研环境，让研究人员心情舒畅地从事创造性劳动，加快科技创新。

亚当·斯密在《国富论》中提到，一个国家的富裕程度是按人均财富度量的。所以，国民财富不能简单地看总量。我们必须保持清醒的头脑，从长计议，注重国民财富积累，扎扎实实地努力，把国家建设好，使国民富裕起来。

（原载于人民网，2013 年 9 月 23 日，原标题为"除了 GDP，我们要更多关心国民财富积累"，收录于本书时有改动）

大国财税改革：构建普惠式经济增长的基石

中国财税改革回顾及展望

十一届三中全会以后，中国开始注重经济建设。财税改革方面也是积极配合，为经济增长做出了重要贡献。在新的发展阶段，中国的经济发展又面临着一些新的问题，需要继续实施财税改革，保持经济持续增长。

中国的财税改革回顾

第一，中国的财税改革是为了提高企业和地方政府的积极性，放权让利。从1979年到1993年是早期的财税改革进程：从1979年开始，允许企业留存一部分收益，用于扩大再生产，为员工发奖金；从1983年到1984年，实现了"利改税"，国有企业由上缴利润改为缴税；1986年引入税收包干制。这些改革都使得政府财政收入规模下降。1989年，国家实行利税分流，规定国有企业缴完企业所得税以后，还需要上缴一部分利润。与此同时，也对地方政府实行放权分权，允许地方政府创收，其收入可以自行使用，这就提高了地方政府寻找预算外收入的积极性。1991年，中国预算外收入达到预算内收入的110%。这些改革都造成了预算内收入占GDP的比重下降，从1978年的31%下降到1993年的12%。另外，中央财政收入占全部财政收入的比重在1993年下降到12%，此时中央政府决心扭转这种局势。

第二，中国的财税改革致力于建立起有利于增长的税制。中国于1994年实行分税制改革，建立起以消费税为主体的税收体制，包含国税、地税、共享税等，并建立了税收返还制度。增值税扩大到所有的制造业，同时还引入了消费税，把企业所得税的税率统一定为33%（其中30%属于中央政府，3%属于地方政府）。同时，外资企业还保留税收优惠。这次税收改革为以后的税收增长奠定了基础。之后的改革都是降低税率。1995年之后的税制改革，提高了中央政府的税收分成。2006年我国废除了农业税，但还是保留了契税、营业税、耕地占用税。中国还统一了企业所得税，将内资企业所得税和外资企业所得税的税率统一为25%，高新企业享受15%的所得税优惠税率。2009年，增值税转型，将投资从增值税的税基中去除，因此增值税变成了消费型，与欧盟国家接轨。2016年5月，我国实行了"营改增"，即将营业税改为增值税。总体而言，1994年开始的税制改革，使得消费者成为税收的主体。消费税有利于促进投资，有利于经济增长，但不利于再分配。

第三，中国的税收构成中，增值税占比最大，其次是企业所得税，然后是营业税、消费税，最后是个人所得税。与此形成对比的是，美国的税收主要是个人所得税、社会保障税，然后是联邦政府的企业所得税。

第四，预算改革是中国财政改革的另一个重要部分。预算改革从2000年开始，因为预算外资金体量过大，需要纳入预算内管理。从2011年起，中国取消了预算外资金。2015年，中国通过了新的《预算法》，明确预算包括一般预算、社会保障预算、基金预算、国有资本经营预算，允许地方政府发行债务，等等。

扩张性财政政策对经济发展的促进作用

回顾中国的历史财政情况，可以总结如下：1949年到1957年，政府赤字，同时发行国内外债务；1958年到1978年，停发内、外债，政府赤字通过发行货币填补；1979年到1993年，开始向国内外发债，但额度不大；1994年以后，政府内债发行增加，外债减少；1997年，亚洲金融危机爆发，中国开始实行扩张性财政政策，在政府支出结构中还维持着较高的经济建设支出。与此同时，20世纪80年代后，中国对地方政府进行财政放权，允许其存在预算外收入；亚洲金融危机之后，也对地方政府进行了财政放权。

中国地方政府财政的具体特征有三个。第一，基金收入特别大，比如土地出让金体量巨大，2004年就达到4万多亿元。第二，地方政府融资平台借债是地方政府收入的重要组成部分，2009年的4万亿元刺激计划中，地方需要配套1.1万亿元，于是地方政府开始借债。近期测算表明，地方政府债务大概占GDP的35%。第三，地方政府有大量投资，尤其是基础设施投资，主要来源为自筹资金（如基金）以及国内贷款（包括政府融资平台贷款），占比达到80%。总体而言，扩张性财政政策对经济增长有较大的积极影响。

公共财政面临的挑战与政策建议

目前我国公共财政面临的挑战主要有四点：第一是GDP增长率下降，第二是地方政府债务增加，第三是收入分配不公平，第四是环境污染问题。

总体而言，我国人均GDP只有美国的15%左右，因此还要努力发展生产。要重视财富的积累，提高GDP增长的质量。在财税改革方面的政策建议如下：

第一是降低企业所得税。企业所得税对资本积累与经济增长有负面作用。OECD的研究发现，对经济危害最大的税种是企业所得税，其次是个人所得税，危害最小的是财产税。二十多年来，我国企业所得税占总税收的比重不断扩大，从1995年的15%增加到2015年的22%。降低企业所得税，能够增加企业的活力，鼓励更多企业进入市场。同时，中国企业所得税税率为25%，下降空间不大，因此要考虑增加扣除项目。

第二是征收个人财产税。财产税是可靠的地方财政收入来源，对经济的扭曲比较小，可以用于减少其他税收，抑制房地产投机。

第三是合理划分中央和地方收入。"营改增"以后，中央和地方的增值税是五五分成。早在2015年，地方的营业税和增值税合起来已经占到58%了，五五分成以后实际上地方政府的收入下降了。

第四是制定债务警戒线，比如债务率不能超过35%或40%，贵州和青海等负债率较高的省份应该引起重视。有些地方政府债务不高，应鼓励其发债，提高政府的效率。

总体而言，通过下调企业所得税，调动企业积极性，有效管理地方政府债务，提高地方政府财政支出的效率，增加人力资本投资，我国经济还可以持续增长一个较长的时期。

（本文根据作者 2017 年 12 月 10 日在北京大学国家发展研究院"第二届国家发展论坛"上的演讲整理）

《政对面》访谈：
地方政府应着重提高投资效率

《政对面》：关于个人所得税的问题，大家会比较执着于起征点到底是多少，因为这个数字可能是最直观的。您认为个人所得税改革目前最大的困难在什么地方？综合征收有什么好处呢？

林双林：综合征收就是把所有收入，如劳务收入、工资收入、利息收入等都加起来。另外还有一些扣除项目，比如房贷的利息可以扣除，家庭成员的支出（如子女教育、赡养老人等支出）也可以扣除，会有一个扣除的标准。

综合征收的优点是比较公平，比如说捐款能扣除，从而鼓励更多的企业家去做公益。支付能力高的人多缴税，这就是公平。综合征收的缺点是比较复杂，过去是按月缴税，现在主要按年收入缴税了，所以就更复杂了。美国实行的就是综合的个人所得税制，每年要退税，所以在操作上比较复杂。

《政对面》：我们现在关注到，目前大量的财富掌握在政府的手中，会不会在未来进一步造成"国进民退"的现象？

林双林：我觉得中国政府债务没有问题，因为政府有很多资产，但如果要发展经济，还是应该鼓励民营企业发展，保护私有财产。在国有企业的发展方面，我觉得可以学习新加坡的淡马锡模式，淡马锡投资公司在投资了各种企业之后，获得的回报率很高，我们可以借鉴。

另外，时代已经发生了变化，过去政府为了获取资源，需要直接控制企业的生产。现在政府获取资源的渠道已经很多了,主要是财政和金融,还有就是政府掌握了货币化进程,所以政府已经不需要直接控制企业的生产了,应该把国有资产管好,同时应该鼓励民营企业做大、做强。

《政对面》:您刚刚谈到淡马锡模式,我知道学术界对此存在很多争论。这样的模式到底能不能直接照搬到中国,或者说有哪些值得借鉴的地方?

林双林:很多东西都是很普遍、很成熟的,我想中国也可以学习。比如新加坡这种管理国有资产的办法,还有基础设施建设、城市规划,等等。有种观点认为新加坡地域小,其发展经验不适合我国地域广大的国情。在我看来,其实可以在一个城市进行试点,新加坡有很多成熟的经验,如果学好了,这些经验就是我们自己的了。

《政对面》:我这里有一份2011年的国际货币基金组织的统计数据,是关于中国政府在经济事务上的支出规模。中国政府的支出规模是32.1%,而美国是9.6%,日本是7.2%,您经常提到的新加坡是15.4%。这么大的政府支出规模,对于市场来说,到底是一个正面的反馈,还是一个负面的反馈?是否存在对民营经济的挤出效应呢?

林双林:中国从来都有先生产、后消费的观念。改革开放前,我们在民生方面的支出不足,钱都花在经济建设上了。现在虽然经济建设支出越来越少了,但整体比重还是很高,这样政府在其他方面,比如社会福利、扶贫和教育方面的支出就少了。

将财政支出主要用于发展生产,可能就会牺牲当时的社会福利。这对民营企业最直接的负面影响就是,很多政府支出需要通过向民营企业征税。但是完成基础设施建设以后,政府就可以提供公共品了,反过来会帮助私人企业投资,所以这是有两面性的。中国政府的基础设施建设投资特别大,现在面临的问题就是投资效率,比如规划是否合理或者质量怎么样,这可能是最关键的。

另外,按照经济学中的收益递减规律,如果政府投资太多了,收益就递减了。所以政府尤其是地方政府应该着重提高投资效率。

大国财税改革：构建普惠式经济增长的基石

《政对面》：中央经济工作会议提出，我国经济已由高速增长阶段转向高质量发展阶段。可以预计2018年GDP的增速应该会进一步放缓。在经济增速放缓的情况之下，我们该如何做到进一步推进财税体制改革？

林双林：财税政策过去几十年来为中国经济发展做出了很大的贡献，所以我们还是要非常重视这项改革任务。在这种情况下，我认为财税改革的第一要务还是减税，特别是需要降低企业所得税，提高个人所得税的起征点。另外，要想办法给地方政府更大的自由，提高它们的积极性，从而推动经济的发展。

（原载于凤凰网，2018年8月10日，收录于本书时有改动）